KB266342

나이 묻는 사회

나이 묻는 사회

지은이 정회옥

명지대학교 공공인재학부 정치외교학과 교수. '혐오와 차별의 정치학' '소수자 정치론' 등을 강의하며 인권, 차별, 사회 통합 문제를 연구하고 있다. 서울시 명예시장(이민·이주 노동 분야), 이민정책연구원 이사, 국가교육위원회 국민의견수렴조정 전문위 위원, 재외동포청 자체평가위원, 경실련 정치개혁위원 등을 맡아 정책 현장에서도 활발히 활동하고 있다. 또한 국민통합위원회 청년정치시대특위 위원장, 법무부 외국인 장기보호심의위원회 위원, 서울시 선거구획정위원회 위원, 언론중재위 선거기사심의위원 등을 역임했으며《한국일보》칼럼니스트로 활동했다. 지은 책으로《아시아인이라는 이유》《한 번은 불러보았다》《차별의 나라에서 행복한 사람들》등이 있으며, 다수의 논문을 통해 차별과 사회 통합 문제를 꾸준히 탐구하고 있다.

# 나이 묻는 사회

ⓒ 정회옥, 2026

**초판 1쇄 인쇄** 2026년 4월 21일
**초판 1쇄 발행** 2026년 5월 11일

**지은이** 정회옥
**펴낸이** 유강문
**인문사회팀** 최진우 김효진
**마케팅** 김한성 조재성 박신영 김애린 오민정 우지윤

**펴낸곳** ㈜한겨레엔 www.hanibook.co.kr
**등록** 2006년 1월 4일 제313-2006-00003호
**주소** 서울시 마포구 창전로 70(신수동) 화수목빌딩 5층
**전화** 02-6383-1602~3
**팩스** 02-6383-1610
**대표메일** book@hanien.co.kr
**ISBN** 979-11-7213-399-3 03330

# 나이 묻는 사회

정회옥 지음

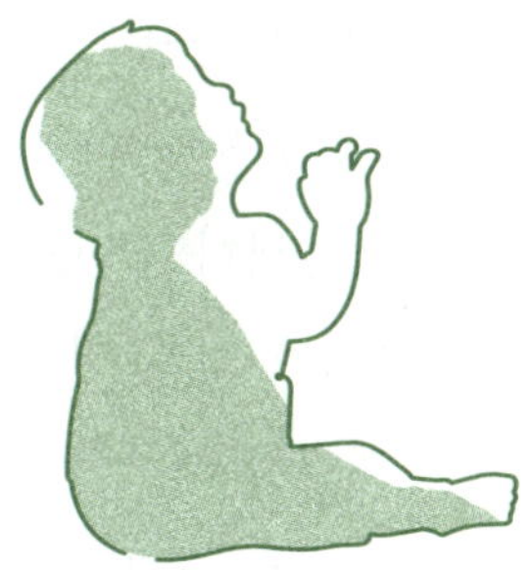

나이는 어떻게 정치가 되는가. 나이에 관한 이 책의 많은 문제 제기는 생각해 볼 만한 질문들이다. 논쟁적인 내용도 있고, 적극적 시정 조치가 필요한 사안도 있다. 너무도 일상적이라 정치적 사안으로 생각조차 못 하는 이 '나이'를 화두로 저자는 법률에서 대중문화에 이르기까지 사회 곳곳의 문제를 종횡무진으로 파헤친다.

혐오와 차별이 극심해지면서 오늘날 멸칭의 생산 속도를 따라잡을 수가 없다. 그중에는 연령차별주의에 기반한 멸칭도 다수다. 책을 읽다가 깜짝 놀랐다. '~린이'나 '~충'만이 아니라 미처 알지 못했던 나이 관련된 멸칭이 너무 많아서다. 생애주기별로 멸칭이 존재하니 누구라도 피해 가기 어렵다. 차별은 왜 이렇게 촘촘하고 꼼꼼하며 부지런하기까지 한가. 특히 자본주의 사회에서 '생산력' 없다고 여겨지는 어린이와 노인을 대상으로 한 차별은 더욱 활발해지고 있다.

나이가 단지 숫자에 불과한 것은 아니지만, 나이가 한 사람의 모든 정체성을 잠식하는 것에도 반대한다. 일단 만나면 나이부터 묻고 보는 일상적 습관을 타파하자. 나이는 '묻어 버리고' 제대로 사람을 볼 수는 없는 것일까. 한국 사회는 나이가 버티고 있어서 다른 연령대 간에 제대로 관계 맺기 어려운 구조다. 대신 세대 간의 반목을 조장한다. 연령차별주의는 문화가 되어 버린 차별이기에 좀처럼 바꾸기 쉽지 않다. 이 책을 읽으며 독자들이 나이에 관한 우리의 닫힌 문화에 의구심을 가득 품고 새로운 정치적 상상을 해 보길 바란다.

_이라영 (문화평론가, 《쇳돌》 저자)

## 나이라는 억압이 만들어 낸 혐오와 차별

나에게는 앤Ann이라는 이름의 미국인 친구가 있다. 미국에서 박사과정을 밟던 시절 그녀를 만났다. 대부분 백인들만 살던 작은 시골 마을에서의 유학 생활은 기대했던 낭만과 달리 고된 날의 연속이었다. 부모님과 떨어져 서툰 영어로 하루하루를 버텨 내야 했던 시간 속에서, 나는 자주 작아졌고 종종 길을 잃은 사람처럼 느껴지곤 했다.

우연히 지역 행사에서 만난 앤은 운전이 서툴던 나를 이곳저곳 데려다주었고, 집에 초대해 맛있는 음식을 대접하곤 했다. 때로는 예고 없이 찾아와 외로웠던 나를 기쁘게 해 주기도 했다. 작은 아파트 거실에 함께 앉아 과자를 먹으며 웃음이 터져 나오도록 이야기를 나누던 기억이 지금도 선명하다. 박사과정 후반, 내가 첫아이를 임신했다는 소식을 듣자 앤은 몇 달에 걸쳐 손수 아기 담요를 떠 선물해 주었다. 고운 분홍빛의 그 담요를 나는 20여 년이 지난 지금까지도 소중히 간직하고 있다.

우리가 처음 만났을 때 그녀는 쉰아홉 살, 나는 스물아홉 살이었다. 서른 해의 간격이 있었지만 이상하게도 우리는 서로에게 먼 사람이 아니었다. 나이는 시간을 가르는 숫자일 뿐, 마음과 마음이 만나는 데에는 아무런 장애가 되지 못한다는 것을 그때 처음 알았다. 돌이켜보면, 낯선 나라에서의 고단했던 시절을 견뎌 낼 수 있었던 이유 중 하나는 바로 앤이 있었기 때문일 것이다.

우리 사회는 어떨까? 강산이 변한다는 서른 해의 간격을 넘어 서로 친구가 될 수 있는 사회일까? 안타깝게도 한국 사회는 아직 그렇지 못하다. 우리는 처음 만나면 자연스럽게 서로의 나이를 묻는다. 관계를 시작하기에 앞서 나이를 먼저 확인해야 마음이 놓이는 문화 속에 살고 있기 때문이다. 나이는 관계의 방향을 정하는 일종의 좌표로, 나이를 알아야 말을 놓을지 높일지, 어느 자리에 서야 할지를 비로소 정할 수 있다.

그래서 우리에게 서른 살 많은 사람은 친구가 되지 못하고 '어르신'이라는 이름으로 거리를 두게 된다. 반대로 서른 살 어린 사람은 '어린애'로 불리며 자연스레 보호하거나 가르쳐야 할 대상으로 자리 잡는다. 그 사이에는 나란히 서서 서로를 바라보는 친구의 자리가 좀처럼 생겨나지 않는다. 어쩌면 우리는 나이를 기준으로 관계를 정리하는 데에는 익숙하지만, 나이를 잠시 내려놓고 한 사람을 온전히 마주하는 일에는 서툰지도 모른다.

2011년 세상에 나온 김애란의 소설 《두근두근 내 인생》은 청년과 노년이 서로 교차하는 역설적 삶을 통해 인간 존재의 근원적 의미를 묻는다. 조로증을 앓는 주인공 아름은 열여섯의 청소년이지만, 그의 몸은 빠르게 노인이 되어 가고 있다. 열정적인 사랑을 꿈꾸는 청년의 감수성을 그의 몸은 따라 주지 못한 채 빠른 속도로 늙어 가며 죽음을 향해 달려간다. 부모인 대수와 미라는 아직 서른 중반의 젊은 나이지만, 아들인 아름은 노인의 몸을 하고 있어 세대의 질서가 역전되었다. 이 역설적 상황은 결국 나이가 갖는 사회적 의미가 얼마나 상대적이고 허구적인지, 그리고 인간의 생애를 '탄생-성장-노화'라는 선형적 단계로 구분할 수 없음을 보여 준다. 결국 이 소설은 흘러간 시간의 양이 아니라 타인과 맺는 관계의 깊이와 밀도가 삶의 핵심임을 환기한다.

현실은 《두근두근 내 인생》과 같지 않다. 우리나라에서 나이는 단순히 삶의 흐름을 표시하는 지표가 아니다. 우리 사회는 '나이'로 사람을 재단하고 구속한다. 몇 살이 되었는가에 따라 해야 할 일과 해서는 안 될 일이 나뉘고, 그에 맞추어 사회의 시선과 기대가 달라진다. 나이는 단순한 숫자가 아니라, 우리 삶을 둘러싼 보이지 않는 규범이자 차별의 근거가 되기도 한다. 그것은 사회 구성원을 특정한 방식으로 구분하고 각자의 역할을 규정하는 힘을 지닌다. 나이는 또한 자원과 기회의 분배 방식을 좌우하며, 개인의 삶의 궤적을 깊이 규율한다.

이처럼 연령주의적 시선에 묶인 우리 사회는 나이와 관련된 여러 이슈와 마주하고 있다. 그러나 우리는 이 복잡한 나이 이슈들 앞에서 해답을 준비하고 있기보다는, 거의 전 연령대에 걸쳐 멸칭을 만들어 내며 서로 간 치열한 '나이 전쟁'을 하고 있다. 어린이부터 청소년, 청년, 그리고 중장년, 노년에 이르기까지 나이 멸칭이 존재하지 않는 나이대가 없다.

연령주의는 자기실현적 예언을 만들어 내기도 한다. 어린이를 '노키즈존'이라는 이름으로 공공장소에서 배제되어야 하는 존재로, 청년을 미래를 위한 노력을 제대로 하지 않는 이기적인 존재로, 중년을 재미없고 권위만 앞세우는 존재로, 노인을 무력하고 쇠퇴하는 존재로 보는 사회에서, 개인들은 연령차별적 사회의 예측을 현실로 실현하게 된다. 나이는 그 자체로는 아무것도 설명해 주지 않는 '텅 빈 변수'이지만,[1] 이 텅 빈 변수에 한국인들은 많은 의미를 담고 신주단지 모시듯 한다.

연령차별주의는 가장 궁극적이고 지속적인 차별이면서 가장 잔혹한 거부다.[2] 인종차별이나 성차별과는 달리 연령차별주의 피해 당사자들은 차별에 문제의식을 느끼거나 저항하려고 하지 않는다. 나이는 누구나 다 겪는 평등한 속성이라고 생각하기도 하고, 연령차별주의가 너무나 우리 의식

속에 깊숙이 침투하여 제도화된 관행이 되었기 때문이기도 하다.[3] 이처럼 연령차별주의는 우리도 모르는 사이에, 나이에 따른 고정관념과 차별적 관행이 결합되어 한국인 삶의 전반을 규율한다. '틀딱충' '연금충' '~린이' 같은 멸칭은 편견과 고정관념에서 기인하는데, 여기서 그치지 않고 차별적인 관행과 제도로 이어진다. 미디어의 광고 등 각종 콘텐츠에서 나이 든 사람은 찾아보기 힘들고 나오더라도 주변적 역할에 머무르며, 대통령은 만 40세 이상만 가능하고, 일정 나이가 되면 모두 정년퇴직을 해야 한다. 연령차별적인 관행과 제도는 다시 나이에 대한 고정관념과 편견을 강화하고 영속화한다. 그렇게 악순환이 계속되면서 우리나라는 나이를 묻고 또 묻는 연령차별적 사회가 되었다.

고등학생인 사랑하는 내 딸은 가끔 나를 '반백'이라 부르며 놀린다. 막 오십이 된 엄마의 나이를 두고 건네는 장난스러운 표현이다. 그 말에 웃음이 나면서도, 문득 나는 이제 반백의 나이가 되었으니 우리 사회가 기대하는 그 연령대에 걸맞은 모습으로 살아야 하는 것은 아닐까 하는 생각에 마음이 무거워진다. 마음만은 아직 젊다고 느끼는데도 어느새 숫자로 규정된 나이가 나를 조용히 둘러싸고 있음을 부인할 수 없다. 결국 나 역시 '나이'라는 보이지 않는 족쇄에서 완전히 자유롭지는 못한 셈이다.

이제 눈을 크게 떠 주위를 연령주의의 관점에서 살펴보자. 그러면 나이가 얼마나 우리 삶을 재단하고 있는지 보일 것이다. 가정, 학교, 직장, 사회 전체에서 나이는 우리가 생각하는 것 이상으로 일상의 구석구석 가까이에서 우리의 사고와 행동을 규율한다.

나이는 각 개인의 삶의 한순간이자 과정일 뿐이다. 노키즈존에 입장을 거부당했던 어린이도 언젠가는 청년이 된다는 사실, 노인을 '연금충'이라 부르는 청년도 언젠가는 반드시 노인이 된다는 것, 이것이 삶의 진리이자 역설이다. 나이에 있어서, 누구든 언제든 약자가 될 수 있는 한국 사회에서 이제 나이라는 억압에서 자유로워졌으면 한다. 관계를 규정해 온 나이라는 오래된 문법을 내려놓을 때, 비로소 우리는 더 넓은 인간관계를 상상할 수 있을 것이다. 언젠가 이 땅에서도 앤과 나의 이야기가 특별한 추억이 아니라, 누구에게나 가능한 일상이 되기를 희망한다.

# 차례

# 한국 사회를 집어삼킨 나이 멸칭 문화

# 나이는 어떻게 존재와 삶을 규정하는가

## 숫자를 넘어서는 나이

"나이가 어떻게 되세요?"

우리나라에선 처음 만났을 때 바로 '나이'를 묻는다. 나이가 나보다 어리면 금세 말을 놓고, 나이가 많은 사람에게는 형, 누나, 오빠, 언니 등의 정다운 호칭을 사용한다. 마치 나이를 알아야 비로소 그 사람과의 관계 형성을 시작할 수 있다는 듯이, 한국 사회에서 나이는 매우 중요하다.

나이가 중요시되는 만큼 언어생활에서도 나이와 관련된 표현이 많다. '나이 들다' '나이 먹다' '나이가 어리다' '나잇값 하다' '나이가 많다' '나이가 적다' 등이 그 예들이다.

"나이도 어린 게 덤빈다" "조그만 게 까불어" "나잇값이나 좀 해라" "나이 덕이나 보자" "민증 까 봐" 이런 일상적 표현

도 나이를 중요시 여기는 한국 사회를 드러낸다.[1]

"나이는 숫자에 불과하다"고 하지만 우리 사회에서 나이는 숫자 이상이다. 자기를 인식하는 데에도, 남과의 관계를 형성하는 데도, 하다못해 지하철을 타는 데도 나이는 중요하게 여겨진다. 나이에 따른 서열 정보의 확인은 한국인들의 교류에 있어 핵심적 요소다. 심지어 나이 규범에 맞지 않는 행동은 큰 갈등을 불러일으키기도 한다. 2011년 끔찍한 사건이 발생했다.[2] A씨가 오후 9시쯤 서울 강남구 역삼동 거리에서 B씨의 얼굴에 염산을 뿌리고 흉기로 몸을 찌른 후 달아났다. A씨는 범행 후 지방으로 도피했으나 경찰이 체포 영장을 발부받아 공개수사에 나서자 자수했다. A씨가 범죄를 저지른 이유는 나이 어린 사장인 B씨가 반말로 자신을 질책했기 때문이었다. A씨는 42세, 사장인 B씨는 38세였다. A씨에게는 회사의 사장과 직원 관계였던 지위에 따른 서열성보다, 나이에 따른 서열성이 더 중요했던 것이다. 네 살 어린 사람은 아무리 사장이래도 반말을 하면서 질책하면 안 된다는, 이는 서열 규범의 위반이라는 A씨의 생각은 한국 사회의 저변에 깔려 있다. 이처럼 우리 사회에서 연령에 따른 서열 규범은 인권과 도덕성을 판단하는 데 있어 중요한 기준이 된다.

ENA와 SBS플러스의 예능 프로그램 〈나는 솔로〉가 인기다. 이 프로그램은 결혼을 원하는 솔로 남녀들의 데이팅 프로그램인데, 나도 매주 수요일 저녁 10시 30분 본방 사수를 하곤 한다. 이 프로그램에서 출연자들은 서로의 나이, 직업 등 신상에 대해 전혀 알지 못하는 상태에서 첫인상 선택을 하고, 하루를 보낸 후 다음 날에 신상 정보를 공개한다. 그런데 자기소개 시간에 대부분의 출연자는 "제 나이는 ○○살입니다"라며 나이를 거의 첫 번째 정보로 공개한다. 또한 서로 간에 이런 질문들도 오간다. "나이 차이는 얼마까지 가능하세요?" "나이, 위로 아래로 얼마까지 사귀어 봤어요?" "연하가 좋으세요, 연상이 좋으세요?"

나이가 몇 살인지에 따라 첫인상 선택 때는 호감이었던 사람에 대한 감정이 바뀌기도 한다. 이처럼 우리 사회에서 나이는 남녀 관계에도 중요한 역할을 한다.

## 우리는 다중적 연령차별 사회에 산다

나이에 집착한 결과 현재 한국 사회는 어린이는 어린이대로, 젊은이는 젊은이대로, 중년은 중년대로, 그리고 노인은 노인대로 나이로 인해 차별받는 다중적 연령차별*ageism*이 존재한다. 가장 심각한 연령차별 행태 중 하나는 노년층에 대한 차별이다. 온라인에서는 노년층을 '연금충' '할매미' '틀딱충'이라는 멸칭으로 부르며 조롱하는 연령차별이 횡행한다. '노인'이라는 단어 자체가 부정적인 의미를 갖게 되어 '선배 시민' '어르신' '시니어' 등의 대체 표현이 논의되기도 한다. 고령 운전자의 교통사고를 다루는 보도는,

원인이 고령 때문인지조차 확실치 않은 상황에서도 '잇단' '또'라는 말을 습관처럼 붙인다. 그 언어의 반복 속에서, 우리 사회가 노년을 향해 품고 있는 은밀한 편견과 차별적 시선이 여과 없이 비쳐 나온다.

청년세대에 대한 편견도 만만치 않다. '요즘 것들' '머리에 피도 안 마른 것들' '젖비린내 난다' 등 차별적 표현이 흔하게 사용된다. 몇 년 전 논란이 되었던, 청년층을 대상으로 한 더불어민주당의 현수막은 "정치는 모르겠고, 나는 잘 살고 싶어" "경제는 모르지만 돈은 많고 싶어"라는 문구를 담아, 젊은이들을 공적인 가치에는 관심이 없고 욕구에만 충실한 이기적인 존재로 규정하였다. 국민의힘이 개최한 실업급여제도 개선 공청회에서도 "젊은이들이 밝은 얼굴로 와, 실업급여를 받아 명품 선글라스 끼고 해외여행 다녀온다"는 발언이 나와, 청년 차별적 인식을 보여 줬다. 또한 71세 홍준표 전 대구 시장은 51세 한동훈 전 국민의힘 대표를 '어린애'라고 부르며 "어린애가 설치는 게 맞냐"고 했다. 한국에선 나보다 나이가 어리면 아무리 오십 넘은 성인이라도 '애'가 된다. 거기다가, 어린아이는 좀 설치면 안 되는 걸까?

조회수가 200만을 거뜬히 넘기는 〈SNL 코리아〉 시즌3의 'MZ 오피스' 콘텐츠들도 연령차별적이다. 이 콘텐츠에서 청년들은 "궂은일을 하기 싫어하고, 툭하면 퇴사하겠다고 하는 세대" "업무 시간 직전 출근해 이어폰 꽂고 일하고, 점

   1장 한국 사회를 집어삼킨 나이 멸칭 문화

심때는 수저 세팅도 안 하는 애들"로 묘사된다. 대학에서 20대 청년들을 가르치는 나로서는 반짝반짝 빛나는 사랑스런 내 제자들이 이렇게 묘사되는 게 영 불편하다.

어린이들도 나이 차별을 받는다. "엄마, 애들이 나 잼민이 같다고 놀렸어." 고등학교 1학년 딸아이가 집에 와서 하소연을 했다. 자기가 한 행동이 유치하다고 친구들이 장난스럽게 놀렸다는 얘기인데, 여기서 '잼민이'라는 용어는 어린이를 향한 멸칭으로 널리 사용된다. '잼민이'뿐 아니라 '~린이' '급식충' 등 아동·청소년을 가리키는 멸칭이 여럿 존재하고 노키즈존을 쉽게 찾아볼 수 있는 나라가 바로 한국이다. 우리나라는 연령차별적 사회다.

사람을 나이로 재단하는 순간, 그는 고유한 삶을 지닌 주체가 아니라 그저 나이라는 틀에 묶인 집단의 한 구성원으로만 여겨지고 만다. 개인을 개인으로서 평가하지 않는 집단주의적인 한국 사회의 속성이 연령차별주의에도 담겨져 있다. 한국인 누구도 이런 강력한 연령차별로부터 자유로울 수 없고 모두가 각 나이 때마다 나이에 따른 차별을 받는다는 점에서, 연령차별은 오히려 다른 종류의 차별보다 덜 심각한 것으로 간주되곤 한다.

사실 나이에는 '역연령chronological age'과 '기능적 연령functional age'이 있다. 역연령은 출생 이후의 시간 흐름에 따라 매겨지는, 우리가 흔히 말하는 나이를 뜻한다. 반면 기능적 연령은 개인이 특정 역할이나 직무를 수행할 수 있는 능력에 따라 달라지는 나이다. 그래서 60세라 하더라도 기능적 연령은 35세처럼 활기찰 수 있고, 반대로 30세라 하더라도 기능적 연령이 이미 70세에 이르렀을 수도 있다. 그러나 우리 사회는 이 두 가지 차이를 외면한 채 역연령에만 지나치게 큰 의미를 부여한다. 한국인들은 삶의 전 과정에서 특정한 나이에 맞는 직업, 언어, 태도, 결혼 등을 갖추어야 한다는 압박을 받으며 살아간다.

우리 모두의 삶을 근본적으로 규율하고 있는 '나이'. 모두를 차별의 피해자이자 가해자로 만들고 있는 나이에 대해 이제 정말 진지하게 생각해 볼 때가 됐다. 2024년 12월 고령인구 비중이 20%를 넘어 초고령사회에 이미 진입한 이때, 나이에 대한 집착을 버리고 스무 살 차이라도 마음만 맞는다면 친구가 될 수 있는 연령 다양성을 가져 보면 어떨까?

나이가 뭐기에 우리 존재와 삶을 이토록 규정하는가.

   1장 한국 사회를 집어삼킨 나이 멸칭 문화

# 연령차별주의 사회, 한국

## 나이라는 가면 뒤에 가려진 사람

2015년 개봉한 미국 영화 〈인턴〉은 동화 같다. 이 영화에서와 같은 일은 우리나라에서는 일어나지 않기 때문이다. 이 영화는 열정 많은 30대 CEO 줄스와 경험 많은 70대 인턴 벤의 이야기다. 배우 앤 해서웨이가 연기한 줄스는 창업 1년 반 만에 직원 220여 명을 갖춘 성공 신화를 이룬 인물이다. 그녀는 고객과 전화 상담도 직접하고, 택배 보낼 물건의 박스 포장까지 마다하지 않는 열정적인 30세 여성 CEO다. 어느 날 줄스에게 새 인턴이 생기는데 바로 배우 로버트 드니로가 연기한 70세의 벤 휘테거이다. 벤은 과거 전화번호부 출판 회사 '덱스 원'의 임원으로 재직하다가 정년퇴직한 인물로, 무료한 나날을 보내다가 의미 있는 삶을 위해 줄스

회사의 '노년 인턴십' 프로그램에 지원하고 합격한다. 벤은 줄스의 개인 인턴으로 배정되어 업무를 시작하지만, 줄스는 나이가 지긋한 아버지뻘 벤에게 회의적이다. 그러나 줄스는 벤의 연륜에서 묻어나는 경험과 지혜, 그리고 따뜻함에 점점 신뢰를 갖게 되고, 벤은 줄스뿐 아니라 나이 어린 회사 동료들에게 연애 상담 등을 해 주면서 친근한 아버지와 같은 관계를 맺으며 행복한 회사 생활을 한다.

2024년 방영된 JTBC 드라마 〈낮과 밤이 다른 그녀〉는 영화 〈인턴〉의 한국판이다. 배우 정은지가 연기한 주인공 이미진은 20대 취업 준비생으로 8년째 공무원 시험에 도전했는데 번번이 실패했다. 마지막 희망이었던 환경직 공무원 시험에서도 떨어지고 절망에 빠졌을 때, 몸이 바뀌는 저주에 걸려 해가 뜨면 50대 몸으로 변했다가 해가 지면 20대 몸으로 돌아오게 되었다.

주인공은 20여 년 전 실종된 이모 임순(배우 이정은 역)의 신상으로 시청 시니어 경력 단절자 공공근로 인턴에 지원해 합격한다. 20대 몸으로는 어림도 없었던 취업을 50대 몸으로 이뤄 낸 아이러니한 상황이지만, 50대의 몸이 된 주인공은 늙었다는 이유로 실력을 부정당하고 밀려난다. 직장 상사도 "경력은 없는데 나이 많고 쓸데없이 말 많은 사람"이라고 면박을 주는 등 한국 사회의 연령주의적 편견을 그대로 보여 준다. 한 인물이 낮엔 50대 임순이 되고, 밤엔 20대 이미진이 되는 비현실적인 설정이라 미국 영화 〈인턴〉과는

          1장 한국 사회를 집어삼킨 나이 멸칭 문화

결이 다르지만 "몸은 50대이지만 마음은 20대"라며 열심히 일하는 주인공을 통해 기성세대가 '우리도 얼마든지 젊게 살 수 있다'는 희망을 발견한 것이 흥행 성공의 비결로 꼽힌다.

영화 〈인턴〉은 은퇴한 노인이 스타트업에 새롭게 도전하는 희망적 모습을 보여 주지만, 한국 사회에서 70세의 은퇴자가 그러한 기회를 얻는 것은 여전히 요원한 일이다. 오히려 드라마 〈낮과 밤이 다른 그녀〉에서처럼, 50대가 되어 어렵게 공공근로 인턴 자리를 얻는다 해도, 나이 듦 자체가 차별의 이유가 되는 냉혹한 현실이 우리 앞에 놓여 있다. 나이에 의한 위계 문화가 굳건히 존재하는 우리나라에서 나이 많은 사람이 나이 어린 상관을 모시는 일은 한국인들의 정서에 맞지 않기 때문이다. 검찰 조직만 봐도, 자기 기수보다 후배가 상관이 되면 선배 기수는 당연하다는 듯 우르르 옷을 벗는다.

나이가 중요한 한국 사회는 연령차별주의 사회다. 외모만을 보고도 젊다, 늙었다는 것이 즉각적으로 드러나기 때문에 나이는 사람을 판단하는 가장 쉽고도 유용한 기준이다. 이렇게 쉽게 인지된다는 장점이 있기 때문에 나이는 사람을 분류하고 평가하는 데 흔히 사용된다. 때로 나이는 해악, 불이익, 부당함을 초래하고 세대 간 결속을 약화시키는 작용을 할 수 있는데 이러한 현상을 연령차별주의라 부른다. 연령차별주의는 1969년 미국 국립노화연구소 소장 로버트 버틀러*Robert Butler*가 처음 고안했는데 간단히 정의하면, 나이가 들었다는 이유로 사람에 대해 편견을 갖고 차별하는 것을 뜻한다.

연령차별주의는 존중과 우대의 형식으로써 긍정적으로 나타나기도 한다.[3] 예를 들어, 고령자와 어린이를 배려하고 존중하는 분위기는 긍정적인 차원의 연령차별주의라 할 수 있다. 그러나 많은 경우, 연령을 기준으로 개인의 능력과 태도를 판단하는 행태는 비하, 혐오, 경멸 등으로 표현되곤 한다. 또한 연령차별에 의해 발생하는 인권 침해를 사회구조적으로 쉽게 묵인하고 사람들이 연령차별이 존재하는지 인식하지 못할 정도로 서서히 사회 깊숙이 뿌리를 내리게 된다. 학술적 연구에서는 나이가 사람을 설명하는 데 있어 믿을 수 있는 기준이 되는지, 그리고 다양한 개인의 특성을 충분히 담아낼 수 있는 포괄적인 개념인지에 대해 회의적인 논의가 이루어지고 있다. 또한 나이는 개인의 다양한 정체성을 가려 버리는 '가면'이라는 비판도 계속되고 있다.[4] 그럼에도 불구하고 한국 사회에서 나이는 절대적으로 중요한 요소로 우리 사회를 규율한다.

원래 연령차별주의는 주로 고령층에 대한 차별을 지칭했으나 우리나라에서는 고령층뿐 아니라 다양한 연령층에서 나이에 따라 편견과 차별이 존재한다. '다多 연령차별주의'라고 불릴 만큼 어린이, 청년, 중장년, 노년 등 생애주기별로 연령차별적 편견과 차별이 존재한다. 성차별이나 인종차별이 특정 성별이나 인종에게 가해지는 차별이라면, 우리나라

　　　1장 한국 사회를 집어삼킨 나이 멸칭 문화

에서 연령차별은 태어나면서부터 죽을 때까지 개인이 지속적으로 경험하게 되는 차별이어서 평생 피할 수 없는 잔혹한 차별로 작동한다. 그런데도 이를 '차별'이라고 간주하거나 '편견'이라고 받아들이지 않는 문화 때문에 연령주의는 더 뿌리 깊게 우리 삶을 제한하고 있다. 연령주의의 심각성은 각 연령대마다 사회가 그 나이라는 이유로 기회와 자원을 배제시키는 이데올로기적 기능을 갖는다는 데 있다. 연령주의는 문화적 연령주의와 제도적 연령주의로 구분되는데, 문화적 연령주의는 특정 연령과 관련한 고정관념, 편견, 가치 등에 의한 차별을 뜻하며, 제도적 연령주의는 특정 연령에게 불리한 법 제도, 시스템, 규정 등을 가리킨다. 한국 사회는 문화적 연령주의와 제도적 연령주의가 사회 곳곳에서 쉽게 발견되는 사회다.

## 나이가 낙인이 된 사회

내가 한국 사회를 연령차별적이라고 말하는 근거는, 일상 속에서 너무도 자연스럽게 사용되는 멸칭들에 있다. 우리 사회는 '틀딱충' '아재' '잼민이' '꼰대' 등 나이에 따른 비하 표현이 유행처럼 퍼져 있다. 왜 우리 사회는 이런 멸칭을 가지게 되었을까? 이것이 의미하는 바는 무엇일까? 이 책은 이러한 질문들에 대한 답을 찾는 여정이다.

'멸칭'은 권력 행위다. 멸칭이 다수자 집단에 붙는 경우는 극히 드물기 때문이다. 멸칭은 주로 소수자 집단에게 사용되는데, 이들 전체를 일반화하여 호명하는 이름이 붙는다. 소수자 집단은 외모, 옷, 음식, 문화 등에서 유래한 별명으로 불리며 인격적 비하를 당한다. 예를 들어 우리나라에서 중국인을 '짱깨'라고 부른다거나, 동남아시아 출신 외국인을 '똥남아'라고 부른다. 서구의 백인 중심 사회에는 아시아인을 겨냥한 멸칭이 여럿 존재한다. 잉글랜드 프리미어리그에서 활약한 첫 한국 선수 박지성은 경기마다 일부 백인 관중들로부터 "저 칭크를 쓰러뜨려라"라는 모욕적인 구호를 들어야 했다. '칭크'는 아시아인을 비하하는 대표적 멸칭이며, 이 외에도 '칭챙총' 같은 언어적 조롱이 일상처럼 사용되곤 했다. 소수자들에게 언뜻 우스꽝스럽게 들리는 멸칭을 만들어 부르는 것은 매우 차별적인 행태다. 이는 소수자들을 하나의 이미지 속에 가두고, 다수자와는 다른 특성을 지닌 집단으로만 묘사함으로써 그들을 공동체의 동등한 구성원으로 인정하지 않겠다는 의지를 드러내는 것과 다름없다.

언어는 인간의 생각과 행동에 매우 큰 영향을 미친다. 그렇기에 철학자 비트겐슈타인은 사용하는 언어의 한계가 자신이 사는 세상의 한계를 규정한다고 했다. 언어는 단순한 의사소통 수단을 넘어, 우리 삶을 구조화하고 세계를 바라보는 사고의 틀을 만들어 낸다. 2000년 출간된 노다 마사아키의 《전쟁과 인간: 군국주의 일본의 정신분석》에는 일본군 731부대 출신의 군의관이 등장한다. 그는 중국인 수감자를 생체실험할 때 양심의 가책을 느낀 적이 전혀 없다고 증언했다. 어려서부터 '중국인은 돼지'라고 배웠기 때문에 비인간화된 중국인에 대한 생체실험은 양심에 꺼리는 일이 아니었다.[5] 이처럼 혐오와 경멸의 언어는 느린 속도로 개인들 안에 스며들어 잔혹한 행동으로 발현되게 한다. 《과학혁명의 구조》로 유명한 토머스 쿤도 언어의 변화에 주목했다. 그는 거대한 패러다임의 변화도 언어의 변화를 통해 완성된다고 강조했다. 또한 언어는 개인과 세계 사이를 매개하는 여과 장치와 같다. 우리는 낯선 대상이나 새로운 상황을 맞이할 때 언어라는 틀 속에서 그것을 해석하고, 때로는 스테레오타입에 물든 언어로 사회적 문제에 의미를 부여한다.

이들의 주장에 귀 기울이다 보면, 나이에 따른 다양한 멸칭들이 만들어지고 유행하는 한국 사회가 걱정된다. 시대가 변화할 때 언어의 사용도 변화하는데, 나이 멸칭들의 존재는 우리 사회가 혐오 시대로 변화하고 있다는 신호는 아닐지? 달라지는 일상의 언어는 우리가 인식하지 못하는 사이, 우리 사회를 조금씩 갉아먹고 있다.

집 근처에 초등학교가 있어 오다가다 종종 학교 정문에 걸려 있는 플래카드를 보게 된다. "친구와 사이좋게 지냅시다" 류의 표현이 일정한 주기를 갖고 교체되어 내걸린다. 최근에는 "예쁜 말 고운 말을 씁시다"라는 플래카드가 걸렸는데, 생각해 보니 아이를 기르면서 나도 이런 말을 자주 했었다. "이쁜 말 써야지, 나쁜 말은 안 돼!" 하면서 말이다. 어떤 말을 쓰는지가 중요한 이유는 말은 그 사람을 비추는 거울이기 때문일 것이다. 이처럼 한 사회가 어떤 언어를 쓰느냐는 그 사회가 어떤 사회이냐를 보여 주는 지표다. 사회에서 유행하는 말이 '예쁜 말, 고운 말'이면 그 사회는 예쁜 사회, 고운 사회일 것이다. 반대로 널리 쓰이는 말이 혐오 표현이거나 조롱하는 말이라면 그 사회는 결코 좋은 사회, 행복한 사회가 될 수 없다.

혐오적인 나이 멸칭이 계속해서 사용되다 보면 마치 그것이 정상인 것처럼 사회 안에서 수용된다. 연령이 장벽이고, 나이에 따른 멸칭이 넘쳐 나는 우리 사회가 나이 멸칭을 '재미'로만 간주해서는 안 되는 이유다. 지금부터는 나이에 따른 멸칭이 매우 다양하게 '창조적으로' 쓰이고 있는 우리 사회의 모습을 구체적으로 살펴보자. 우리가 재미로, 웃자고 사용하는 이 나이 멸칭들을 자세히 들여다보면 우리 머릿속에 뿌리내린 연령차별주의를 만나게 된다.

     

# 틀딱충, 할매미, 연금충으로 불리는 노년

## 조롱의 대상이 된 노화

"그 나이에 연애는 무슨….."

2020년 방영된 KBS 주말 드라마 〈한 번 다녀왔습니다〉에서 배우 이정은이 연기한 캐릭터 강초연이 사랑에 빠지자 자녀들은 이런 반응을 보였다. 이는 나이 들면 사랑도 필요 없다는, 노년층의 감정과 욕구를 무시하는 사회적 시선을 반영한다. 2010년 MBC 〈무한도전〉의 '무한 뉴스'에서는 노인을 흉내 내며 허리가 아픈 척하거나 느린 말투를 사용하는 등 과장된 몸짓을 하였다. 고령층을 우스꽝스러운 희화의 대상으로 전락시키는 연출이었다.

이처럼 우리 사회는 노년을 긍정적인 관점보다는 부정적인 관점으로 바라본다. 한 연구에서 노인의 이미지를 건강,

정서, 지적 능력, 경제력으로 나눠서 살펴봤더니 우리 사회는 노인에 대해 대체로 부정적인 것만 꼽았다. '노인'이라고 하면 정정한 노인보다는 노쇠한 노인, 현명한 노인보다는 독단적인 노인, 경제력 있는 노인보다는 경제적으로 의존적인 노인의 모습을 더 떠올렸다.[6] 노인 하면 늙고 병들고 고집 세고 부양을 해야 하는 대상이라고 생각한다. 노년을 부정적으로 보는 관념은 외국에도 존재한다. 오스트리아 학자 장 아메리*Jean Amery*는 노년을 질병과 노쇠로 인한 체념의 시기로 본다. 책 제목도 《늙어감에 관하여: 저항과 체념 사이에서》라는 우울한 문구다. 그는 인간은 기본적으로 '시간성' 아래 존재하는데, 세월은 빠르게 흘러가고 노인에게는 더 이상 올 시간이 없다. 인간은 나이가 들면서, 쭈글쭈글하고 반점이 생기는 피부를 보면서 더 이상 예전의 내가 아니게 된다. 거울에 비친 나 같지 않은 얼굴을 보면서 자기혐오와 자기 증오의 나락에 빠지지 않을 수 없다고 아메리는 말한다.

그런데 우리나라는 노인에 대한 부정적 편견이 다른 나라보다 더 심한 듯하다. 우리나라에서 노인들은 갖가지 멸칭들로 불리기 때문이다. 우리 머릿속 노인에 대한 부정적 생각이 노인을 지칭하는 멸칭들의 탄생으로 이어졌는데 '틀딱충' '연금충' '할매미'가 대표적인 노인 멸칭이다.

온라인상에서 널리 사용되는 멸칭인 '틀딱충'을 먼저 살펴보자. 이는 '틀니+딱딱+충蟲, 벌레 충'의 합성어인데, '충'을 빼

　　　　　1장 한국 사회를 집어삼킨 나이 멸칭 문화

고 간단히 '틀딱'이라고 부르는 경우도 있다. 틀니를 착용하는 노인들이 많은 데서 착안한 것으로, 주로 매너를 지키지 않은 몰지각한 노인이나 수구적인 성향을 보이는 노인들을 비하하는 표현으로 쓰인다.

인구 고령화와 보험 적용 확대로 틀니 사용자는 점점 증가하는 추세다. 2017년 대한치과보철학회가 만 60세 이상 710명을 대상으로 조사한 결과, 틀니를 사용하고 있는 비율이 45.7%로 나타났다. 65세 이상 노인 중에서는 2명 중 1명이 틀니를 사용 중이며 국내 틀니 사용 인구는 약 640만 명으로 추산된다.[7]

틀니는 자연 치아를 대체하는 치료 방식 중 하나인데, 흔히 틀니라고 하면 위쪽 혹은 아래쪽 치아가 하나도 없는 상태에서 치아의 기능을 대신하기 위해 일종의 가짜 이빨을 말굽 모양의 틀처럼 만들어 사용하는 것이다. 일반적으로는 치아가 모두 사라진 상태에서 사용하는 것을 틀니라고 생각하지만, 치아가 부분적으로 상실된 경우에는 '부분 틀니'를 사용하기도 한다.

젊은이들에게 '틀딱충'이라고 조롱받는 틀니를 노인들이 사용하는 이유는 무엇보다 저렴한 비용 때문이다. 최근 치과에서는 임플란트를 활용한 치료가 활발히 이루어지나 임플란트 한 개의 시술 비용이 100만~150만 원 수준인 것에 비해, 틀니는 윗니나 아랫니 한쪽 면 전체를 치료하는 데 130만~150만 원이다. 거기다 틀니 치료는 보험 적용이 가능한데 2016년 7월부터는 보험 적용 연령이 70세에서 65세로 낮아지기까지 했다. 보험 적용을 받을 경우 환자가 부담하는 비용은 대략 40만~60만 원 수준이다. 비용뿐 아니라 치료 기간이 짧고 특별한 고통 없이 시술이 간단하다는 점도 틀니가 가지는 장점이다. 치과 치료라고 하면 수면 마취와 "드드드" 이를 가는 소리 때문에 환자들이 공포를 갖기 쉬운데, 틀니 치료는 그런 과정이 없어 고령의 환자들이 비교적 쉽게 치료받을 수 있다. 또한 노인들의 경우 당뇨병이나 고혈압 등 만성질환을 앓는 경우가 많은데, 임플란트 시술은 이런 질환이 심한 경우엔 아예 시도조차 못 하는 데 반해 틀니는 치료가 가능하다.[8]

더 나아가 틀니는 단순히 씹고 말하는 기능을 돕는 도구를 넘어 노년기의 건강과 직접적으로 연결되어 있다. 구강 기능이 저하되면 단백질 섭취가 감소하게 되는데 이는 영양실조, 근감소증, 우울감, 인지 기능 저하 등으로 이어질 수 있기 때문이다. 연구들에 따르면 실제로 구강이 노쇠하는 것과 노인 사망률이 밀접하게 연관되어 있다고 한다.[9]

왜 노인들이 틀니를 할 수밖에 없는가 생각해 보면 '틀딱충' 이란 멸칭은 정말 비정하고 잔인한 호칭이 아닐 수 없다. 그런데 이런 이해 없이 틀니를 낀 노령층에 대한 거부감만 점점 더 커지고 있다.

매년 7월 1일은 무슨 날일까? 이 날은 대한치과보철학회가 제정한 '틀니의 날' 이다. 틀니의 날이 있다는 것을 아는 사람은 많지 않을 것이다. 틀니의 날을 제정한 것은 노년기 삶의 질을 좌우하는 구강 건강의 중요성을 되새기자는 의미를 담고 있다. 고령사회로 접어든 오늘날 틀니의 중요성이 더 커지고 있지만 여전히 많은 사람에게 간과되거나 무시되는 현실을 일깨우고자 하는 의미가 있다.

틀니 세정제를 판매하는 한 회사는 틀니를 사용하는 활기찬 노년층의 스토리를 그린 영상을 제작하여 유튜브에서 공익광고 캠페인을 펼치기도 했다. 이 캠페인은 주 사용층인 실버 세대를 응원하고 틀니 사용에 대한 거부감을 낮추기 위한 것으로, 노년층에 대한 긍정적인 사회적 인식을 확대하기 위해 대한치과보철학회와 공동 기획되었다. 틀니의 날 제정이니 공익광고 캠페인이니 하는 활동들은 모두 틀니 낀 노인들에 대한 우리 사회의 거부감과 혐오가 엄연히 존재함을 반증한다.

'틀딱충'이란 멸칭은 벌레를 뜻하는 '충'이 어미에 붙었다는 점에서 그 잔인성이 더해진다. 이는 노인을 벌레로 비인간화하는 극단적인 혐오 표현이자 매우 위험한 연령차별적 신호다. 비인간화*dehumanization*는 역사상 끔찍한 수준의 대량 학살이 있기 전에 빈번히 발생했다. 아메리카에서 백인 정착민들이 원주민들을 대량 살해하기 전에도 원주민들을 '이'로, 원주민 어린이들은 '서캐'로 묘사했다. 1994년 르완다 내전 중에 후투족은 미디어를 통해 투치족을 '바퀴벌레'로 묘사하며 잔혹하게 살해하였다. 나치의 홀로코스

트도 유대인을 뱀, 쥐, 바퀴벌레 같은 해충으로 묘사하면서
자행되었다.

노인들을 벌레에 비유하는 멸칭은 틀딱충에 그치지 않는
다. '할매미'라는 멸칭도 있다. 이는 '할머니+매미'의 합성
어로, 노인들 중에서도 할머니들, 즉 여성 노인들이 시끄럽
다며 매미에 비유해 비하하는 표현이다. 공공장소에서 시
끄럽게 떠드는, 시민으로서의 규칙을 지키지 않는 노인들을
혐오하는 젊은이들의 정서가 반영된 멸칭이다.

공적인 장소에서 큰 목소리로 떠드는 등 다른 사람들에
게 방해가 되는 행동을 해서는 당연히 안 된다. 그런데 나이
가 많은 사람들이 큰 목소리로 말하는 것은 청력 기능이 저
하되었기 때문이기도 하다. 청력은 나이가 들면서 점차 감
소한다. 청력 감소는 대략 30대부터 시작되지만 말소리를
듣는 데 중요한 주파수 영역의 청각이 감소되어 잘 안 들린
다고 느끼기 시작하는 때는 40~60대다. 노인성 난청은 나
이가 들어 생기는 달팽이관 신경세포의 퇴행성 변화에 의
해 청력이 떨어지는 것으로, 노인 인구의 약 30% 정도에서
발견된다. 2019년 우리나라 전체 인구의 15%가 65세 이상이
며 그중 약 30%가 노인성 난청이라고 가정할 때, 국내에 약
230만 명 이상의 환자가 있을 것으로 추정되었다. 지금은 이
숫자가 더 늘어났을 것이다. 노인성 난청을 겪는 인구 비율
은 65~75세는 25~40%, 75세 이상은 38~70%로 나이가 들면
서 많아지고 난청의 정도도 심해진다. 귀가 잘 안 들리게 되

        1장 한국 사회를 집어삼킨 나이 멸칭 문화

면, 사회적으로 고립되면서 외로움을 느끼게 되고 삶의 질도 저하된다.[10] 그리고 잘 들리지 않기 때문에 더 큰 목소리로 말하게 된다.

노인들의 신체적 능력에 빗대어 만들어지는 멸칭들은 노화에 대한 우리 사회의 편견이 짙게 담겨져 있다. 실제로는 신체적, 정신적 능력이 쇠퇴하지 않았는데도 노인들에게는 쇠퇴한 이미지가 덧붙여진다. 한 연구에 의하면, 노인의 건망증은 지적 능력 결핍으로 인식되는 경향이 높은 반면, 청년들의 건망증은 단순한 주의력 부족으로 받아들이는 양상이 발견된다.[11] 노인들의 건망증도 단순한 주의력 부족일 가능성이 있는데도 말이다. '할매미'라는 멸칭도 여성 노인들의 자연스러운 대화를 젊은이들의 대화보다 더 시끄럽고 소란스럽다고 바라보는 우리 사회의 시선에서 비롯되었다.

## 세계적으로도 높은 노인에 대한 부정적 인식

'틀딱충'과 '할매미'가 노화의 과정에서 자연스럽게 발생하는 치아 상실과 난청이라는 육체적 변화를 조롱의 대상으로 삼는다면, 경제적 측면에서 노령층을 조롱하는 멸칭도 있다. '연금충'이 바로 그것이다. 연금충은 나라에서 주는 연금으로 생활하는 노인을 뜻한다. 정부가 노인 기초연금액을 늘리면서 가뜩이나 취업난에 시달리는 젊은이들 사이에서 이런 정부 정책을 못마땅하게 여기는 정서가 생겼는데 이런 정서를 고스란히 투영한 것이 연금충이란 멸칭이다.

2024년 9월, 정부는 2026년 하위 50% 노인부터 시작해 2027년에는 기초연금을 받는 전체 노인에게 1인당 최대 40만 원을 지급하겠다고 밝혔다. 이대로 실행된다면 2014년 도입된 지 13년 만에 기초연금 '40만 원 시대'에 들어서게 된다. 이전에도 '노령 수당' '경로 연금' 등이 있긴 했지만 기초연금의 실질적인 전신은 '기초노령연금'으로 그 시작은 노무현 정부 때였다. 노무현 정부는 국민연금의 소득대체율을 낮추는 연금 개혁을 추진하면서 대신 기초노령연금을 도입했다. 2008년 1월부터 하위 70% 노인에게 8만 4000원의 연금이 지급되기 시작했고, 그 후에 정치권은 연금액을 지속적으로 높여 왔다.

2007년 대선에서 이명박 당시 한나라당 대선후보는 지급 대상을 80%까지 확대하고 금액도 두 배로 늘리겠다고 공약했지만, 당선된 뒤에는 약속을 지키지 않았다. 반면, 2012년 대선에서 박근혜 당시 새누리당 대선후보는 "즉시, 65세 이상 모든 노인에게 20만 원을 지급하겠다"며 파격적으로 공약했다. 하지만 당선 뒤 재원 문제를 이유로 하위 70% 노인에게만 지급하기로 결정됐다. 2014년 7월부터 이름이 '기초연금'으로 바뀌었고 금액은 20만 원으로 인상됐다. 이어 문재인 정부 시기, 2018년 9월부터 25만 원, 2021년부터는 30만 원으로 인상되었다. 윤석열 대통령은 대선후보 시절 "기초연금을 40만 원으로 인상하겠다"고 공약했고 공

　　　　　　　1장 한국 사회를 집어삼킨 나이 멸칭 문화

약에 따라 2024년 정부 발표가 있었다. 기초연금 수급자는 2014년 435만 명에서 2024년 701만 명으로 266만 명이 늘어났다. 예산 역시 6조 9000억 원에서 24조 4000억 원으로 4배가량 급속히 늘어났다. 고령화가 빠른 속도로 이루어짐에 따라 향후 예산 부담액은 더 증가할 가능성이 크다.[12]

실제로 정부의 노인 복지 예산은 지속적으로 증가하고 있다. 우리나라가 초고령사회로 진입한 가운데 2025년에는 정부 사회복지 예산에서 '노령 분야'가 차지하는 비중이 처음으로 절반을 넘어섰다. 원래 노인복지 관련 예산의 비중은 5% 미만에 그치다가 2008년을 기점으로 수직 상승하였는데, 이는 2008년부터 실시된 기초노령연금과 노인장기요양보험의 수급 대상자가 확대되었기 때문이다. 이후 노령 예산의 비중은 꾸준히 증가하여 2025년 중앙정부 사회복지 분야 예산 229조 1000억 원 중 노령 분야는 115조 8000억 원으로 전체의 50.6%를 차지했다.[13]

이러한 배경에, 국민연금 재정 고갈에 대한 우려도 동시에 제기되고 있다. 특히 젊은 세대는 젊은이들이 열심히 벌어 노인들 주머니만 채워 주는 제도가 연금제도라며 불만을 쏟아 낸다. 생산 현장에서 주어진 임무를 다하여 경제적 가치를 상실한 존재인 노인들은 젊은이들의 등골을 파먹는 벌레여서 "연금충"이라 부를 만하다는 것이다. 한국의 노인 빈곤율이 경제협력개발기구OECD 1위인 상황에서, 기초연금이 노인 빈곤 개선에 기여한 공로는 인정해야 할 것이다. 그러나 젊은이들이 느끼는 경제적 불안감과 좌절감 역시 심각하게 받아들여야 한다. 실제로 여론조사 결과를 보면 "노인은 우리나라 경제 발전에 도움이 된다"는 질문에 대해 동의하는 응답은 전체의 3분의 1 정도였고, 특히 나이가 어려질수록 동의하는 비율은 확연히 줄어들었다.[14] 2024년 한국보건사회연구원의 보고서[15]에 따르면 "노인 인구의 증가는 경제에 위협이 된다"는 의견에 10개국(영국, 덴마크, 이탈리아, 독일, 미국 등)의 평균 동의율은 44.8%였지만 우리나라는 이보다 30% 정도 높은 76.1%로 나타났다. 우리나라는 노인 인구에 대한 부정적 인식 수준이 세계적으로도 높은, 노인을 냉대하는 사회다. 특히 젊은 세대가 노인을 보는 이런 인식, 마치 벌레처럼 사회에 기여하는 것이 없다는 인식이 '연금충' '틀딱충' '할매미' 등 멸칭의 탄생을 설명한다.

나이가 많다는 이유로 붙여지는 멸칭은 더 있다. 부모보다 못사는 세대가 될 가능성이 높은 젊은이들은, 전수해 줄 자원도 없는 노인들이 권위적인 태도를 보이는 것을 못마땅해한다. 그래서 등장한 것이 또 다른 노인 멸칭인 '노슬아치'이다. '노인'과 '벼슬아치'라는 단어를 합성한 것으로 마치 무슨 벼슬이라도 한 것처럼 행동하는 노인에 대한 비하를 표현한다. '벼슬아치'는 사전적으로 "관청에 나가서 나랏일을 맡아보는 사람"을 뜻한다. 노슬아치는 나이가 마치 벼슬이자 권력인 것처럼, 나이 어린 사람에게 권위적으로 행동하는 노인을 상징하는 표현이다. 예를 들어 나이 들었다

     1장 한국 사회를 집어삼킨 나이 멸칭 문화

는 이유 하나만으로 지하철 자리를 양보하라는 노인들을 가리키는 표현으로 사용된다. 또한 기성세대가 젊은이들에게 '열심히 살라'고 훈계하는 것에 대한 반감도 노슬아치 멸칭이 등장한 배경이 된다. 저성장 시대로 진입해서 아무리 노력해도 기성세대처럼 좋은 일자리를 구할 수 없는데도, 노력으로 부족하면 더 노력하라며 '노오력'만 하면 된다는 기성세대의 훈계는 마치 조선시대 벼슬아치처럼 권위적으로 들린다.

영감탱이, 쭈그렁 할멈, 잔소리 심한 노파, 마녀, 괴팍한 노인, 시골 영감, 괴짜 노인 등 우리 사회에는 노인을 경멸하는 표현들이 이미 오래전부터 존재했었다. 그런데 틀딱충, 할매미, 연금충은 노인을 더 이상 인간이 아닌 동물로 비유하는 지경에 이르렀다. 우리나라가 세계 최고를 기록하는 몇몇 통계 수치 중 가장 불명예스러운 것이 있다면 바로 노인 자살률일 것이다. 노인들의 사회적, 경제적 지위가 약화되고 이에 따른 불안감과 좌절감이 노인들을 극단적인 선택으로 몰아간다. 노인 학대도 계속해서 증가하고 있다. 2024년 보건복지부가 발간한 보고서에 따르면 노인 학대 신고는 2만 1936건으로 전년보다 12.2% 늘었다. 노인 학대 사례가 늘어나면서 노인보호전문기관 상담도 증가했다. 전체 상담 건수는 22만 5589회로 전년보다 10.6% 늘어났다. 학대 유형은 신체적 학대 42.7%, 정서적 학대 42.6%, 방임 7.1%, 경제적 학대 3.3%, 성적 학대 2.5% 순으로 많았다.[16] 그런데 우리나라에서는 아동 학대에 비해 노인 학대에 대한 관심이나 연구는 부족하다. 자살 역시, 노인 자살에 대한 연구는 상대적으로 많지 않다. 학대와 자살, 모두 심각한 사회 문제이나 이것이 노인에 해당될 때는 관심이 적다는 것, 이 역시 노인에 대한 또 다른 유형의 차별이다.[17]

《예기禮記》〈왕제편〉에는 "오십이 되면 쇠하기 시작하여 육십에는 고기가 아니면 배부르지 않고 칠십에는 비단 옷이 아니면 따뜻하지 않다"는 글귀가 나온다. 늙음이란 이처럼 육신의 변화와 함께 온다. 그 노화하는 육신을 바라보는 시선은 사회마다 다를 수 있다. 늙음은 단순한 쇠퇴일까 아니면 성숙일까? 늙음은 우리가 어떻게 정의내리냐에 따라 여러 의미를 가질 수 있는데,[18] 한국 사회는 늙음을 경멸받을 현상으로 바라본다. 실제로 한 연구에서 노인층을 대상으로 노인 차별의 경험을 물어보았는데, 우리나라 노인들은 매우 다양한 차원의 차별을 경험한 것으로 나타났다.[19] 차별의 내용은 '의사나 간호사가 병이 나이로 인한 것이라고 추정함' '그 일을 하기에 너무 늙었다는 말을 들음' '나이로 인하여 무시당하거나 중요하게 받아들여지지 않음' '나이 때문에 잘 이해하지 못할 것이라고 다른 사람이 추정함' '나이로 인해 고용을 거절당함' 등이었다. 이는 우리나라에서 노인 차별 현상이 광범위하게 나타나고 있음을 의미한다.

## 재미 삼아 만들어 본 나이 멸칭?

고령층을 틀딱충, 할매미 등으로 부르는 것은 늙음을 바라보는 우리 사회의 저열함을 잘 보여 준다. 노년을 어떠한 의미도 남아 있지 않은 쇠퇴의 시기로, 노년층을 벌레처럼 사회에 해가 되는 존재로 타자화하는 연령주의적 시선이 강렬하게 존재한다. 특히, 젊은 세대를 중심으로 나이 멸칭들이 재미로 소화되고 있는 현상은 앞으로 다른 나이대 간 세대 갈등과 나이로 인해 혐오가 더욱 심각해질 가능성을 내포한다. 개인의 발달은 누적적으로 이루어지고 연속적인 특성을 가지고 있기 때문이다.[20]

2002년 개봉한 영화 〈죽어도 좋아〉가 있다. 70대 노인의 사랑과 성을 주제로 한 이 영화의 포스터는 일흔을 넘긴 남자와 여자 노인이 서로 껴안은 채 이불을 덮고 행복한 미소를 짓고 있는 모습을 담았다. 이 영화는 실화를 바탕으로 했으며, 출연 역시 일반인인 박치규와 이순예 본인이 맡았다. 각자의 배우자와 사별을 한 두 사람은 외롭게 하루하루를 연명하던 중 운명처럼 만났다. 한시가 아까운 두 사람은 바로 신접살림을 차리고 맘껏 사랑한다. 노골적인 성적 장면들 때문에 심의 당시 제한상영가 판정을 받기도 한 이 영화는, 노인들의 성은 추하다는 사회적 편견을 깬 영화였다. 노인들을 할머니, 할아버지가 아니라 욕망을 가진 개인으로 그려 당시 큰 화제를 모았지만, 20여 년이 지난 지금 노인에 대한 한국 사회의 시선은 그때와 다를 바가 없다. 오히려 '~충'이라는 멸칭을 붙여 조롱할 정도로 사회에 기여하는 바는 없는 복지의 대상으로만 간주된다.

〈죽어도 좋아〉가 세상에 나온 지 17년이 지난 후인 2019년 JTBC 드라마 〈눈이 부시게〉가 방송되었다. 이 드라마는 치매에 걸린 노인을 이전과는 다른 시선으로 풀어내 호평을 받았다. 배우 김혜자가 연기한 주인공 '혜자'는 알츠하이머를 앓고 있다. 드라마 초반에는 그 사실이 드러나지 않고, 한지민이 연기한 젊은 시절 혜자의 패기와 로맨스만을 주로 보여 준다. 그러나 극 후반부에 이르러 사실은 혜자가 알츠하이머를 앓는다는 사실이 드러난다. 늙어 버린 혜자가 실감하는 노화의 힘겨움과 노인의 처지를 예리하게 그려 낸 이 작품은, 오래 기억에 남을 내 인생 드라마 중의 하나다. 과거에 영화나 드라마에서 치매는 주로 나이 들면 걸리는, 주위를 괴롭게 하는 고통스러운 질병으로 그려졌다. 그러나 이 드라마에서 치매 노인은 주변부 인물이 아니라 주인공이며, 말할 권리를 가진 인물로 그려 냈다는 점에서 과거와는 다른 시각을 보여 줬다. 이 드라마로 인해 노화나 치매 노인이 두려운 대상이 아니라, 공감할 수 있는 대상이 됐다는 평가가 줄을 이었다. 이 드라마에 대한 이런 긍정적인 평가가 많았다는 것은 어찌 보면 치매 노인에 대한 우리 사회의 편견이 그만큼 크다는 것을 반증하기도 한다.

나이 차별은 한국 사회를 세대 간 분열시키기도 하지만,

동일 세대 내에서의 분열도 야기한다. 한 연구에 의하면, 노인들은 본인이 속해 있는 노인 집단을 부정적으로 바라보는 경향이 큰 것으로 나타났다.[21] 때로는 동일시하고 때로는 자신과 분리하기도 했는데, 노인으로서 활동적 삶을 영위할수록 다른 노인들을 부정적으로 평가하고 자신과 구분 짓는 경향이 컸다. 이러한 현상을 공포관리이론*terror management theory*에 기반해 설명하는데, 바람직한 집단과의 동일성을 통해 자기 세계관을 승인받고 자존감을 얻을 수 있으며 그렇지 않은 집단은 그룹 내 구성원들의 세계관을 위협할 수 있으므로 배제한다. 즉, '나는 그들과 다르다'는 것을 승인받기 위해 노인들은 같은 노인들을 더 신랄하게 비판하곤 한다. 노인 멸칭이 존재하는 사회에서, 노인들이 서로를 혐오하는 '노노 혐오' 현상이 생긴다. 탑골공원 내 급식소를 탐방한 기사[22]에 따르면, 노인들이 서로 대화하는 풍경을 상상했으나 실상은 그렇지 않았다고 한다. 노인들은 '지저분하다' '냄새 난다' '무섭다' 등의 이유를 들어 친구를 사귀거나 말을 걸고 싶지 않다고 응답했다. "나는 저들과 다르다"고 말하는 노인들은 서로를 타자화하며 거리를 두고 있었다.

장기적으로 노인 멸칭의 유행은 노령층의 능력과 태도를 판단하는 데 큰 영향을 끼치게 되고, 고용이나 노동에 있어서 이들의 노동권과 인권을 침해할 수 있는 부정적인 정책 결정으로 이어진다. 청소년 및 청년 시기에 형성된 노인에 대한 인식과 가치관은 미래에 노인복지에 투입할 자원의 양과 서비스에 영향을 미칠 것이다. 젊은 세대에서 노인에 대해 부정적인 편견이 늘어난다면, 향후 이들이 전 인구의 상당 부분을 차지하는 노인들을 위한 복지제도를 결정하게 될 때 부정적인 편견이 작동하게 될 것이며 노인들을 위한 복지는 감소하게 될 것이고 노인 빈곤, 노인 자살 등의 문제는 더 심각해질 것이다.

고령자를 멸칭으로 아무 거리낌 없이 장난삼아 부르는 행태는 고령자 개인의 문제로 그치는 것이 아니라 우리 사회 전체의 문제이자 사회구조적인 문제로 연결된다. 그런데도 그냥 재미 삼아 만들고 불러 본 멸칭인데 왜 그렇게 진지하냐고, 왜 개그를 다큐로 받느냐고 할 것인가?

# 개저씨, 영포티, 김여사가
# 되어 버린 중장년

## 영국 국영방송 BBC도 인정한 그 단어, 꼰대

대략 65세 이상을 노인으로 보고 '틀딱충' '할매미' '연금충'이라 부른다면, 노인층을 포함해서 좀 더 나이가 어린 중장년 집단을 가리키는 나이 멸칭들이 있다. 대표적인 것이 '꼰대'다. 꼰대는 노인, 기성세대, 선생님, 중장년 등을 비하하는 은어이자 멸칭으로 매우 보편적으로 사용된다. 최근에는 얼마나 나이 들었나와 상관없이 권위주의적인 사고방식을 가진 사람을 꼰대라고 부르기도 한다. 한 설문조사 결과[23]를 보면, 가장 되고 싶지 않은 어른 유형 1위로 '어린 사람의 말은 무시하고 보는 꼰대형'이 선정되었을 정도로, 꼰대는 한국 사회에서 멸시받는다. 꼰대가 가진 특징을 정리한 '꼰대 육하원칙'도 온라인상에 돌아다닌다. 이에 따르면 꼰대는 '내가 누군지 알아(who)' '내가 너만 했을 땐 말이야(when)' '어디서 감히?(where)' '네가 뭘 안다고 그래?(what)' '어떻게 나한테 이래?(how)' '내가 그걸 왜 해?(why)'라는 말을 자주 한다고 한다.[24]

한국은 긴 역사를 가진 집단주의적 사회로 여전히 그 잔재가 남아 있다. 사회 전반에 상하 관계가 분명한, 불평등을 전제로 한 유교 사상이 뿌리를 깊게 내리고 있고, 여기에 군사 정권, 한국전쟁, 냉전시대, 국가 주도 경제 성장을 거치면서 집단주의적 성향은 더욱 강해졌다. 자본주의의 발달과 함께 개인주의가 대두되었으나 그 기반이 약했다. 군신, 부부, 부자, 형제 등의 불평등하게 설정된 관계를 중심으로 한 유교적 가치에 더해, 평등한 관계를 기반으로 하는 개인이 강조된 자본주의의 도입과, 역시 평등한 정치권력을 전제로 하는 민주화의 진전은 우리 사회의 가치 혼란을 가져왔다. 연장자라는 이유로 공경해야 했던 유교문화의 잔재는 산업화와 민주화를 통해 평등과 공정 의식을 체화한 젊은 세대에게 비합리적이고 불공정하게 느껴진다.

반면, 집단주의를 체화한 기성세대 입장에서는 개인주의와 자유주의는 이기주의라는 부정적 측면으로 규정되곤 한다. '꼰대'라는 용어의 등장은 청년세대와 기성세대 간의 갈등일뿐 아니라, 기존의 집단주의적 사회와 개인주의적 사회의 충돌에서 비롯된다.[25] 이전에는 효 의식, 부모 부양 의식 등 가족의 역할이 세대 갈등을 완충하는 역할을 해 왔다

　　　1장 한국 사회를 집어삼킨 나이 멸칭 문화

면 이제는 더 이상 가족주의적 연대가 이런 역할을 하지 못하고 있기 때문이다.

꼰대라는 말은 어디서 왔을까? 꼰대의 어원으로는 여러 설명이 있는데, 주름이 많다는 의미에서 '번데기'의 경상도와 전라도 방언인 '꼰데기' 또는 '꼰디기'에서 왔다는 설이 있다. 번데기의 주름이 노인의 주름살과 닮았기 때문이다. 또 다른 설명으로는 나이 든 세대를 상징하는 '곰방대'에서 기원했다고 한다. 마지막으로 일제강점기로 거슬러 올라가 착취와 약탈을 일삼던 백작을 부르던 프랑스어 '콩테comte'라는 단어를 일본식 발음으로 불러 보니 꼰대가 되었다는 설명이 있다.[26] 당시 친일파들이 작위를 수여받은 후 스스로를 '꼰대'라 칭하며 으스댔던 반면, 매국노들의 행태는 '꼰대짓'이라 불리며 사람들의 조롱을 샀다.

각각의 가설을 조금 더 자세히 살펴보자. 우선 첫 번째 가설은 주름이 많다는 의미로 '번데기'에서 꼰대의 어원을 찾는데, 이는 멸칭 꼰대가 생물학적인 노화와 연관되어 있다는 것을 보여 준다. 번데기는 완전변태를 하는 곤충이 애벌레(유충)에서 어른벌레(성충)로의 탈바꿈을 준비하기 위한 중간 단계를 가리킨다. 유충의 몸 구조로부터 새로이 성충의 몸 구조가 만들어지는데, 번데기라는 휴지기 껍질 안에 완전히 발육한 성충이 들어 있다. 우리 속담 중에 "번데기 앞에서 주름 잡는 격이다"라는 말이 있다. 자기보다 뛰어난 재능을 가진 사람 앞에서 잘난 체하는 것을 이르는 말인데,

이처럼 번데기는 주름이 매우 많다. 주름이 많은 번데기 앞에서 주름을 잡으면 자칫 '공자 앞에서 문자 쓴다'는 조롱을 받게 된다. 따라서 주름이 많은 번데기는 노인의 주름진 얼굴을 연상시키고 여기서 '꼰대'라는 용어가 생겨났다고 볼 수 있다.

노화가 불러오는 여러 특징 중에서도 특히 '주름'은 가장 대표적인 노화의 상징이다. 피부는 나이가 들면서 점차 두께가 얇아지고 탄력이 떨어진다. 또한 피하지방과 피부의 부착이 약해져 중력의 방향으로 늘어나고 처지게 되며, 피지 분비가 감소해 건조해지고 윤기를 잃는다. 30세 초반부터 피부 노화 과정이 진행되는데, 노화 초기에는 자주 짓는 표정이나 웃는 곳에 주름이 생기다가 나이가 더 들어 감에 따라 피부가 본격적으로 처지게 된다. 그리고 팔자주름, 코 주위 주름, 눈꼬리 주름, 이마 주름, 입술과 목 주위 주름 등 다양한 곳에 주름이 나타나기 시작한다.[27] '번데기=주름=노인'이라는 자동 연상 작용으로 꼰대는 나이 든 사람을 향한 연령차별적인 멸칭으로 자리매김하였다.

'꼰대'는 고령층의 주름진 얼굴만 연상시키는 것이 아니다. 고령층이 주로 사용하는 물건과도 관련이 있다. '꼰대'의 기원을 설명하는 두 번째 가설은, 꼰대는 나이 든 세대의 상징인 곰방대에서 기원했다고 본다. 곰방대는 잘게 썬 담배를 피울 때 사용하는 짧은 담뱃대를 가리키는데 현대에서는 거의 사용되지 않는 물건이다. 이 책을 읽는 젊은 독자는 곰방대를 실제로 본 적이 한 번도 없을 수도 있다. 나만 해도 곰방대는 박물관이나 영화 속에서만 만나 봤거나, 교과서 어딘가에서 호랑이가 담뱃대를 물고 있는 민화를 본 기억이 어슴푸레 있는 정도다. 관용 표현으로 쓰이는 "호랑이 담배 피우던 시절"처럼 호랑이가 물고 있는 긴 담뱃대 정도가 곰방대 관련한 내 기억의 전부다.

담뱃대는 담배를 담아 불태우는 '담배통'과 입에 물고 빠는 '물부리', 그리고 담배통과 물부리 사이를 연결하는 '설대'로 구성되어 있다. 이때 설대가 긴 것은 장죽長竹, 설대가 없거나 짧은 것은 곰방대短竹라 부른다. 이 곰방대에서 '꼰대'라는 표현이 나왔다는 설명이다.

그렇다면 담뱃대 또는 곰방대는 무엇을 상징하기에 노인이나 중장년을 비하하는 멸칭의 탄생으로 연결되었을까? 사실 조선 말기 담뱃대는 사치품이었다. 조선시대 실학자 유득공柳得恭의 《경도잡지京都雜志》에는 조관들이 담배합과 담뱃대를 말 뒤에 달고 다니고, 비천한 사람들은 존귀한 분 앞에서 감히 담배를 피우지 못한다고 하였다. 또 다른 실학자 서유구徐有榘는 《금화경독기金華耕讀記》에서 "전국에 걸쳐 다투어 사치하는 자들이 백통이나 오동烏銅으로 담뱃대를 만들뿐더러 금은으로 치장함으로써 쓸데없는 데 막대한 비용을 허비한다"고 적었다.[28]

이런 기록들에서 보이듯이, 사치품인 담배는 신분과 권위의 상징이었다. 과거에 손님이 찾아오면 주안상이 마련될 때까지 우선 담배를 권하곤 했다. 손님의 신분이 높거나 연장자인 경우 주인이 담뱃대에 불을 붙여 권하는 것이 예의였다. 권세가 있는 집안에서는 '객죽'이라 부르는 손님 접대용 담뱃대를 따로 마련해 두었고, 손님 접대용 객초도 준비해 두었다. 맞담배를 피우는 통죽은 비슷한 신분에서만 가능했고, 서민이나 하인은 상전 앞에서 담배를 피우지 못했다. 담뱃대는 아랫사람을 부르는 초인종 역할을 하기도 했다. 사랑방에서 아랫사람에게 용무가 있을 때는 장죽의 대통으로 화로나 재떨이를 두드려 소리를 내면 하인이 분부를 받들기 위해 달려왔다. 또 아랫사람을 부릴 때는 지휘봉으로, 혼을 낼 때에는 매로 사용하기도 했다.[29] 이처럼 곰방대는 윗사람이 아랫사람을 부리는 '권위적이고' '불평등한' 이미지를 연상시키기 때문에, 꼰대는 주로 중장년 이상의 나이 든 사람들이 권위적인 행동을 할 때 그들을 지칭하는 용어로 널리 사용되는 것이다.

마지막으로 일제강점기에 백작을 부르던 '콩테'라는 단어에서 꼰대가 기원했다는 설을 자세히 살펴보자. 사람들은 백작이나 귀족 하면 유럽에나 있었지 우리나라에는 없었다고 알고 있다. 그런데 사실 우리나라도 귀족제도가 있었다. 1910년 식민지화와 동시에 식민 시기 내내 '조선 귀족' 제도가 있었다. 1868년 메이지유신 이래 일본은 근대화에 박차를 가하면서 '화족'이라는 새로운 귀족제도를 만들었다. 근대화 과정에서 기존의 지위와 권력을 잃게 된 봉건 지배 세력을 체제 내로 포섭하기 위해 공훈자들을 묶어 400여 명에게 공작·후작·백작·자작·남작의 작위를 수여했고 이 작위는 맏아들에게 상속되었다. 일제는 조선을 효율적으로 지배하기 위해, 일본에서와 유사하게 조선 귀족 계층을 만들었다. 일본 황족에 준하여 순종황제는 '창덕궁 이왕', 고종은 '덕수궁 이태왕'이라는 칭호를 주고, '왕세자' 이은과 함께 '왕족'이 되고, 고종의 서자인 이강과 고종의 형인 이희는 각각 '공公'의 칭호를 얻어 '공족'이 되었다.

그리고 조선 왕실과 가까운 혈연, 대한제국의 고관, 병합에 공로가 큰 사람 76명을 조선 귀족으로 임명했다. 이재완 등 종친 4명과 순종의 장인인 윤택영, 철종의 부마인 박영효 등 6명이 후작, 이완용 등 3명이 백작, 22명이 자작, 그리고 45명이 남작 칭호를 받았다. 그들은 작위와 함께 최저 2만 5000원, 최고 50만 원이 넘는 어마어마한 금액의 국채증권을 선물로 받았다. 귀족들은 일본 시찰을 다녀오거나 총독부의 각종 단체나 행사에 들러리로 출석하고, 사치스러운 생활을 이어 갔다.[30] 프랑스어로 '콩테'는 백작, 영주, 고관을 뜻하는데 이들은 스스로를 콩테라고 부르며 으스댔고 곧 조선 사회의 조롱거리로 전락했다. 사회적 존경을 받을 만한 인물이 아닌데도 높은 신분을 부여받고 허세를 부리는 권위적인 인물을 '꼰대'라고 부르게 된 데는 이런 역사적 배경이 있다.

2019년 9월, 영국 국영방송 BBC는 오늘의 단어로 꼰대

*Kkondae*를 선정했다. 꼰대를 "자신은 늘 맞고 다른 사람은 늘 틀리다고 하는 나이가 많은 사람"이라고 소개했는데, 이처럼 꼰대는 처음에는 나이 많은 중장년 이상의 사람들을 지칭했다. 그런데 최근 들어 '젊은 꼰대'를 줄여 '젊꼰'이라는 표현도 등장했다. 나이 불문, 꼰대스러운 사고와 행동을 하면 꼰대라는 것이다.

고령층을 향한 연령차별적인 멸칭으로 태어나 이제는 나이 불문 구태의연하고 낡은 사고를 가진 사람을 칭하는 멸칭으로 진화하고 있는 꼰대. 과연 나는 꼰대일까, 아닐까? 궁금하다면 온라인상에서 유행하는 테스트[31]를 통해 나의 꼰대력을 테스트해 볼 수 있다. 이 테스트를 구성하는 여러 질문에는 '나이' '선배' '후배' '나보다 어린 사람' 등의 표현이 담겨져 있는데, 이는 '나이'에 따른 서열화가 '꼰대' 멸칭의 구성에 매우 중요한 의미를 담고 있음을 시사한다. 몇 가지만 소개하면 아래와 같다.

- 사람을 만나면 나이부터 확인하고, 나보다 어린 사람에게는 반말한다.
- 요즘 젊은이들이 노력은 하지 않고 세상 탓, 불평불만만 한다고 주장한다.
- 버스나 지하철의 노약자석에 앉아 있는 젊은이에게 "비켜라"라고 말하고픈 충동이 있다.
- 후배의 장점이나 업적을 보면 자동반사적으로 그의 단점과 약점

을 찾게 된다.

- "내가 너만 했을 때" 얘기를 자주 한다.
- 나보다 늦게 출근하는 후배가 거슬린다.
- 커피나 담배를 알아서 대령하지 않거나 회식 자리에서 삼겹살을 굽지 않아 나를 움직이게 만드는 후배가 불쾌하다.
- 낯선 방식으로 일하고 있는 후배에게 제대로 일하는 법을 알려 준다.
- 연애사와 자녀 계획 같은 사생활의 영역도 인생 선배로서 답을 제시해 줄 수 있다.
- 내 의견에 반대한 후배는 두고두고 잊지 못한다.
- 아이들에게도 배울 게 있다는 원론에는 동의하지만, 실제로 뭘 배워 본 적은 없고 배울 생각도 없다.

## 우리는 왜 중장년을 '시대에 뒤처진 존재'로 만드는가

'꼰대'와 함께 중장년 남성에게 흔히 붙는 멸칭으로 '아재'가 있다. 국어사전에는 아재를 아저씨의 낮춤말로 정의하지만, 현재는 방송 자막에서도 거리낌없이 사용될 정도로 중장년 남성을 가리키는 친숙한 표현이 되었다. 따라서 이를 경멸하여 칭하는 '멸칭'으로 볼 수 있을까에 대해서는 사람마다 의견이 다를 수 있다. 아재는 중장년 남성을 친근하게 부르는 표현임과 동시에 상대방, 특히 젊은 여성에게 무례한 행위를 해 혐오의 대상이 되는 중장년 남성을 가리키기도 한다. 이처럼 '아재'라는 호칭에는 긍정성과 부정성이 혼재되어 있다.

한국 사회에서는 '아재 개그'라는 표현이 흔히 사용되는데, 이 표현의 용법을 보면 우리 사회가 중장년 남성에 대해 가지는 편견이 드러난다. 아재 개그는 아재가 하는 개그, 즉 나이가 좀 있는 남성인 아재가 실없거나 썰렁한 이야기를 하는 것을 뜻한다. 나이가 많은 사람들은 젊은 사람들에 비해 유행하는 유머를 따라가지 못하는 경우가 많아, 아재들이 하는 개그는 유행이 지난 경우가 많고 재미를 유발하지 못한다는 것이다. 이러한 생각에서 유래되어 중년 남성이 하지 않았어도 그다지 재미있지 않은 농담 등을 가리켜 "마치 아재들이 하는 개그 같다"는 의미로 아재 개그라는 말이 생겨났다.

40대 이후의 중장년층이 시대에 뒤떨어진다는 인식은 사회적으로 퍼져 있다. 중장년층은 체력이나 능력 면에서 젊은 세대에 뒤떨어진다고 생각하곤 한다. 나이가 들면 기억력이 나빠지고 판단력이나 문제 해결력이 떨어지게 되고 따라서 업무 역량도 감소한다는 것이다. 이는 유행을 제대로 따라가지 못하고 따라서 농담조차도 재미없게 하는 것으로 이어진다. 젊은 세대의 기술 발전과 변화에 대한 적응력에 비해 중장년층이 뒤처지고 있다는 인식에서 비롯되는데, 특히 한국 사회처럼 많은 부분에서 빠름과 속도가 중요시되는 '패스트 사회'에서 중장년층은 젊은 층에 비해 변화에 적응하는 속도가 느린 것으로 여겨질 수도 있다. 그러나 중장년층은 그 나이만큼 경험과 지식을 쌓아 왔고 이는 젊은 세대에게는 없는 자산일 수 있다. 그럼에도 불구하고 나이를 중시하는 우리 사회는 중장년층이 시대의 속도를 못 따라가며 유행에 뒤떨어지고 따라서 농담조차도 '썰렁하다'고 생각하는 연령차별주의적 사고를 보인다. 개그 앞에 '아재'라는 특정 연령대에 속하는 존재를 지칭하는 표현을 붙임으로써 '아재 개그'는 연령차별적인 용어가 되었다.

아재 개그는 때로 '권력'을 상징한다. 온라인에서 한때 다음과 같은 글이 화제가 되었다.

"교수님이 '오늘 메뉴는 산채비빔밥인가. 죽은채비빔밥보단 낫지'라고 하니깐 조교들이 모두 웃는다. 나도 저런 권력을 손에 넣고 싶다."

전혀 웃기지 않은 썰렁한 농담에도 웃을 수밖에 없는 상황, 즉 아재 개그는 때로는 상하 주종의 권력관계를 나타내기도 한다. 유튜브에 '아재 개그 하는 상사 대처법' 관련 동영상 수십 개를 쉽게 발견할 수 있는 것도 아재 개그는 단순히 썰렁하고 어색한 인간관계 상황을 나타내는 것을 넘어 '권력' 관계를 드러냄을 시사한다. 상사 또는 나이가 나보다 많은 사람이 재미없는 농담을 했을 때도 웃어 줘야 하는 상황에 대한 거부감과 혐오감이 '아재 개그'라는 용어로 표현되고 온라인상에서 확산되는 배경이 되었다.

중장년 남성들은 '개저씨'라는 멸칭으로도 불려진다.

'개'와 '아저씨'의 합성어인 개저씨는 중장년층 남성 중에서 무개념인 사람을 비하하는 표현으로 널리 쓰인다. 2024년 4월 걸그룹 뉴진스 소속사이자 하이브 산하 레이블 '어도어'의 민희진 대표가 기자회견에서 하이브를 향해 격한 막말을 쏟아 내서 화제가 됐는데, 이때 민 대표는 '개저씨'라는 멸칭을 사용했다. 민 대표는 하이브 경영진을 향해 이렇게 발언했다.

"이 개저씨들이 나 하나 죽이겠다고 온갖 카톡을 야비하게 캡처해 가지고."

이어서 민 대표는 "하이브 돈도 많고 나를 써먹을 대로 써먹고 내가 뭐 실적이 떨어지냐 너네처럼 기사를 두고 차 끌고 술을 X마시고 골프를 치냐 내가 뭘 잘못했냐"라고도 했다. 민 대표의 입장에서 50대인 하이브의 방시혁 대표를 비롯한 남성 임원진들은 기사 두고 차 끌며 술 마시고 골프 치는 무개념 중년 남성들, 즉 개저씨인 것이다.

중년 남성에 대한 연령차별적인 멸칭은 부정적인 효과가 가시적으로 드러날 수 있어 문제가 심각하다. 고용 및 노동 시장에서, 중년 남성들은 생산성이 낮고 창의성이 부족하며 새로운 변화에 적응하지 못한다는 편견이 작용해 고용을 꺼리게 되는 등 고용상 차별의 대상이 될 수 있다. 우리 사회는 '꼰대' '아재' '개저씨'와 같은 멸칭들을 단지 재미로 소화할 뿐이지, 연령차별적인 사회 구조가 이러한 멸칭들을 생산하고 이 멸칭들이 다시 연령차별적인 사회 구조를 더 강화하고 있음에 크게 관심이 없다. 이를 문제로 제기하면 웃자고 하는 말에 진지하게 반응하며 덤비는 사람을 비하하는 '진지충'이란 멸칭이 돌아온다. 이런 분위기 속에서, 우리 사회의 연령차별주의는 더 심화되고 구조화된다.

'아재'나 '개저씨'가 중년 남성을 지칭한다면, 중년 여성을 지칭하는 대표적 용어로 '아줌마'가 있다. 그런데 '아재'가 대중문화의 파급력에 따라 그 의미를 확장하여 긍정과 부정을 동시에 함의하게 된 것과는 반대로, '아줌마'라는 말은 부정적 의미를 더 강하게 지니고 있어 대조된다.[32]

우리 사회에서 '아줌마'는 크게 두 가지로 유형화된다. 첫째, 자식을 위해 희생하는 존재, 즉 '어머니'로서의 아줌마다. 아줌마에는 원래 강한 모성애로 자식을 위해 희생하는 숭고한 어머니의 이미지가 있었으나 최근에는 자식에 대한 집착으로 비도덕적인 행위를 하거나 자식에 대한 광적인 사랑을 가진 존재로 묘사되기도 한다. 2009년 개봉한 봉준호 감독의 영화 〈마더〉에서 김혜자가 연기한 일그러진 모성이 '아줌마'라는 용어의 쓰임과도 이어진다. 영화에서 김혜자는 아들(배우 원빈 역)이 소녀를 살해했다는 사실을 끝까지 믿지 않고 아들의 무죄를 증명하기 위해 사람을 죽이기까지 하는, 그리고 아들의 범죄 사실을 알고도 이를 숨기는 광적인 모성애를 보여 준다.

〈마더〉의 김혜자는 근래 널리 쓰이는 '맘충'이라는 신조어를 연상시킨다. '맘충'은 '엄마'라는 지위를 특권처럼 내세워 주변 사람들에게 직간접적인 피해를 입히는 행위를 일삼는 여성들을 경멸하여 '벌레'에 빗대어 부르는 멸칭이다. 일부 어머니들은 변질된 모성애로 인해 자녀의 잘못에 대해 제지나 훈계를 하지 않고 방치한다. 이들은 '내 새끼 지상주의'를 내세워 자식을 위해서는 무한한 희생과 이해를 강요하고 민폐를 서슴지 않고 끼친다. 이를 혐오하고 경멸하는 의미로 등장한 것이 '맘충'이라는 멸칭인데 '아줌마'보다 더 강력한 혐오 표현이다. 이는 육아를 하는 여성이 조금이라도 마음에 들지 않으면 얼마든지 맘충이라고 몰아세우고 낙인찍는 것이 가능하다는 점에서 매우 우려되는 멸칭이다.

다음으로 '아줌마'가 가지는 전형적인 상징은 뽀글 머리 파마와 번쩍번쩍 요란한 복장으로 무장한, 무식하고 철없는 중년 여성의 이미지이다.[33] 이러한 중년 아줌마들은 순박하고 정감 가는 모습으로 긍정성을 띨 수는 있지만 대체로 우리 사회에서는 부정적인 이미지가 더 강하다. 이들 아줌마들은 버스 안에서 자리를 차지하기 위해 들고 있던 가방을 먼저 내던지고 자연스럽게 새치기를 일삼는 모습으로 그려진다. 그렇기에 아줌마들은 교양이 없고 억척스러우며 민폐를 끼치는 존재다.

아줌마와 유사하게 '김여사' 역시 중년 여성을 열등한 존재로 보는 멸칭이다. 원래 '여사'는 중년 이상의 여성에 대한 존칭으로 많이 쓰였다. 김여사는 '김'씨 성을 가진 여사님을 뜻하는 표현인데 김씨 성을 가진 특정인에서 비롯된

   1장 한국 사회를 집어삼킨 나이 멸칭 문화

단어는 아니고, 우리나라에서 가장 흔한 성이 김씨여서 이런 용어가 만들어진 것으로 보인다. 원래 '김여사'는 중년 여성들이 운전을 못한다는 인식에서 비롯된 표현으로, 운전이 서투른 중년 여성을 '여사님'이라고 비꼬면서 시작되었다. 이제는 '중년'이라는 개념이 빠지면서, 중년이 아닌 젊은 여성들을 모두 포함한 다수의 여성 운전자를 비하할 때 사용된다.

2011년 6월, 운전면허시험 간소화 조치가 실시된 후 예전보다 빠르게 운전면허를 취득할 수 있게 되면서 합격자 수가 증가했고 자체적으로 시험을 보는 운전 전문학원의 경우 일부 학원의 합격률이 90%를 넘는 등 제도 운영의 문제점이 지적되었다. 당시 우리나라는 교통사고 사망자 중 보행자 비율이 OECD 28개 회원국 중 1위였다. 그런데 이 시기에 일부 여성 운전자들이 이해할 수 없는 기행을 저지르고 교통사고로 이어진 사례들이 언론 기사 등을 통해 부각되었다. 또한 남성 중심의 인터넷 커뮤니티에서 여성 운전자의 사고 블랙박스 영상만 집중적으로 보여 주면서 '여성 운전자들은 다 저렇다' 혹은 '황당한 운전은 다 여자다'라는 편견을 키우게 되었다. 이로 인해 운전을 못하고 민폐를 끼치는 '김여사의 만행'이라는 프레임이 등장하게 되었고, 중년 여성을 포함해 모든 연령대의 운전하는 여성은 '김여사'가 되어 도로의 잠재적 가해자로 취급받게 되었다.

2025년 후반 갑작스럽게 '영포티Young+Forty'라는 용어가 주목받기 시작했다. 원래 '영포티'는 멸칭이 아니라 오히려 칭찬에 가까웠다. 영포티는 트렌드에 민감하고 여행, 캠핑, 골프 등 여가에 아낌없이 투자하는 라이프스타일을 즐기며, 외모 및 건강관리에 열심인 중장년을 가리켰다. 처음 영포티라는 말을 쓴 사람은 트렌드 분석가인 김용섭 '날카로운상상력연구소' 소장이었다. 2015년 그는, 1990년대 초 엑스(X)세대라 불리며 개성이 넘치던 이들이 40대에 들어서 과거의 중년 세대와는 다른 젊고 활기차며 트렌드에 민감한 세대가 되었다면서 이들에게 영포티라는 이름을 선사했다.

즉, 영포티는 40대지만 젊은 감각을 유지하는 사람을 가리키는 것이었다. 누군가 영포티라 불린다면 비록 나이는 40대여도 실제보다 어리게, 젊게 산다는 뜻이니 어깨가 으쓱할 수도 있겠다. 그러나 이제 영포티는 중년을 지칭하는 대표적인 멸칭으로 자리 잡았다. 남녀 불문 40대이면서 젊어 보이려 애쓰는 꼰대나, 젊지도 않은데 젊은 척 착각하는 중년을 조롱할 때 쓰인다.

영포티가 멸칭화되는 데 있어 시작은 패션이었다. 얼굴은 늙었는데 패션은 젊은 감각을 고수하는 중년을 경멸조로 지칭하면서 영포티 용어가 유행했다. 나이키 농구화, 슈프림

바지, 솔리드 옴므와 스투시 티셔츠를 착용하고 아이폰을 들고 있는 중년 남성. 폴로 셔츠, 샤넬백, 스타벅스 커피, 명품 스카프, 라부부 인형을 지닌 중년 여성. 이런 식이다.

옷차림에 대한 조롱은 태도에 대한 비난으로 이어졌다. 영포티는 중장년의 구세대식 소통 방식과 권위적인 태도를 상징하는 용어가 되었다. 젊은 세대는 영포티를 지나치게 간섭하고 권위적인 꼰대로 본다. 또한 나이 드는 것을 거부하고 어려 보이는 것을 추구하는 철없는 40대의 의미도 갖는다. 여기에서 그치지 않고 영포티 멸칭은 더 진화하여 이념화까지 되었다. 진보 성향이 강한 40~50대 남성들에 대한 2030 남성들의 분노가 담겼다고 평가되는 '스윗sweet 영포티'라는 용어까지 등장하였다. '스윗 영포티'는 젊은 여성에게 부적절한 관심을 보이는 40대 남성을 조롱하는 용어로, 영포티보다 더 경멸적인 의미가 강하다. 깨어 있다고 주장하지만 실제로는 이중적이라는 것이다. 영포티와 같이 언급되는 단어로 '민주당'과 '좌파'가 있다는 분석도 있다.[34] 꼰대, 개저씨, 아재 등 중장년을 향한 멸칭이 정치 성향이나 페미니즘에는 연결되지 않았던 것에 반해, 영포티는 진보적 성향이나 페미니즘 지향성까지 연결되는 확장성을 보인다.

대학에서 강의를 하는 나는 항상 20대 젊은이들과 같이한다. 처음 교수로 임용되었을 때는 30대여서 학생들하고 실제로 나이 차이가 그렇게 많이 나지 않았지만, 이제 거의 그들의 엄마뻘 나이가 되었다. 지난 학기 강의를 하다가 이렇게 말하고 있는 내 자신을 발견했다.

"저도 여러분들과 그렇게 나이 차이가 많이 나지는 않아요."

말을 뱉고 나서 아차 했다. 이러니까 영포티라고 불리는 거구나. 나이 차이가 얼마 안 나기는커녕, 25년 이상 나는데 차이가 얼마 안 난다고 우겼으니 말이다. 젊은 학생들과 더 가까이 소통하고 싶은 마음에서 나온 말인데, 나이에 집착하는 내 모습에 실소가 나왔다.

꼰대, 개저씨, 아재에 이어 영포티까지 나이에 따른 낙인화는 계속된다. 꼰대, 개저씨, 아재가 오랫동안 사용돼 더 이상 신선하지 않게 되면 바로 또 다른 나이 멸칭이 등장한다. 나이 멸칭은 특정한 개인들의 행태를 전체 나이대의 공통적인 특성처럼 확대 재생산한다. 우리 사회는 특정 나이대에 대한 틀에 박힌 이미지와 이들에게 기대하는 책임이 있다. 그렇기에 자꾸 특정 나이대 사람들에게 뭘 해야 한다고 규정을 내린다. 그 규정에 어긋나면 멸칭이 만들어지고, 세계 최고의 IT 강국답게 온라인에서 유행이 되어 빠르게 번지고 오프라인까지 선을 넘어 퍼져 나간다. '영포티'에 '틀딱'을 합친 '틀포티'라는 멸칭까지 나오는 것을 보면, 나이 멸칭들은 마치 병원균처럼 서로 간 결합해 새로운 멸칭을 재생산해 내는 괴력을 가진다. 이렇게 나이에 대한 멸칭이 끊임없이 생산되는 것을 보면서 한편으로는 한국인의 '창의성'에 씁쓸한 감탄을 하게 되고 우리 사회가 더 위험한 사회, 건강하지 않은 사회가 되는 것 같아 안타깝기도 하다. 기존의 나이 멸칭이 지겨워지면 새로운 나이 멸칭을 만들어 특정 세대를 조롱하고 혐오하는 행태, 계속해서 낙인찍을 나이대를 찾는 행태, 이제 한국 사회의 거의 모든 나이대는 다 제각각의 멸칭을 갖게 되었다. 멸칭이 없는 나이대가 없을 지경이다. 서로가 서로에게 나이 멸칭으로 조롱하는 사회, 지독한 연령주의 사회에 우리는 살고 있다.

# MZ, 삼포 세대, 욜로의 틀에 갇힌 청년

## 맘대로 바꿔 부르는 청년 호칭

MZ가 넘쳐 난다. MZ를 타깃으로 하는 광고, MZ를 연구한 책, MZ를 다룬 언론 기사, MZ의 환심을 사기 위해 내놓는 정치인들의 선거 공약 등.

우리 사회에서 젊은이들은 'MZ세대'로 불린다. MZ세대는 밀레니얼세대와 Z세대를 통틀어 지칭하는 우리나라의 신조어다. 밀레니얼세대와 Z세대 모두 영미권에서 처음 나온 개념인데, 우리나라에서만 이를 합쳐서 MZ세대라는 용어가 사용된다. 즉, 'MZ'는 매우 한국적 현상으로 나이를 중시하는 한국적 연령차별주의가 엿보인다.

밀레니얼세대는 X세대와 Z세대 사이의 인구통계학적 집단으로, 일반적으로 1980년부터 1994년까지 출생한 사람을

　　　　1장 한국 사회를 집어삼킨 나이 멸칭 문화

가리킨다. 한편, Z세대는 대체로 1995~2004년에 태어난 사람들을 통칭한다. 즉, MZ세대는 1980년대 초부터 2000년대 초까지 태어난 사람들을 모두 뭉뚱그린다. 25년가량을 한 그룹으로 묶다 보니 너무 범위가 넓다. 베이비붐 세대나 X세대의 경우 보통 10년 단위로 구분하는 반면 MZ세대만 유독 20년 이상의 시간을 한데 뭉뚱그려 묶어 분류한 것이다. 그러다 보니 MZ세대의 실체가 명확하지 않다는 비판이 제기된다.

실제로 여론조사 결과를 보면 한국 사회의 구성원을 성향별로 구분할 때 세대에 따라 구분하는 것이 적절하지 않다는 응답이 43%에 달했다.[35] 이는 오히려 세대 간 갈등을 부추기고 세대 간의 이해를 어렵게 한다는 것이다. 또한 우리나라 미디어 등에서는 대체로 만 18~42세까지를 MZ로 정의하는데, 많은 응답자가 이와 다르게 MZ세대 범위를 16~31세라고 답했다. 사람들 인식에서 MZ세대는 대체로 Z세대를 가리키는 것이었다. 더불어 Z세대에 속하는 응답자의 61%는 밀레니얼세대와 자신들 Z세대를 하나의 세대로 묶어 지칭하는 것은 적절하지 않다고 응답하였다.

젊은 사람들을 뭉뚱그려 표현하는 'MZ세대'는 우리 사회에서 어느새 멸칭화되었다. MZ세대라고 할 때 떠올려지는 몇 가지 이미지들이 있다. 이기적이고, 끈기가 없고, 자기중심적이며, 돈만 더 준다면 언제든 회사를 떠날 준비가 된 세대. 거기다 최근에는 '3요 주의보'라는 말이 유행인데, 이는 상사의 업무 지시에 '이걸요?' '제가요?' '왜요?'라고 되묻는 젊은 직원들의 반응을 일컫는 신조어다. 근로 의욕이 없거나 불성실한 젊은이들의 세태를 그리는 표현으로 받아들여지기도 한다. 큰 인기를 누린 〈SNL 코리아〉 시즌3의 'MZ 오피스' 콘텐츠들은 청년들을 딱 그렇게 단편적으로, 문해력이 부족하고 궂은일 하기 싫어하고 툭하면 퇴사하겠다고 하는 버릇없는 집단으로 묘사한다. 이처럼 어느새 MZ세대란 용어는 사회생활 경험이 적은 20~30대를 깎아내리는 멸칭으로 사용된다.

"머리에 피도 안 마른 것이" "어린 게 싸가지가 없다" 이런 관용적 표현들이 친숙한 한국 사회는 전통적으로 젊은 나이에 대한 편견이 존재하고, 젊은이들은 사회문화적·제도적으로 차별받는다. 사회문화적으로 청년은 연령차별의 대상이 되는데, 청년에 대한 차별적인 편견이 드러나 논란이 되었던 사례들은 차고 넘친다.

2024년 4월, 김진 전 《중앙일보》 논설위원은 4·10 총선 관련 MBC 〈100분 토론〉에서 "젊은이들이 망친, 젊은이들이 어지럽힌 나라 노인이 구한다. 옛날에 고대 그리스어부터 벽에 이렇게 문구가 적혀 있었다는 거 아닌가"라는 발언을 해서 논란이 되었다. 2018년 12월, 유시민 작가는 한 특강에서 20대 성별 지지율 격차의 원인을 '남성이 군대·축구·게임으로 시간을 빼앗길 때 공부에 집중한 여성에 대한 남성의 질투'로 해석될 수 있는 발언을 하여 구설에 올랐다. 이뿐

   1장 한국 사회를 집어삼킨 나이 멸칭 문화

아니다. 2024년 3월, 장예찬 전 국민의힘 최고위원은 SNS에 올린 각종 발언이 문제되자 사과 기자회견에서 스스로의 청년기를 "세상 물정 모르는 철없는, 치기 어린 20대 시절"처럼 표현하였다. 더 있다. 2025년 11월 27일 한국은행 이창용 총재는 이렇게 말해 논란을 샀다.

"만약 원·달러 환율이 1500원을 넘는다면 그건 이른바 '서학 개미'들의 해외 주식 투자 때문이다."

"젊은 분들이 하도 해외 투자를 많이 해서, 왜 이렇게 해외 투자를 많이 하냐고 물어봤더니 '쿨하잖아요' 이렇게 답해서 깜짝 놀랐다."

미국 증시로 많은 돈이 빠져나가는 건 사실이나, 국내 주식시장에 매력도가 떨어지는 본질적인 문제는 제쳐 두고 마치 2030세대에게 책임을 전가하는 듯한 뉘앙스로 말하는 게 맞는지 모르겠다. 여기에도 젊은 세대에 대한 편견이 작동한 것은 아닐까. 그러기에 젊은 세대들이 주로 활동하는 인터넷 커뮤니티에는 "자신의 미래를 걸고 아등바등 투자하는 2030에게 한은 총재가 할 말이 아니다"라는 등의 반응이 나왔다.[36]

그런데 'MZ세대'라는 호칭이 나오기 전 우리나라 청년들은 '삼포 세대'라 불렸다.

"제가 20대일 때는 청년을 '삼포 세대'로 부르더니, 지금은 '엠제트*MZ*'라고 불러요. 전자가 굉장히 불행하고 기회가 주어지지 않는 세대로 호명된 데 비해, 후자는 개인주의 성향이 강하고 소비 지향적인 세대로 통하더군요. 저는 달라진 게 없는데, 청년에 대한 시선은 왜 이렇게 바뀐 걸까요?”

'나이·세대·시대'를 주제로 열린 강연에서 1992년생 한 청년이 이런 질문을 던졌다.[37] 이 청년이 던진 질문처럼, 자기중심적이고 유별나다는 편견을 내포한 'MZ세대' 호칭이 사용되기 전에 우리나라 젊은이들은 '삼포 세대'라고 불렸다. 삼포 세대는 '연애·결혼·출산'을 포기했다는 뜻이다. 대략 2015년을 전후해 '헬조선·각자도생·노오력'이 화두로 떠오르고 경기 침체와 극심한 경쟁으로 고단한 청년들의 삶을 빗대 삼포 세대, 오포 세대(삼포+인간관계, 내 집 마련), 칠포 세대(오포+꿈, 희망), 더 나아가 N포 세대(모든 것을 포기한 세대)라는 용어가 유행했다.

20대 초에는 삼포 세대로 불렸던 이들이 30대가 되니, 한국 사회에서 갑자기 자신들을 MZ세대라 부르기 시작했다. 청년들의 삶은 변화가 없는데 우리 사회는 청년들을 부르는 호칭을 자기 마음대로 바꿔 부른 것이다. 넓은 나이대 집단을 한데 묶어 하나의 용어로 지칭하는 것은 무엇보다 과도한 일반화의 문제를 가진다. 청년마다 처한 상황이 다를 텐데, 이들을 뭉뚱그려 MZ니 삼포 세대니 하는 것은 기성세대의 시각에서 청년을 바라보는 편견이 농축되어 있다.

　　　　　1장 한국 사회를 집어삼킨 나이 멸칭 문화

청년세대를 '삼포' '오포' 'N포'라며 포기한 세대로 호명하는 것은 청년의 무한한 가능성을 제한하는 심각한 문제가 있다. 이 멸칭들은 청년이 연애, 결혼, 출산을 해낼 능력이 없는 무능하고 부족한 집단이라는 의미를 은연중에 내비친다. 기성세대는 아무런 문제 없이 해냈던 것을 못하는 세대, 그래서 사회는 그들에게 도움을 줘야만 한다는 논리로 이어진다. 젊은 세대는 사회의 동등한 구성원이 아닌 시혜의 대상이고, 따라서 대통령도 40세가 되어야만 출마할 수 있고, 같은 득표수를 얻었어도 나이가 더 많은 사람이 당선자가 되는 제도적 제약으로까지 연결된다. 우리 사회는 나이가 어리다는 이유로 청년들의 능력에 대해 신뢰를 갖지 않는지도 모른다.

정신력이나 능력에 대해 잘 신뢰가 가지 않는 집단은 미래를 대비하지 않고 현재만을 살아간다고 생각하기 쉽다. 그래서 젊은 세대는 '욜로*YOLO, You Only Live Once*'라고 호명되기도 한다. 욜로는 '한 번뿐인 인생, 후회 없이 즐기자'라는 뜻을 가졌는데 욜로족은 호캉스, 오마카세, 명품 구매에 돈을 아끼지 않으며 순간의 즐거움을 추구한다. '오늘만 사는' 젊은 세대가 기성세대의 눈에는 영 못마땅하다. 욜로 세대는 워라벨을 중시하기 때문에, 정시에 퇴근하는 '칼퇴'가 매우 중요하다. 그런데 이런 태도는 생산성을 중시하는 자본주의 문화에서는 게으르고 효율적이지 않은 것으로 받아들여진다. 따라서 어느새 욜로 세대는 현재의 삶을 중시하고 본인의 삶을 즐기는 긍정적인 의미보다는, 미래는 생각하지 않고 현재를 흥청망청 사는 젊은이들이라는 부정성을 내포하게 되었다.

'욜로'에는 미래를 포기한 젊은 세대의 절망적인 정서가 읽힌다. 기성세대는 열심히 일하면 결혼하고 아이도 낳고 내 집 마련을 할 수 있었으나, 젊은 세대는 아무리 열심히 해도 그러기 쉽지 않은 현실이 존재하기 때문이다. 단군 이래 처음으로 이전 세대보다 못사는 세대가 될 거라고 전망되는 젊은 세대들은 '우리 때는 안 그랬다' '노오력이 부족하다'라고 말하는 기성세대에게 '꼰대' '틀딱충' '연금충'이라는 혐오 멸칭으로 답한다.

2025년 대통령 선거에서도 2030 젊은 세대의 표심을 얻기 위해 진영을 막론하고 '청년'이 정치인들의 입에 오르내렸다. 그렇지만 그들을 위한 정책이나 공약은 우선순위에 있지 않았다. 청년을 대표하는 정치인이 소수에 그치고 청년에 대한 사회문화적 및 제도적 차별이 계속되는 환경 아래서, 정치에 대한 청년들의 신뢰와 효능감이 높아지기를 기대하기는 어렵다.

'토크니즘*tokenism*'이란 용어가 있다. 이는 단지 다양성 이미지를 보여 주기 위해 소외된 사회의 구성원을 일부 포함시키는 관행을 의미한다. 우리나라처럼 300명 중 단 14명

　　　　1장 한국 사회를 집어삼킨 나이 멸칭 문화

의 청년만 국회의원이 되는 사회는 토크니즘 사회의 표본이다. "토크니즘은 포용성*inclusion* 없는 다양성*diversity*"이라 불린다. 진정한 포용성 없이 겉으로만 다양한 척하는, 바로 이것이 한국 사회가 청년을 대하는 민낯이다.

한 여론조사에서 80%의 응답자들은 MZ세대를 '나이' 차원으로 정의하는 것이 아니라, '디지털 환경에 익숙하고 최신 트렌드와 이색적인 경험을 추구하는 특징'을 보이는 '특성' 차원에서 설명하는 것이 더 적절하다고 응답했다.[38] 생물학적 나이가 55세라고 하더라도 트렌드를 잘 쫓아가고 디지털 환경에 능숙하다면 MZ라고 봐야 한다는 의미다. 제대로 규정되지도 않는 광범위한 범위에 속하는 나이대 사람들을, 기성세대는 경제적으로 또는 정치적으로 활용하기 위해 MZ라고 통쳐서 부르고 자신들이 만들어 낸 이미지를 덧씌운다. 기업은 마케팅에 있어서 최대한 타깃을 넓히는 게 유리하기 때문에 MZ세대를 묶어서 호명한다.[39] 아직 사회초년생이거나 학생 신분이어서 구매력이 약한 Z세대들을, 대다수가 사회에 진출했고 구매력이 뛰어난 M세대와 함께 묶어 마케팅하는 게 효과적이기 때문이다. 정치권 역시 청년들의 표심을 파악하고 공략하기 위해서는 MZ세대라는 단순한 개념이 효과적이어서 MZ세대라는 호칭을 계속 사용한다. 이러한 세태는 나이에 대한 우리 사회의 뿌리 깊은 집착과 청년세대에 대한 편견을 보여 준다.

2021년 미국 메릴랜드대의 필립 코헨 교수는 사회학 연구자 150여 명의 서명을 모아 퓨리서치센터에 공개서한을 보냈다. 퓨리서치센터는 2018년 MZ세대 리포트를 발표한 미국의 대표적인 연구 조사 기관이다. 코헨 교수는 "세대 구분은 임의적이고 과학적 근거가 없다"며 "대중에게 고정관념을 주입하고, 사이비 과학을 조장하며, 사회과학 연구를 방해한다"고 주장하면서 세대 구분을 중단할 것을 촉구했다.

한국은 미국보다 한 발 더 나아가 있다. 우리는 MZ, 삼포 세대, 욜로 세대 등 미국보다 더 다양한 호칭들을 생산하며, 젊은 나이에 속하는 사람들을 한데 묶어 가르고 시시때때로 도구로 사용한다.

　　　　1장 한국 사회를 집어삼킨 나이 멸칭 문화

# 급식충, ~린이, 잼민이라 조롱받는 아동·청소년

## 희망이라 불리는 이들에게도 나이 멸칭은 향한다

고등학생인 딸아이는 종종 잠자리에 들기 전 다음 날 학교 급식 메뉴를 찾아본다. 스파게티나 피자가 나온다고 공지되어 있으면 매우 기뻐한다. 어떤 날은 하교 후 집 대문을 열자마자 신나는 목소리로 "엄마, 오늘 급식 너무 맛있었어!"라고 외친다. 물론 오늘 급식은 맛없었다며 투덜투덜 불평하는 날도 가끔 있다. 아이 삶에서 매우 중요한 자리를 차지하는 학교 급식은, 아이러니하게도 청소년을 향한 대표적인 나이 멸칭인 '급식충'을 만들어 냈다.

청소년들은 미래의 희망이며 사회 변화의 원동력이자 주역이다. 너무나 당연해서 친숙하면서도 흔하게 쓰이는 이런 표현은 '급식충'이란 멸칭과 정면으로 충돌한다. '급식'

과 벌레를 가리키는 '충'이 붙어 '급식충'이라는 멸칭이 탄생했다. 원래 이 용어는 초등학생부터 고등학생까지 중에서 주로 비행청소년을 지칭했다. 일탈행위, 무개념 행동, 민폐를 끼치는 행위 등을 하는 학생만을 가리키는 말이었다가, 2020년대 들어 중학생부터 고등학생까지 청소년으로 한정해 사용되고 있다.

왜 한편에서는 청소년을 미래의 희망이자 주역이라고 하면서 다른 편에서는 급식충이라 조롱하는 걸까? 청소년에 대한 멸칭으로 '급식충' 또는 줄여서 '급식'이 쓰이게 된 배경은 정확히 알려지지 않았다. 다만 2010년대 초반, 초등학교 무상급식 정책이 우리 사회의 주요 관심사로 부상했었는데 그것이 영향을 주었을 가능성이 있다. 사실 학교에서의 급식은 자라나는 미래세대를 위해 매우 중요한 교육 서비스 중 하나다. 학교가 영양가 높은 음식을 무상으로 학생들에게 제공하면 학생들, 특히 취약계층 학생들의 영양 불균형 문제를 해소하고 그들의 학업 환경을 개선하는 데 도움이 될 수 있다. 또한 학부모들은 도시락 싸는 가사노동에서 해방되고 경제적 부담까지 덜 수 있다는 것이 무상급식 도입의 주된 이유였다.

그러나 우리나라에서 학교 무상급식은 이를 넘어서는 매우 정치적인 배경을 갖고 있다. 광우병 촛불집회 사태 이후 2200여 개의 시민사회단체가 '친환경 무상급식'을 요구하면서 급식은 교육 이슈이자 복지 이슈를 넘어 정치적 의제

　　　　　　1장 한국 사회를 집어삼킨 나이 멸칭 문화

로 자리 잡았다. 2010년 야당과 진보 세력은 지방선거 공약으로 무상급식을 내세웠고, 어린 자녀를 둔 30~40대 유권자의 표심에 지대한 영향을 끼쳤다.[40]

이런 과정을 거쳐 학교 무상급식이 정착되었고 이제 우리나라 초·중·고 학생들은 모두 학교에서 급식을 제공받는다. 그런데 급식이 '무상'으로 이루어진다는 점에서, 그 급식을 먹는 사람은 사회에 기생하여 공짜로 밥을 먹으며 공동체에 기여하는 바가 없는 존재라는 의미와 연결되어 버렸다. 이러한 과정을 거쳐, 급식은 단순히 학생들이 학교에서 밥을 먹는다는 의미를 넘어 비하와 경멸의 의미를 갖게 된 것이다. 비행을 일삼는 일부 학생들만을 지칭하는 단어로 사용되다가 시간이 흐르면서 이제는 중·고등학교 학생은 일탈행위 여부와 상관없이 모두 '급식충'으로 불리게 되었다. 즉, '중·고등학생=급식충'이라는 등식이 성립하면서 이 단어는 우리나라에 청소년 혐오 현상의 상징적인 단어로 자리 잡았다. 노인, 중장년, 청년에 대한 멸칭만으로 모자랐는지 이제는 우리가 미래의 희망이라 부르는 청소년에 대한 멸칭까지 존재한다. 이렇게 우리나라에선 나이 멸칭이 모든 나이대에 걸쳐 촘촘하게 존재한다.

'중2병'도 청소년에 대한 멸칭이다. 사춘기를 비꼬는 온라인 속어로 시작했다가 지금은 일상에서도 쉽게 발견된다. 이 멸칭은 일본의 라디오 프로그램인 〈이주인 히카루의 심야의 엄청난 힘〉에서 처음 등장한 것으로 알려져 있다.

1999년 진행자인 이주인 히카루는 방송에서 "나는 아직 중2병에 걸려 있다"고 말했는데, 그 후 우리나라에서도 사춘기인 청소년들을 비하하는 말로 사용되기 시작했다.[41] 사춘기는 주로 13~15세 사이에 오는데 15세에 정점인 경우가 많아서 중2병이라고 표현되었고, 주로 중학교 2학년 무렵 청소년들의 심리적 상태를 일컫는 데 사용된다. 15세 무렵 청소년들은 성장 과정에서 자연스럽게 정체성 혼란을 겪는데 허세, 반항, 자아도취, 현실도피 등의 특징을 보이고 남다른 우월감을 느끼거나 과장된 행동을 하기도 한다. 이러한 발달 과정의 특징을 '중2병'이라고 부르면서 질병·비정상으로 명명한 것이다.

특정 집단을 병리화하는 것은 집단의 정체성, 행동, 더 나아가 존재 자체를 문제나 질병으로 규정해 사회적 낙인을 정당화하는 관행이다. 질병이자 위험으로 이름 붙이면, 더 이상 개인의 문제가 아니라 집단 전체가 결함 있는 대상이 된다. 사춘기를 겪는 청소년들을 싸잡아 '중2병'이라고 질병화하는 우리나라의 행태가 바로 그렇다. 연령차별은 성차별, 인종차별과 비슷한 메커니즘으로 발생하고 고착화되는데, '병명 이름 붙이기*pathologizing*'도 인종차별 행태에서 종종 발견된다. 미국의 작가 이제오마 올루오는 '흑인 아이들에게 병명 붙이기' 행태가 미국 학교 공간에서 발생한다고 지적한다.[42] 예산과 교사가 부족한 학교에서는, 대인 관계 문제를 겪는 흑인 학생들에게 적절한 교육 환경을 제공하는 대신에 쉽사리 학습 장애 진단을 내린다는 것이다. 발달 장애나 학습 장애가 없음에도 유색인 학생은 특수반에 배정되고, 학습 장애 꼬리표를 단 유색인 학생은 정학 및 퇴학 처분을 받을 확률이 높아진다. 이러한 병명 붙이기가 백인 학생들에게는 잘 일어나지 않는다. 흑인 학생들에게 붙여지는 질병의 꼬리표는 더 많은 흑인 학생들이 학교에서 교도소로 직행하는 '학교-교도소 파이프라인'의 피해자가 되게 하고, 그들의 대량 투옥으로 이어진다. 실제로 흑인 남성 3명 중 1명은 평생 한 번 이상 감옥에 가는 경험을 한다. '중2병'이라는 멸칭은 청소년의 성장 과정을 '○○병'라고 이름 붙여 병리화하고 희화화함으로써 청소년의 정치·사회적 발언을 무시하는 언어로 사용된다.

### 아래로 더 아래로 내려가는 나이 멸칭

청소년에 그치지 않는다. 나이 멸칭은 더 아래로 내려가 어린이에 대한 멸칭도 여럿 존재한다.

"저 주린인데, 언제 매도할까요?"

"요린이가 떡국 요리법 문의 드려요."

자주 방문하는 온라인 커뮤니티에 올라온 글들이다. 속칭 맘카페로 유명한 이 커뮤니티의 이용자는 주로 30대 이상 결혼한 여성들이 중심인데 '~린이'로 검색하면 수십 건의 글이 뜬다. 이 커뮤니티뿐 아니라 검색엔진에서 찾아봐도

'~린이'를 사용한 글들은 차고 넘치게 발견된다.

'주린이, 요린이, 헬린이' 언뜻 귀엽게 들리는 이 용어는 어린이에 대한 멸칭이다. '주린이'는 '주식+어린이', '요린이'는 '요리+어린이', '헬린이'는 '헬스+어린이'의 합성어로 각각의 분야에서 초보라는 의미다. 이 용어는 어린이가 초보처럼 미숙하다는 편견이 들어간 멸칭이다. 어린이는 분명 나이가 어리지만 그렇다고 모든 분야에서 미숙한 존재는 아니다. 그럼에도 불구하고 우리나라에서 '~린이'라는 표현은 이미 보편적으로 사용된다. 우리 사회가 어린이를 동등한 사회 구성원으로 보기보다는, 모든 영역에서 초보자이며 미성숙한 존재로 보는 연령주의적 편견을 갖고 있기 때문이다.

2022년 국가인권위원회는 아동을 비하하고 부정적 고정관념을 조장할 수 있다는 이유로 '~린이'를 공문서와 방송·인터넷 등에서 무분별하게 사용하지 말 것을 권고했다. 인권위는 문화체육관광부 장관에게 공공기관의 공문서 등에 '~린이'라는 표현을 사용하지 않도록 홍보·교육 등 방안을 마련하고, 방송통신심의위원회 위원장에게는 방송과 인터넷 등에서 이 같은 표현이 쓰이지 않도록 점검하는 등 적절한 방안을 마련하라고 했다. 인권위의 권고에 따르면 '~린이' 표현은 아동이 권리의 주체이자 독립적 인격체가 아니라 미숙하고 불완전한 존재라는 인식에 기반한 것으로, 아동에 대한 부정적인 고정관념을 조장할 수 있고 이런 표현

    1장 한국 사회를 집어삼킨 나이 멸칭 문화

이 무분별하게 확대·재생산되면서 아동에 대한 왜곡된 인식과 평가가 사회 저변에 뿌리내릴 수 있다는 것이다.

사전적으로 '어린이'는 어린아이를 대접하거나 격식을 갖춰 이르는 말이었다. '어린이'라는 표현이 만들어지기 전에는 '아해놈' '애녀석' '어린애' 등으로 어린이를 하대했다. 이러한 시대적 상황에서 소파 방정환은 '어린이'라는 용어를 처음으로 만들었다.[43] 그는 1922년 5월 1일 처음으로 '어린이의 날'을 제정하고, 1923년 3월 우리나라 최초의 순수 아동 잡지 《어린이》를 창간하는 등 어린이 존중 문화를 만드는 데 크게 기여했다. 방정환은 5월 1일에 어린이날 기념식을 거행하고 '어린이날의 약속'이라는 전단 12만 장을 배포하였으며, 1925년에는 제3회 어린이날을 기념하는 동화구연대회를 개최하기도 했다. 그는 유교 도덕에 얽매여서 하대받던 어린이들을 어린이다운 감성으로 해방시키고자 하였다. 아동에게 '어린이'라는 용어를 사용함으로써 '늙은이' '젊은이'와 대등하게 격상시켰다. 그가 아동에게 '어린이'라는 용어를 사용한 것은, 아동들은 천진난만하며 순진무구한 존재로 자유롭고 행복한 생활을 누려야 된다고 믿었기 때문이다. '어린이'는 이렇게 어렵게 탄생한 용어인데 현재는 미숙하고 모자란 사람을 일컬어 '~린이'라고 장난하듯 표현하게 되었다니! 방정환 선생님이 알면 매우 슬퍼할 일이다.

"저 잼민이 참 귀엽네."

고등학생 딸아이와 길을 가고 있는데, 맞은편에서 지나가는 초등학교 저학년쯤 돼 보이는 아이를 보고 내 딸이 말했다. '잼민이'는 젊은 세대를 중심으로 흔하게 사용되는 어린이를 가리키는 신조어다.[44] 잼민이는 인터넷 방송의 음성 합성 소프트웨어 중 남자 어린이 목소리의 이름이 '재민'인 것에서 비롯됐다고 한다. 내 아이가 썼던 것처럼, 어리거나 귀여운 모습을 보고 '잼민이 같다'라고 하는 식으로 악의 없이 쓰이기도 한다. 하지만 여기에는 어린이들이 미성숙하고 하찮은 존재라는 의미가 담겨져 있다. 처음엔 귀엽고 재밌는 초등학생을 가리키는 말이었다가 온라인 게임 등에 참여한 아이들의 무례한 행동에 화가 난 어른들이 무개념 저연령층을 조롱하듯 사용하면서 이제는 멸칭이 되었다.

'잼민이' 전에는 '유딩'과 '초딩'이 있었다. '유딩'은 유치원생, '초딩'은 초등학교에 다니는 학생을 줄여 부르는 것으로, 이제 '유딩' '초딩'은 유치원이나 초등학교에 다니는 아동을 얕잡아 이르는 말로 보편적으로 사용된다. 또한 인터넷상에서 기본적인 예의를 지키지 않는 사람을 비난할 때도 사용되고, 어리석고 유치한 짓을 하는 사람을 속되게 부를 때도 흔하게 사용된다. 즉, 어떤 일의 숙련도가 낮고 저열한 정도의 수준일 때, 유치한 태도와 행동을 보일 때 '유딩' '초딩'이라는 용어가 사용된다. 이는 아동을 존중하지 않고 하대하는 우리 사회의 문화를 비춘다. 이것으로도 모자라 이제는 '잼민이'까지 가세해서, 어린이들은 '미성숙' '유치' '무개념'하다는 뉘앙스를 담은 용어가 널리 쓰인다.

　　1장 한국 사회를 집어삼킨 나이 멸칭 문화

2021년 7월 교육방송 EBS가 '잼민'이라는 단어를 사용하고 비난이 일자 사과한 일이 있었다. EBS 공식 SNS에 만화 〈포텐독〉의 삽입곡 '똥밟았네' 홍보 영상을 게시하면서 해시태그(#)에 '잼민'이라는 단어를 붙였다. SNS 담당자는 "재미있는 어린아이를 부르는 유행어라고 짐작했다"며 "정확히 어디서부터 시작됐는지, 거기에 비하의 의미가 담겨 있었는지 몰랐다"고 사과했다.[45] 우리나라의 대표적인 공영 교육방송으로 학교 교육을 보완하고 민주적인 교육 발전에 이바지하고자 설립된 EBS에서도 '잼민이'라는 용어를 별다른 생각 없이 썼다는 것은, 어린이에 대한 우리의 연령차별이 깊숙이 뿌리내려 있음을 보여 준다.

## 차별어를 듣고 자란 아이는 차별하는 어른이 된다

누군가는 어린이를 귀엽게 보고 재미로 부르는 건데 너무 예민한 것 아니냐고 할 수 있다. 그런데 2022년 어린이날을 앞두고 초록우산어린이재단이 어린이·청소년 500명을 대상으로 조사한 결과, 비하의 의미가 담겼다고 생각되는 용어 1위로 '잼민이'(70.2%)가 꼽혔다. 듣는 어린이들이 기분 나쁘다고 한다면 이 용어를 사용하기 전에 다시 한번 생각해 봐야 하는 것 아닐까? 잼민이라는 호칭이 어린 사람을 하대하는 우리 사회의 연령차별주의를 보여 주는 것은 아닌지, 우리는 나이에 대한 멸칭을 장난처럼 너무 남용하고 있는 것은 아닌지 성찰할 필요가 있다. '급식충' '잼민이' 같은 차별적인 언어를 듣고 자라나는 아이는 커서 차별적인 어른이 되기 쉽다. 특히 '잼민이'는 가상의 캐릭터 이름을 어린이들에 대한 차별적 언어로 쓰는 것인데, 이는 어린이라는 소수자 집단을 인격과 개성을 가진 현실의 인간이 아니라 가상의 재현된 모습으로 대신해 인식하도록 할 수 있기에 더 문제다.

어린이에 대한 차별적 편견은 여러 차원으로 구성되어 있다. 첫 번째 차원은, 어린이의 '능력에 대한 차별 인식'이다. 이는 아동은 성인에 비해 역량, 능력, 이해력, 수행능력에 한계가 있다고 생각하는 것을 뜻한다.[46] 두 번째 차원으로는 '성숙도에 대한 차별 인식'인데, 아동을 성인이 되어 가는 존재이자 미발달된 존재로만 인식하여, 성인에 비해 불완전한 존재로 보는 것을 의미한다. 다음으로 '자기 결정에 대한 차별 경험' 차원은 아동 스스로 해결할 수 있는 기회가 제공되지 못하거나 자율적으로 할 수 있는 부분까지도 성인의 간섭을 받는 경험을 뜻한다. '표현 기회에 대한 차별 경험'은 아동에게 영향을 미치는 문제에 있어서 자신의 의사가 존중받지 못하는 경험을, '문화·사회적 차별 경험'은 사회관계 내에서 나이가 어리다는 이유로 부당한 대우를 받는 것을 의미한다. 한국 사회가 청소년과 아동을 호명하는 방식은 이런 다양한 차원을 가진 차별적 편견을 품고 있다. 청소년과 어린이의 능력, 성숙도에 한계가 있다고 섣불리 규

   1장 한국 사회를 집어삼킨 나이 멸칭 문화

정짓고 자기 결정, 표현 기회, 그리고 사회관계 내에서 단지 나이가 어리다는 이유만으로 부당한 대우를 한다.

'어린 사람은 아랫사람이 아니다.'

청소년인권운동연대 '지음'이 펼친 캠페인의 캐치프레이즈다. 지음은 2020년 11월부터 이 캠페인을 펼쳐 왔는데 '어린 사람에 대한 예의를 지킵시다'라는 내용이 적힌 포스터를 배포하고 어린이·청소년 및 나이 어린 사람에게 일방적 반말 사용 등 하대를 하지 말 것을 제안하였다. 말 그대로 어린 사람은 아랫사람이 아니다. 그런데도 우리 사회는 어린 사람을 아랫사람 대하듯이 한다. 이제 '~린이'라는 표현 대신에 '헬스 초보' '요리 초보' '주식 초보'와 같이 '○○초보'로 바뀌어 사용하면 좋겠다. '잼민이'라는 표현 역시 '어린이' 또는 '초등학생' 등의 표현으로 얼마든지 대체가 가능하다.

〈코타로는 1인 가구〉라는 일본 애니메이션이 있다. 이 영화는 원룸형 아파트에 코타로라는 네 살 남자아이가 혼자 이사를 오면서 시작된다. 코타로는 티슈를 선물로 사서 이웃 주민들 집을 하나하나 방문하여 예의 바르게 첫인사를 하고 자신을 소개한다. 고작 네 살인 남자아이가 혼자 살기 때문에 이웃 주민들은 코타로를 챙기려고 노력하나, 코타로는 어른스러운 모습과 강한 생활력으로 어리광 부리지 않고 모든 일을 혼자 해결하려고 애쓴다. 물론 그 과정에서 네 살인 코타로 혼자서는 해결하지 못하는 일들이 발생하고 그럴 때마다 이웃들은 코타로를 도와준다. 처음에는 어린 코타로를 자신들이 돌봐 주어야 한다고 생각했지만, 시간이 지날수록 오히려 어른인 이웃들이 코타로에게 배우고 위로받게 된다. 이렇게 불운한 가정사로 혼자 살 수밖에 없었던 아이 코타로는, 스스로의 삶을 성공적으로 개척해 나간다. 따뜻하고 감동적인 이야기 속엔 어린이를 독립적인 주체로 바라보는 제작진의 시선이 드러난다. '~린이' '잼민이' '급식충'으로 희화화되는 한국 사회의 어린이·청소년들은 코타로 같은 아이처럼 그려지지 않는다. 코타로가 주위 이웃 어른들과 했던 것처럼, 어린이와 어른이 상호 간의 존중을 경험하며 같이 성장하는 사회가 되었으면 한다.

## 생애주기별 맞춤형 연령차별

한 사회가 쓰는 언어는 그 사회가 어떤 곳인지를 나타낸다. 이 장에서 다룬 여러 나이 멸칭들은 한국 사회에 무분별하게 만연하고 있는 신조어들의 폐단을 보여 줌과 동시에, 한국이 연령차별주의 사회임을 증명한다. 각 연령대에 대한 경멸적인 생각과 감정을 담은 멸칭들이 존재하고 널리 쓰이고 있다는 것은 연령차별주의가 우리 생각보다 더 심각함을 뜻한다.

나이 멸칭들은 언어가 연령차별주의를 영속화시키는 역할을 한다는 걸 시사한다. 언어는 생각과 감정을 표현하는

     1장 한국 사회를 집어삼킨 나이 멸칭 문화

사회 공동의 인습적인 상징체계이기 때문이다. 세상을 설명하기 위해 인간은 범주로 나누어 구분 짓고 이름 붙이기를 한다. 그런데 범주에 붙여진 이름이 고착화되면 더 이상 그 범주에 속한 사람들의 삶을 이해하는 데 도움이 되지 않는다.[47] 오히려 범주에 대한 고정관념만 강화시키게 된다. 한국 사회는 나이라는 범주에 지나치게 집착한 나머지 각 나이대마다 멸칭을 만들어 붙였고 이제 아동, 청년, 노인 등의 나이 범주는 그 범주에 속한 사람들의 삶을 이해하는 수단이기보다는 부정적 고정관념을 연상시키는 기능을 하고 있다. 특히 연령 멸칭들은 세대 간의 갈등에서 비롯된 측면이 있으며 이런 멸칭들을 놀이처럼 사용하면서 세대 간의 갈등이 더욱 촉발되는, 혐오 문화의 악순환이 한국 사회에 확산되고 있다.

나이에 따른 혐오스러운 멸칭들이 각종 언론과 일상 대화에서 나타나기 시작한다면 이는 '일상성'을 넘어서 '사회성'을 얻게 된다는 점에서 더 심각한 문제가 된다.[48] 특정 온라인 커뮤니티에서 제한적으로 사용되는 것과 일상에 스며들어 자리를 잡는 것은 완전히 다른 상황이므로, 나이 멸칭들을 단순히 재미로만 간주해서는 안 된다. 이제는 우리 사회가 언어를 통한 탈인간화가 개인과 사회에 미치는 악영향을 인식하고, 이를 줄이기 위한 대안적 표현을 학습할 기회를 충분히 제공하는 데 더욱 관심을 기울여야 할 때이다.

어린이부터 노인까지 골고루 멸칭이 존재하는 우리 사회

는 진정 '나이를 묻는 사회'이다. 혹자는 연령차별주의는 노령층에 대해서만 존재하고 그렇기 때문에 생애 전 주기적 관점에서 불평등한 것이 아니라고 주장한다. 평생 지속되는 성차별이나 인종차별과 달리, 연령차별은 생애주기 속에서 위치가 바뀐다는 것이다. 고령층은 과거에 젊은 나이로 인한 이점을 누렸으며, 젊은 세대 역시 나이가 들어 늙게 되면 유사한 불이익을 경험하게 된다. 이러한 점에서 연령에 근거한 차별은 일정한 순환성을 지니며 그로 인해 평등한 측면이 있다는 주장이다. 나는 이 주장에 동의하지 않지만, 한국 사회는 이 주장에 들어맞지도 않는 사회다. 우리 사회는 노령층에 대한 연령차별만이 아니라 어린아이부터 청소년, 청년, 중장년, 노인에 이르기까지 생애주기별로 그에 따른 맞춤형 연령차별이 존재하기 때문이다. 왜 한국인들은 이렇게 나이를 묻는 것일까? 다음 장에서 그 이유를 같이 살펴보자.

# 혐오와 분열을 조장하는 각국의 나이 멸칭

## 세계 여러 나라의 노인·중년 멸칭

나이 차별은 다른 나라에서도 일어난다. 우리나라의 나이 차별이 전 연령대에 걸쳐서 더 가열차게 발생하고는 있지만 그렇다고 한국만의 현상은 아니다. 미국서 사용되는 나이 멸칭 중 고연령층을 향한 것으로 '기저geezer'가 있다. 미국에서 이 용어는 늙은이, 꼰대, 또는 괴팍한 노인이라는 부정적 뉘앙스로 사용된다. 단순히 늙었다는 것을 넘어 고집 세고 불평 많고 공적 공간에서 민폐를 끼치는 나이 든 사람을 기저라고 부른다. 우리나라의 '틀딱충' 또는 '할매미'의 미국판이다. 틀니를 낀 채 딱딱 소리를 내며 권위적으로 잔소리를 하거나 공공장소에서 큰 소리로 떠들어 민폐를 끼치는 노인들처럼, 기저도 짜증을 유발하는 존재로 희화화된다.

'파슬fossil'이라는 멸칭도 있다. 원래 화석을 뜻하는 이 단어는, 나이가 많아서 이미 죽음을 가까이에 두고 있는 사람을 조롱하는 용어다. 노인들은 화석처럼 너무나 오래되어서 이미 끝난 것이나 마찬가지인 존재라는 것이다. 나이 많은 사람들은 생물학적으로 노화해서 죽음과 가까울 뿐 아니라 시대에 뒤처졌고 딱딱한 화석처럼 굳어서 변화의 가능성도 없는 사람들로 여겨진다. 이 멸칭은 노인들은 기술과 문화 변화를 거부하거나 배우려고 하지 않는다며 경멸하는 의미를 담고 있다. 우리나라에서 나이가 많을수록 죽음과 가까워졌기 때문에 이미 사회적으로 쓸모없는 존재로 여겨지는 것과 맥락을 같이하는 멸칭이다.

'파슬'이라는 멸칭이 사회적으로 논란이 된 사례가 있다. 2018년 영국의 글로벌 기업 고위 임원인 글렌 코위Glenn Cowie는 젊은 상사에게 "늙은 화석old fossil"이라 불리며 해고된 뒤 연령차별을 이유로 소송을 제기했다. 코위는 "밀레니얼세대를 관리할 줄 모른다"는 말을 들었고, 회사가 45세 이상은 채용하지 않도록 장려하는 새로운 정책을 시행한 이후 그의 자리는 더 젊은 여성으로 교체됐다. 그는 글로벌 엔지니어링 기업 베수비우스Vesuvius에서 거의 40년간 근무한 뒤 연봉 30만 파운드의 직책에서 해임 통보를 받았는데, 당시 58세였다. 회사가 "고령 근로자에 대해 제도적이고 뿌리 깊은 편견을 갖고 있다"고 주장한 코위는, 연령차별이 인정돼 재판부로부터 320만 파운드라는 막대한 금액의

　　　　1장 한국 사회를 집어삼킨 나이 멸칭 문화

배상 판결을 받았다.

'오케이 부머*Ok, Boomer*'라는 표현도 있다. 이는 나이 든 사람을 조롱하고 비웃는 듯한 어조로 하는 말로, 특히 젊은 세대가 나이 든 사람에게 사용하는 표현이다. 우리말로 하면 "됐네요, 틀딱" 또는 "알았어, 꼰대" 정도로 매우 경멸적인 표현이다. '부머*boomer*'는 전쟁 직후 출산율 급증으로 형성된 세대를 지칭하는데, 북미에서 1946~1964년생이 베이비부머로 분류된다. 2019년 11월, 뉴질랜드의 25세 클로이 스워브릭 녹색당 의원은 탄소중립 법안 토론 중 야유를 받자 "OK, boomer"라고 말해 전 세계적으로 화제가 되었다. 기성세대가 젊은 세대의 문제를 무시하는 것에 대해 클로이 의원은 '오케이 부머'라고 말하며 조롱하듯이 반발한 것이다.[49]

일본에도 서구 못지않게 고령층을 향한 멸칭이 존재한다. '노해老害(로가이)'라는 멸칭인데, 이는 '늙을 노老'와 '해악 해害'가 합쳐진 것으로 노인은 곧 해악이라는 뜻이다.[50] 노해는 사전적으로는 '연로자가 나이를 앞세워 젊은 사람들의 활약을 방해하는 해악'이라고 정의된다. 실생활에서 '노해'는 권위적이고 고압적 행동이나 분별력 없는 태도로 민폐를 끼치는 노인을 비하하는 의도로 쓰이거나 또는 "라떼는~"을 내세우며 젊은이들의 의견을 무시하는 노령층을 조롱할 때 사용된다.

중국에서는 4050세대를 '유니중년油膩中年(기름진 중년)'

이라고 부른다. 중국 온라인에서 사용되는 멸칭인데, 중년들이 자기 관리를 하지 않아 배가 나오고 담배 냄새가 나며 능력은 없는데 허세를 부린다는 의미로 쓰인다. 우리나라의 '영포티'가 젊은 패션을 따라가려고 노력하며 젊은 척하는 중년을 지칭하는 것과는 다소 맥락이 다르지만, 중년층 멸칭이라는 것은 동일하다.

중년 여성을 대상으로 하는 멸칭도 있다. '캐런*Karen*'이 그것인데, 원래는 평범한 미국 여성의 이름이었으나 최근에는 특정 유형의 중산층 백인 여성을 지칭하는 광범위한 밈*meme*으로 자리 잡았다. '캐런'은 서비스업 종사자를 깎아내리기 위해 "관리자를 불러라*speak to the manager*"라고 요구하는 사람, 매사에 불만이 많은 사람, 자신이 항상 옳다고 믿는 사람, 백신 접종을 거부하는 사람, 또는 흑인의 머리카락을 만져도 되냐고 묻는 것처럼 인종차별적 행동을 하는 중년 여성을 가리킨다. 캐런만큼 광범위하게 퍼져 있지는 않지만 남성 버전으로 '켄*Ken*'이 있다. 켄은 불평 많고 껌뻑하면 민원을 제기하고, 공공장소에서 거리낌없이 민폐 행동을 하는 중년 남성을 풍자할 때 쓰인다.

## 청년을 부르는 차별의 언어들: 세계의 사례

청년층에 대한 멸칭도 존재한다. 줌머*Zoomer*는 본래 Z세대를 가리키는 세대 명칭으로 중립적인 표현이었지 멸칭은 아니었다. 그러던 것이 차츰, 젊은 세대의 능력과 진지함을 부정하는 의미로 사용되고 있다. 젊은 세대는 가볍고 미성숙하며 정치적인 역량이 없음을 조롱할 때 사용되기도 한다. 우리나라에서 MZ세대라는 용어가 원래 비하의 뜻이 없는 중립적인 용어로 사용되다가 세대 갈등이 심화되면서 낙인어로 변화했던 것과 유사한 과정을 겪고 있다고 할 수 있다.

《꼰대들은 우리를 눈송이라 부른다*We need snowflakes*》는 미국의 《워싱턴포스트》 저널리스트 해나 주얼이 지은 책의 제목이다. 영미권에서 '눈송이*snowflake* 세대'는 젊은 세대를 가리키는 표현으로 주로 책임감 없이 징징대는 철부지 세대란 의미로 사용된다. 저자는 영미권에서 20~30대 청년을 '눈송이 세대'로 부르는 것은 명백한 멸칭이며 정치적 의도를 담고 있다고 주장한다. 극우 정치인들의 영향력이 강해지면서, 차별을 정당화하는 언어들이 득세하고 청년을 비롯한 사회적 약자를 도외시하는 상황이 펼쳐진다. 이때 젊은 세대가 차별에 저항하고 정치적 올바름을 이야기하면, 이들의 목소리는 유별나고 징징대는 것으로 치부한다는 것이다. 우리나라의 'MZ세대'론과 호칭은 다르지만 철부지 같다는 의미를 담고 특정 세대를 하나의 담론에 뭉뚱그린다는 점에서 동일하다.

일본에서는 '약해若害(자쿠가이)'라는 청년층을 향한 멸칭이 있다.[51] 노령층 멸칭인 '노해'와 대비되는 멸칭이다. '약해’는 주위 시선을 신경 쓰지 않고 공중도덕이나 질서를 무시하는 젊은이들의 안하무인격 행위를 가리킨다. 경험도 쌓지 않고 시간도 투자하지 않은 채 혈기만 앞세워 미숙한 태도를 보이거나, 급진적 변화나 세대교체를 주장하는 청년층 세태에 대한 경멸적 표현이다.

이처럼 연령차별적 멸칭은 전 세계적으로 존재한다. 그러나 서구에서는 나이 멸칭을 사용하면 사회적 논쟁이 벌어지거나 사과와 법적 책임으로 이어지는 데 반해, 우리나라에서는 연령차별이 ‘차별’이라는 인식 자체가 아직 부족한 상황이다. 나이 멸칭들이 미디어에서 관용적으로 소개되고 개그의 소재나 유행어로 사용돼 그 심각성이 희석된다. 연령차별 개념은 제도나 판례에서도 서구보다 훨씬 약하게 적용되고 있다. 그렇기에 나이를 묻지 않는 사회로 나아가는 일은 그저 말투를 조금 순화하자는 권유가 아니다. 그것은 한국 사회가 더 늦기 전에, 바로 지금 넘어야 할 중요한 문턱이다.

# 2장

## 우리는
## 왜 나이에
## 집착하는가

# 근대화, 산업화를 떠받친 경로사상과 장유유서



## 일상 속에서 실천한 장유유서

〈응답하라 1988〉은 2015~2016년 방영된 tvN 금토 드라마다. 나 역시 매주 방송을 손꼽아 기다릴 만큼 재미있게 보았고, 대중의 많은 사랑을 받은 작품이다. 이 드라마는 1988년 서울 도봉구 쌍문동에 사는 평범한 소시민 다섯 가족이 펼치는 이야기와 따뜻한 가족애를 그렸다. 그런데 이 드라마를 자세히 살펴보면 '장유유서長幼有序'가 일상 속에서 실천되는 모습이 발견된다. 부모·조부모에 대한 존경, 형·누나에 대한 존댓말, 연장자 중심 의사결정 등이 곳곳에서 눈에 띈다. 가족이 식사할 때나 제사, 명절 때 항상 어른이 먼저 수저를 들고 아이들은 조용히 기다리는 모습, 덕선의 대학 진학 및 정환의 진로 결정에 있어 부모가 사실상 최종 결정권을 가지는 모습, 같은 골목에 사는 어른들 간에도 나이 순으로 대우하거나 깍듯이 존댓말을 사용하는 모습, 그리고 조부모를 찾는 장면에서는 모두 공손한 태도를 유지하고 '어른 중의 어른'으로 존경하는 모습이 그 예다. 연장자의 판단을 우선시하는 장유유서가, 단순히 가족 내 질서가 아니라 공동체 전체에 퍼져 있는 모습을 발견할 수 있다.

〈응답하라 1988〉이 많은 사랑을 받은 이유는 그 시절을 현실감 있게 그려 내면서 우리의 향수를 자극했기 때문이다. 그때만 해도 우리나라는 동방예의지국이라 불릴 만큼 예의를 중시했고, '장유유서' 같은 유교적 질서가 자연스럽게 자리 잡고 있었다. 여기서 과거형을 쓴 이유는, 지금은 그때와는 많이 달라진 시대를 살아가고 있기 때문이다.

과거 우리 사회는 부자유친父子有親, 군신유의君臣有義, 부부유별夫婦有別, 장유유서, 붕우유신朋友有信이라는 오륜五倫을 떠받들며 살았다. 삼강오륜은 중요한 인간관계의 덕목을 지정하는데, 이 중 장유유서는 "어른과 아이 사이에서 순서와 질서가 있어야 한다"는 뜻으로 나이에 따른 서열적, 위계적 인간관계를 명시한다.

나이가 많으면 아버지를 모시듯 공경하고, 10년이 많으면 형을 모시듯 공경하며, 5년이 많으면 어깨를 나란히 하여 약간 뒤처지게 따라간다. 다섯 사람이 모여 살면 그중 연장자 한 사람은 반드시 자리를 따로 마련하여 편히 자게 한다.

     2장 우리는 왜 나이에 집착하는가

《예기》의 한 대목이 보여 주듯이, 장유유서 전통은 우리나라의 미풍양속으로 오랫동안 충실히 지켜져 왔다. 특히 우리나라의 노인 공경 사상은 다른 나라와 구별되는 특징을 지닌다. 노인을 공경하는 것 자체가 국가와 사회를 위한 것이고, 노인은 공동체의 구심력을 강화하는 귀중한 존재였다. 이는 한반도라는 지리적 특성과 노동집약의 농경사회를 구축하는 과정에서 형성된 것이다. 농경문화를 기반으로 하는 다른 고대 국가에서도 흔히 볼 수 있는 형태라는 점을 고려하면, 한국의 경로사상은 유례없이 엄격한 도덕적 규율을 갖고 있었다.[1]

나이에 의한 위계질서가 명확한 한국 사회는 서구의 대등한 인간관계 질서와 대비를 이룬다. 예를 들어 길을 가다 마주쳐 오는 행인과 부딪친 상황을 가정해 보자. 만약 젊은 행인이 자신보다 연장자인 사람에게 반말을 하며 "눈을 어디다 달고 다니냐"고 쏘아붙인다면, 부딪쳤다는 사실의 맥락은 뒷전으로 밀려나고 곧바로 나이에 따른 위계가 부당하게 흔들렸다는 문제로 논의가 옮겨 간다. 이처럼 전통적으로 한국 사회는 사회적 관계에서, 평등한 관계가 아닌 우열 또는 상하의 차등을 두었다. 사회관계에서의 수직성은 전통 한국 사회의 중요한 특징이었으며 유교는 이를 떠받치는 윤리적 틀로 기능했다.

노인을 공경하는 경로사상은 유학이 전해지기 이전부터 우리나라의 고유 사상으로 긴 역사를 가진다. 단군신화와 최치원의 《난랑비서鸞郎碑序》, 화랑도의 '세속오계世俗五戒' 등에서도 경로사상이 엿보인다. 혹자는 '효'는 한민족이 만들어 낸 고유한 정신문화로, 고조선의 건국이념인 홍익인간의 정신을 기반으로 해서 내 부모뿐 아니라 남의 부모도 내 부모처럼 공경하라는 정신문화가 오히려 유교의 인仁의 형성에 큰 영향을 미쳤다고 주장한다.[2] 경로사상은 효孝와 제悌 사상에서 확대되었는데, '효'는 부모에 대한 혈연적 유대감을 의미하는 반면에 '제'는 형제간의 공경심에서 확대되어 사회의 연장자에 대한 공경심까지 의미하였다.[3] 가족에 국한되었던 효제의 원리가 이웃과 사회로 확대되어 어르신을 공경하는 경로사상으로 발전한 것이다.

특히 '효'는 모든 행위의 근본으로 여겨졌는데, 가정 내에서는 부모에 대한 효는 사회적 윤리로서 어르신을 공경하는 경로와 대상은 다르나 근본정신은 같았다. '효'가 가정 내의 질서유지를 넘어 사회적인 성격도 같이 가졌던 것이다.[4] '효孝'의 한자를 살펴보면 노老와 자子가 합쳐졌는데 아랫사람이 나이 든 사람을 받든다는 의미가 있다는 데에서도 이를 엿볼 수 있다. 《효경孝經》에는 효가 덕德의 근본이며 모든 행실의 근본이라고 적혀 있다.[5] 효는 부모에 대한 사랑과 공경을 넘어서 보편적인 사랑의 표현으로 확대되어, 가족 내에서 부모 공경으로 끝나는 것이 아니라 이웃과 나라라는 더 큰 공동체를 향해 뻗어 가는 사랑이어야 했다. 이처럼 효는 모든 한국인에게 요구되는 전인적 자기완성의 최선의 길이었다. 여기에는 지배층의 의도도 숨어 있었다. 조선시대 지배층은 '우리'의 범위를 확대해 차별에서 발생하는 저항을 줄이고자 하였다.[6] 가족을 중심으로 한 '우리'는 내 부모나 내 자식만을 위하는 배타적인 가족주의로 발전할 수 있는데, 지배층은 우리의 범위를 가문, 씨족, 국가, 세계로 확대해 억압에 따른 갈등을 완화하려고 했던 것이다.

고려시대에는 효를 근본으로 하는 정책이 펼쳐졌는데 현종은 부모가 80세 이상이면 군역을 면제하고 70세 이상이면 내직 보임, 부모가 병이 있으면 200일의 휴가를 주는 등 관료가 백성들에게 경로 효친의 모범을 보이도록 했다. 보다 본격적으로 경로 효친 사상이 사회에 정착한 것은 조선조였다. 경로사상은 조선조 윤리의 근간으로, 역대 임금들은 경로사상을 말뿐 아니라 여러 제도를 통해 몸소 실천하였다.[7] 국가는 노인들에게 실질적으로 많은 혜택을 부여했는데, 태조는 조선 왕조 개국과 동시에 노인 공경을 사회 교화 차원에서 적극적으로 추진하려는 강한 의지를 바탕으로 일종의 경로당인 '기로소耆老所'를 설치했다. 정2품 이상의 벼슬을 한 사람 가운데 70세 이상인 자에게만 기로소 입소를 허가하였다. 왕도 나이가 들면 기로소에 입소하였는데 태조, 숙종, 영조도 입소했다는 기록이 있다.[8] 또한 기로소에 등록된 노인들을 위해 국가에서 '기로연'이라 부르는 큰 잔치를 매년 베풀어 주었다.

노인 우대는 이것으로 끝나지 않았다. 조선시대에는 노인을 우대하여 실시한 특별 과거제도인 '기로과'가 있었다. 급제자들의 경우 각 과 장원壯元이나 합격자 전원에게 통정대부通政大夫의 품계를 주는 등 매우 우대하였다. 나이가 들면 관직에서건 회사에서건 물러나야 하는 현대 한국 사회와 대비된다. 과거시험을 통과하지 않더라도 노인들에게 명예직으로 벼슬을 주는 제도도 실시됐다. '노인직'이라고 하는데 조선시대 양인이나 천인을 막론하고 80세 이상 된 노인에게 벼슬을 제수하였다.

세종은 《삼강행실도》《양로연의》, 정조는 《오륜행실도》 등을 간행하고 보급함으로써 일반 백성들에게 노인을 공경하는 미풍양속을 널리 진작시키고자 하였다. 문종 때는 노인에 대한 가자 제도를 실시하여 80세 이상의 양인 및 천인에게 벼슬을 주기도 했다. 또한 노비에게도 시정제(노환의 부모를 모시는 공노비의 공역을 면제하는 법)를 두어 연로한 부모를 봉양하도록 하였다. 이처럼 과거 한국은 노인을 공경하는 사상이 사회 전반에 퍼져 있었고, 정부는 실질적인 혜택을 노인들에게 주는 장유유서의 나라였다.

## '체면'과 '정'이 지탱해 준 경로사상

1992년 방영된 MBC 드라마 〈사랑이 뭐길래〉는 30여 년이 지난 지금도 여전히 회자되는 작품이다. 평균 시청률 59.6%를 기록하는 기염을 토했는데 이는 역대 드라마 중 1위에 해

     2장 우리는 왜 나이에 집착하는가

당하는 성적이다. 이 드라마는 여고 동창생인 두 여자의 아들과 딸이 결혼하면서 이야기가 시작된다. 여주인공이 시댁에 들어가 가부장적인 시댁의 가치관을 슬기롭게 변화시키는 과정을 그리며 많은 이의 공감을 얻었다. 서로 다른 생활양식을 대비시키는 가운데 부모 세대의 전통적 가치관과 자식 세대의 자유분방한 가치관의 조화를 추구하는 내용으로, 세대 갈등이 고민인 현시대에 시사하는 바가 많은 드라마다. 특히 배우 이순재는 주인공의 시아버지 역을 맡았는데 그의 캐릭터는 가부장적인 가치관을 지닌 전통적인 아버지로, 가족 내에서 권위와 체면을 중시하는 인물이었다. 그는 자신의 체면을 매우 중시하고 가족 간의 관계에서 권위적이고 상명하복적인 태도를 고수한다. 어떨 때는 자식들의 행복보다는 가족의 체면을 중요하게 여기고, 특히 외부의 시선을 의식하며 가족 내에서의 권위와 위상을 지키기 위해 가부장적인 모습을 종종 보인다. 예를 들어 그는 아들의 결혼 문제나 가정 살림 문제에서 자신의 체면을 지키기 위해 가족을 밀어붙인다.

배우 이순재가 연기한 남성 캐릭터가 목숨보다 소중히 여긴 '체면'은 한국인의 중요한 문화심리적 현상 중 하나다. 체면은 몸을 뜻하는 체體와 얼굴을 뜻하는 면面의 합성어로, 남을 대하기에 떳떳한 도리, 즉 사회적 얼굴 또는 사회적 자존심으로 정의된다. 도리에 어긋난 행동을 했을 때 "얼굴을 들 수 없다"는 뜻에는, 도리를 지키지 않았을 때 스스로 부끄러움을 느낀다는 감정을 포함하고 있다. 얼굴은 남이 볼 수 있는 '바깥 나'로, 남이 자기의 얼굴을 본다는 것은 다른 사람이 내 얼굴을 통해 내적 자기를 읽는다는 것을 함축한다. 내가 사회적 도리에 어긋나는 행동을 했을 때 남이 그것을 보고 나의 내적 품성에 하자가 있음을 확인하게 되고 이는 곧 부끄러움으로 이어진다. 부끄러움은 '염치'로 이어지는데, 유교에서는 예의의 기본 심성을 염치에 두고 있다. 염치가 없음을 뜻하는 '후안무치厚顔無恥'라든가 '안면몰수顔面沒收'라는 사자성어에서도 '얼굴'이 나오는 것처럼 얼굴은 염치의 상징이 된다.

'체면'이라는 한국적 정서는 노인을 공경하고 예를 지키는 장유유서 문화와 경로사상이 오랜 시간 지속되는 데 중요한 역할을 했다. 유교 전통에서 체면은 인격의 성숙과 연결되고, 체면을 지킨다는 것은 사람의 도리를 다하는 것을 뜻한다.[9] 따라서 유교문화권인 우리나라에서 좋은 사람은 도덕적인 인격을 갖추고 체면을 지킨 사람을 뜻한다. 일상에서 예를 갖추지 못하고 체면을 지키지 못하거나 염치없는 행위를 한 사람들은 비난을 받는다. 한국인은 체면 의식이 발달되어 있고 남으로부터 예를 잘 지키는 사람이라는 승인과 인정의 사회적 성취욕구가 강하다. 만약 노인을 공경하지 않으면 사회의 행동 규범을 어기는 것으로, 인격이나 품위가 떨어지고 체면을 지키지 않는 것으로 간주되었다. 실제로 한국인들은 체면이 떨어지면 여러 손실을 본다고 생각

　　　　　2장 우리는 왜 나이에 집착하는가

한다.[10] 손실로는 권위 추락, 인격 하락, 신뢰도 저하, 영향력 감소, 무능함으로 인식됨, 존경심 감소, 기대에 대한 실망 등을 들었는데 이는 체면이 개인에게 매우 중요한 가치임을 잘 보여 준다.

체면은 상급자가 자신의 위신을 세우는 데 걸맞은 행동을 하도록 요구하는 기준으로 작용하기도 한다. 우리나라 사람들은 서열 체계상 상위에 있는 사람에게 고매한 인격과 훌륭한 능력이 있을 것이라 기대한다. 만약 서열상 상위에 있는 사람이 그에 걸맞은 인격과 능력을 보여 주지 못하면 체면의 근거는 사라진다.[11] 즉, 서열 체계의 하급자는 상급자의 체면을 떠받들어 줄 필요가 없게 된다. 전통적인 농경사회에서 노인들은 농사와 공동 촌락 생활에 필요한 능력을 갖춘 존재였으나, 산업화를 거쳐 정보화 사회를 살고 있는 현대에서 노인들은 더 이상 고매한 인격과 능력을 갖춘 존재로 간주되지 않는다. 그들의 체면을 더 이상 세워 줄 필요가 없게 된 것이다. 전통적인 집단주의 문화에서는 사회적 체면이 중요시된다. 사람은 대립이 벌어져 자신의 체면이 위협받을 수 있는 불확실한 상황을 피하고 침묵하는 경향이 있다. 위계질서가 뚜렷했으므로 연장자를 존경했고, 이러한 규칙을 지키지 않는 사람을 무례한 사람이라 간주했다. 또 사회적 조화를 지키기 위해 상대방의 체면이 상하지 않도록 주의했다. 그러나 경제가 빠르게 성장하고 가치관이 변화하면서 한국인들은 체면을 지키는 문화에서 탈피하고 있다.[12]

집단주의 문화가 지배적인 시기에 성장했던 현재의 노인 세대와 개인주의 문화를 경험한 젊은 세대 간에, 상대를 향한 혐오스러운 별칭들이 등장한 것도 이러한 문화적 충돌에서 비롯된다.

체면과 함께 '정'도 장유유서 문화가 오랫동안 안정적으로 지속되는 데 기여했다. 연령에 따른 서열성이 강하게 작용하는 사회에서 사람들은 서열에 따른 스트레스를 받는다. 나이가 어린 사람이 서열을 위반하면 사람들은 민감하게 반응했고, 유교문화와 전통 속에서 이러한 규범은 오랫동안 지켜져 왔다. 특히 나이가 많은 사람들은 나이에 대한 규범을 더욱 중요하게 여기고 이를 철저히 관리하려는 경향을 보였다. 채무자보다 채권자가 빚에 대해 더 많이 말하는 것처럼, 나이에 따른 예를 챙겨 받는 쪽이 나이에 대해 더 신경 쓰고 강조한다.[13] 노인에게 반말을 하거나 나이 많은 선배에게 대드는 행위 등도 모두 허용되지 않았다. 그렇기에 나이가 어린 사람들은 이러한 규범 속에서 스트레스를 받는 환경에 놓이게 되었다.

서열에 따른 스트레스는 종종 '정情'이라는 한국적 감정에 의해 해소되곤 했다. '정'은 한국 사회에서 인간관계의 이상적 상태로 여겨지며, 사람들 간 가까움과 친밀함의 정도를 나타내는 가장 대표적인 심리적 속성이다.[14] 정이란 오랜 세월 함께 고생하고 즐거움을 나누며 쌓이는 공동의 운명감, 상대를 자신처럼 여기며 격의 없이 느끼는 따뜻한 마음, 이해득실을 따지지 않고 '우리'로서 엮이는 유대감, 그리고 긴 세월을 함께 살아 내며 자연스레 스며든 동거의 역사성을 품고 있다.[15]

'정'이 한국인의 대표적 정서라는 것은 한국을 넘어 글로벌 시장을 누비는 과자 '오리온 초코파이 정情'의 성공에서도 엿볼 수 있다. 오리온 초코파이가 국민 과자로 자리 잡은 데에는 '정情' 광고가 큰 역할을 했는데, 오리온은 광고 제작 시 소비자가 원하는 메시지와 듣고 싶은 이야기를 전달하려고 노력했다. 오리온은 '정'이야말로 대한민국 국민이면 모두 다 공감하는 정서라고 판단했고 1989년부터 '이사 가는 날' '삼촌 군대 가는 날', '할머니 댁 방문' 등 가족 간의 '정' 및 이웃 간의 '정'을 보여 주는 광고 캠페인을 시작했다. 그 후 '건널목 아저씨' '집배원 아저씨' 편 등 사회적인 정으로 확대하는 캠페인 광고를 선보였고 대성공을 거두었다.[16] 오리온의 광고가 보여 준 것처럼, 정은 먼저 가족관계에서 구축된 후 가정 밖의 사회관계로 확대되어 한국적인 정 있는 인간관계가 생겨났다.

정 관계는 '우리성'을 기본으로 하는데,[17] 한국인들의 언어 사용에도 우리성의 흔적을 찾아볼 수 있다. 예를 들어, 한국어에서 '우리'라는 일인칭 소유격 복수대명사는 복수의 개념을 넘어 복수로 설명되어질 수 없는 개념에도 '나'라는 개념을 대체하는 단어로 사용된다. 한국인들은 내 어머니, 내 아버지를 '우리 어머니' '우리 아버지'라고 하거나 내 회사,

내 나라를 '우리 회사' '우리나라'라고 한다. 외국인들의 눈에는 매우 신기한, 한국인들만 공유하는 독특한 사용 형태다. 이는 '정' 있는 인간관계와 공동체 의식을 중요시하는 한국의 전통적인 가치관에 바탕을 둔다.[18] 한국적인 '정' 문화 속에서 동네의 노인들은 내 할머니, 내 할아버지처럼 모셔졌고, 나이가 많은 사람에 대한 공경도 "우리가 남이가"라는 '정'을 중시하는 공동체 문화 속에서 큰 거부감 없이 받아들여졌다. 이처럼 연령 위계와 노인 공경 문화는 한국적 정서인 '체면'과 '정'이라는 사회문화적 토대 위에서 정당화되었고 그 결과 오랜 시간 동안 별다른 문제 제기 없이 지속될 수 있었다.

## '엄마뻘' 직원에게 막말한 '딸뻘' 손님

〈'마트 막말녀' 어머니뻘 직원에 "말을 해 XXX야!"〉[19]

서울 양천구에 있는 한 대형 슈퍼마켓에서 있었던 사건을 보도한 기사 제목이다. 계산대 앞에서 젊은 여성이 한 직원에게 막말과 욕설을 퍼붓는 모습의 영상이 공개되자 사람들의 공분을 샀다. 공개된 영상에서는 20대로 보이는 젊은 여성이 마트 계산대 앞에서 중년으로 보이는 직원에게 "입이 없어요? 입이 없냐고"라며 반말로 몰아세우고, "이 XXX야! 야, XX! 입이 있으면 말을 해, XXX야! 야! 그게 6만 원이지 그럼 6000원이야? 어떻게 그걸 계산을 못 해 지금"이라며 욕설을 퍼붓는 장면이 나온다. '마트 막말녀'라는 멸칭이 붙은 여성은 10만 원어치 물품을 사 놓고는 "지금은 6만 원밖에 없으니 나머지 물품을 집으로 배송해 주면 내겠다"라고 고집을 부려 직원들을 난처하게 만들었다.

이 사건을 다룬 기사들은 20대로 보이는 젊은 여성이 '엄마뻘' 직원에게 이러한 행동을 했다는 점을 놓치지 않고 강조하며 보도하였다. 젊은 여성의 무례하고 파렴치한 행동에 대한 비판은 당연한데 여기에 '20대의 젊은 여성'과 '엄마뻘'이라는, 연령에 따른 서열 관계가 끼어든다. 나이에 따른 서열 관계가 도덕성을 판단하는 중요 준거가 된 것이다. 손님과 마트 직원의 나이가 바뀐다면 어떨까? 나이 많은 손님이 나이 어린 마트 직원에게 유사한 행동을 한 것보다 나이 어린 손님이 나이 많은 마트 직원에게 한 행동이 더 많은 비난을 받는다.

한국인들은 초면인 경우에도 상대방의 나이에 따라 '어머님' '아버님' '오빠' '언니' '형님' 등 가족적 호칭을 자연스럽게 사용한다. 백화점이나 상점에서도 판매원이 상대방의 연령을 짐작해 "어머님, 뭘 드릴까요?" 혹은 "언니, 뭐가 필요하세요?"라며 친절하게 묻는다.[20] 이처럼 나이 규범이 강하게 작용하는 사회에서, 사회적 규범을 따르는 것은 도덕성과 연관된다.[21] 공손성은 선택의 문제가 아니라 관계의 본질이 되므로 '마트 막말녀'처럼 이를 어기는 경우 크게 비난을 받는다.

언어 사용에서도 지켜야 할 것이 많다. 한국어에서 나이가 많은 사람은 '말씀'을, 나이가 어린 사람은 '말'을 한다. 나이가 많은 사람은 '진지'를 드시고, 나이가 어린 사람은 '밥'을 먹는다. 이렇게 엄격한 존비어 체제는 우리 사회에서 연령주의를 보여 주는 상징인데도 진지하게 논의되지 않는다.

물론 존비어의 사용은 많은 문화권에서 공통적으로 나타난다. 프랑스어, 독일어, 러시아어, 스페인어 등에서 상대를 존중하는 호칭이 따로 있다. 그런데 민주화가 진전되면서 이런 호칭의 구분이 약해지고 있는 반면, 우리나라의 경우는 여전히 굳건히 존재한다. 특히 외국어 중에는 존대의 표현이 호칭에만 있는 경우가 많은 반면에, 우리나라의 경우 호칭에 국한하지 않고 동사의 선택과 동사의 어미변화, 명사의 선택에서도 나타난다. 앞에서 예를 든 '드시다 vs. 먹다' 처럼 동사의 선택에 차이가 있고, '하셨다 vs. 했다' 처럼 동사의 어미변화에서도 차이가 있다. '진지 vs. 밥' 등 명사의 선택에 있어서도 존대의 표현이 존재한다.[22] 그렇기에 외국인들이 한국어 배우기를 어려워하는 가장 큰 이유 중의 하나로 존비어가 꼽힌다. 존비어 체계는 연령주의를 공인하고, 기존의 나이에 따른 서열 구조를 더욱 강화하는 역할을 한다. 한국어는 평등한 인간관계보다 나이에 따른 위계질서를 강조한 언어이므로 상대방과 대화할 때 나이에 따른 서열을 의식한 채 대화해야 하며 나이에 따른 언어 규범이 지

   2장 우리는 왜 나이에 집착하는가

켜지지 않으면 대화는커녕 인간관계의 유지도 어렵다.

'마트 막말녀' 사건, 한국어 존비어 체계 등은 모두 우리나라가 서열 사회인 동시에 관계적 집단주의 사회임을 보여주는 증거다. 특히 한국식 집단주의는 여러 특징 중에서도 온정적 인간관계를 중시하는 특징을 가진다. 정, 조화, 협동, 겸손, 배려 등을 중요하게 여기며 상대방과 최소한의 친근함과 정서적 편안함을 형성하는 것이 필요하다고 본다. 처음 관계를 맺을 때도, 온정적 인간관계가 반영되어 나이, 가족관계, 고향, 출신 학교 등 '호구 조사'라 불리는 사적인 질문을 꺼리지 않는다. 외국에서는 처음 만나는 자리에서 이런 사적인 질문이 잘 안 나오는 데 반해, 우리나라에서는 사적인 질문을 통해 공통분모를 찾으려 한다. 처음 만났을 때 공통점을 찾는 것은 '우리' 관계를 시작하기 위해 '객관적 단서'를 찾으려는 노력이다.[23]

다시 마트 막말녀 사건으로 돌아가 보면, 이런 의문점이 남는다. 장유유서, 경로 효친의 나라에서 어떻게 딸뻘 손님이 엄마뻘 직원에게 막말을 할 수 있었을까? 도대체 그런 패륜이 어떻게 가능했을까? 마트 막말녀 사건 외에도 젊은이가 노인에게 욕을 하거나 폭행을 했다는 사건들이 심심치 않게 보도된다. 앞서 얘기한, 노인들에 대한 멸칭들 역시 장유유서의 나라라는 명성과는 전혀 맞지 않는다.

2007년, 우리나라는 '효'를 다룬 개별법인 '효행장려 및 지원에 관한 법률'을 제정하였다. 이 법은 사회 전반적으로 노인을 부양하고 섬기는 문화를 창달하려는 시도였다. 법제정을 통해 경로를 국가 차원에서 장려하고 고령사회가 직면한 문제를 해결하고자 하였다. 보건복지부 장관은 중앙행정기관의 장과 협의하여 5년마다 효행장려기본계획을 수립하고, 국가 및 지방자치단체는 유치원, 초·중·고등학교에서 효행 교육을 실시하도록 규정하였다.

사실 경로 효친 문화를 계승하려는 법제도적인 노력은 그전부터 있었다. 1982년 5월 8일 세계 최초로 '노인헌장'이 제정, 공포되었다. 노인헌장에는 "인구의 고령화와 사회 구조 및 가치관의 변화는 점차 노후 생활을 어렵게 하고 있다. 우리는 고유의 가족제도 아래 경로 효친과 인보鄰保 상조의 미풍양속을 가진 국민으로서 이를 발전시켜 노인을 경애하고 봉양하여 노후를 즐길 수 있도록 노인복지 증진에 정성을 다하여야 한다"고 적혀 있다. 급속한 산업화 과정에서 무너져 가는 장유유서, 경로 효친 사상을 어떻게든지 지키려는 체제의 시도가 읽힌다.

1981년에는 '노인복지법'도 제정되었는데, 이 법은 노인에 대한 사회적 관심과 공경 의식을 높이기 위해 매년 10월 2일을 '노인의 날'로, 매년 10월을 '경로의 달'로 제정하는 등 경로사상을 명문화했다. 그보다 앞서 박정희 정권의 근대화 프로젝트는 '전통'에 '근대적' 국가경제발전을 통합시키면서 경제발전과 근대 국가 만들기를 강력하게 추진하였다. 그 과정에서 인구 내부의 다양한 나이 범주를 근대화

   2장 우리는 왜 나이에 집착하는가

프로젝트에 부합하도록 조직하는 과정이 진행되었다. 아동과 청년은 '국민 됨'의 준비 단계로서 학교 교육과 직업 교육을 받아 근대적 규율을 체화할 존재로, 성인은 '산업 역군'으로서 국가 발전에 공헌할 존재로, 노인은 경로우대를 받을 대상이자 근대화 과정에서 놓치기 쉬운 전통을 수호하는 상징적 존재로 호명되었다.[24]

이처럼 경로사상을 법이나 제도로 강제하려고 했던 국가적 시도는, 그만큼 노인을 공경하는 문화가 급속하게 붕괴하고 있음을 뜻했다. 근대에 들어 경로사상과 장유유서는 한계에 다다랐고 나이 듦은 공격의 대상이 되었다. 근대화 이전, 노인들의 삶의 경험은 존중되었고 나이가 들수록 인간은 성숙해진다는 인식을 바탕으로 노인은 노인이기 때문에 존경받았다.[25]

"찬물도 위아래가 있다"는 우리 고유의 속담이 보여 주듯이, 나이에 따른 서열은 우리 사회에서 반드시 지켜야 할 기본 규범으로 소중히 여겨졌다. 그러나 근대화 이후 그 기본 규범이 무너지고 세대 간 충돌이 발생하며 각 연령대마다 맞춤형 편견과 차별이 혼재하게 되었다. 노인뿐 아니라 다른 연령대들도 그들만의 이유로 차별받는 연령주의가 기세를 떨친다. 그렇기에 이제 20대 젊은 여성은 엄마뻘 직원에게 나이가 많다는 이유로 예의를 지킬 필요가 없고, 그저 소비자로서 내키는 대로 막말을 한다.

4차 산업혁명, AI 기술의 보편화 등 사회가 매우 빠른 속도로 변화하고 있는 데 반해 밀도 있는 사회적 논의를 통한, 나이에 대한 도덕적 규율의 재창출은 이루어지지 않았다. 따라서 한국 사회는 각 연령대별 충돌이 치열하게 발생하는 나이 전쟁의 장이 되었다.



2장 우리는 왜 나이에 집착하는가

# 나이 전쟁의 시작과 양상

나이 전쟁의 장에는 생산성, 죽음, 그리고 자기 관리라는 세 가지 요소가 혼재되어 작동한다. 무엇보다 어린이와 노인에 대한 차별은 공통적으로 '생산성'이 큰 역할을 한다. 세계 역사상 유래가 없을 만큼 단기간에 빠른 경제성장을 이룬 나라에서, 한 사람이 생산적인 존재인지 아닌지는 매우 중요하다. 이런 사회에서 노인과 어린이는 생산성이 낮아 가치가 떨어지는 존재로 여겨진다. 노인은 노화한 몸으로 인해 젊은이들보다 생산성이 낮은 존재로 여겨지고 특정 나이로 규정되는 정년퇴직제도에 의해 생산적 업무에서 배제된다. 어린이는 아직 성장이 다 이루어지지 않은 미성숙한 존재로 여겨져, 사회에서 무임승차하며 돌봄을 받아야만 하는 존재로 간주된다. 생산성에는 속도도 중요하다. 하루가 길었던 농경사회에서는 빠른 속도가 중요하지 않았으나, 이제는 하루에도 많은 변화가 가능한 과속의 시대다. 빠른 속도를 따라가지 못하는 사람들은 낙오하게 된다. 느릿한 걸음과 몸짓으로 연상되는 노년기에 접어드는 사람들은 시대의 속도를 따라가지 못하는 사람들이기 때문에 차별받는다.

'죽음'에 대한 시각도 변했다. 과거에 죽음 의례는 이웃, 친지들이 모두 모여 죽음에 대해 경외를 표하는 동네잔치였다. 이제 더 이상 죽음을 애도하는 문화는 존재하지 않고, 죽음은 지극히 개인적인 의례로 병원에서 빠르게 처리된다. 죽음에 대한 두려움과 거리낌은 죽음과 가장 가까이 있는 존재로 여겨지는 노인들에 대한 경멸로 이어진다.

'자기 관리'도 중요한 요소다. 지금은 '자기 관리'가 매우 중요한 시대다. 특히 우리나라는 외모를 중시하는 비주얼 사회다. 깔끔한 외모와 끊임없는 자기 계발로 트렌드에 뒤처지지 않는 능력을 갖추기를 요구한다. 자기계발서가 출판업계 판매 부동의 1위를 차지하는 나라에서, 자기 관리에 부족함이 보이기 시작하면 차별의 대상이 된다. 노화로 인한 주름살과 검버섯은 외모에서 자기 관리가 되지 않는다는 신호다. 빠르게 왔다 빠르게 없어지는 새로운 트렌드를 따라가지 못하고 '라떼' 얘기만 하며, 키오스크 앞에서 주문하는 데 긴 시간을 쓰는 것도 자기 계발을 하지 않는다는 증거다. 어린이 역시 자기 관리가 잘 안 되는 존재로서, 업장에 들어와서 시끄럽게 소란을 피우고 더럽히므로 출입을 불허

　　　　　2장 우리는 왜 나이에 집착하는가

해야 하는 '노키즈존'의 대상이 된다.

오늘날 한국 사회에서는 생산성, 죽음, 자기 관리에 대한 평가가 모든 연령대에 겹겹이 가해지면서, 나이를 중심으로 한 교차적 차별이 직조되고 있다. 그렇다면 생산성, 죽음, 자기 관리라는 세 축은 어떻게 우리를 점점 더 '나이를 묻는 사회' 속으로 몰아넣고 있는가?

## 생산성이 떨어지면 인간의 가치도 떨어진다

### 나이 많은 사람이 대접받던 시대

'주름' '기미' '검버섯' '느린 거북이' '퀴퀴한 냄새' '탑골공원' '뻔뻔함'. 2014년 개봉한 한국 영화 〈수상한 그녀〉의 도입부는 대학 강의실을 보여 준다. 주인공 할머니 오말순(배우 나문희 역)의 유복자 외아들(배우 성동일 역)이 국립대학 노인복지학과 교수로 나오는데, 학생들에게 노인에 대한 느낌을 말해 보라고 하자 이런 답변들이 쏟아진다. 좋은 게 하나도 없다.

생산성을 중시하는 자본주의 경제체제에서 주름과 검버섯이 많고 퀴퀴한 냄새를 풍기는 느린 거북이 같은 존재는 혐오의 대상이다. 인간으로서의 가치는 생산능력을 상실했을 때 함께 상실된다. 우리 사회에서 법적으로 생산가능인구는 15세부터 64세까지다. 최근 용어가 '생산연령인구'로 바뀌었는데, 어찌 되었든 65세 이상은 생산 활동에 참여하지 않은 채 젊은 사람들에게 부양받는 존재로 간주된다. 자본주의 체제에서 생산 활동에 참여하지 않는, 일하지 않는 몸은 환영받지 못한다. '생산성=인간의 가치'라는 등식이 성립하는 사회에서 일하지 않는 집단, 즉 65세 이상의 노인과 15세 미만의 어린이는 혐오의 대상이 된다. 한국 사회에 '연금충' '잼민이' 등 노인과 어린이를 지칭하는 멸칭이 생산되고 유통되는 데에는 이와 같은 사회적 맥락이 있다.

과거 노인을 공경하던 사회적 분위기는 당시 사회가 농경사회였기 때문이다. 농경 생활에서 막강한 자연의 힘 앞에 인간은 무력했다. 따라서 자연을 경외하였고 자연의 변화에 경험이 많은 노인을 지도자로 여기고 존경하는 관습이 만들어졌다.[26] 여기에 더해, 농업은 촌락민들의 개별적 노동에 의존하기보다는 협업에 기초하는 경우가 많았다. 모내기, 추수 등을 짧은 시간 내에 하기 위해서는 많은 노동력이 필요했는데 이를 가족의 노동력만으로 충당하기 어려웠고, 하나의 촌락 전체가 협동해 노동하는 것이 효율적이었다. 특히 조선시대에 이앙법과 시비법이 발달하여 농업 생산성이 크게 증가하였는데, 이앙법은 짧은 기간 동안 많은 노동력을 필요로 해서 더욱 촌락 내 협동 노동이 중요했다. 또한 조선시대 거의 모든 촌락은 일정 정도 공동재산을 소유했고 촌락민의 생활은 공동재산을 기반으로 이루어졌다.

과거 촌락민들은 생활의 많은 부분을 공동으로 영위하며 두레, 품앗이, 계, 동회 등 다양한 협동 관행을 유지하였다.

　　　　　　2장 우리는 왜 나이에 집착하는가

두레는 김매기, 모내기 등을 집단적으로 수행하는 공동 노동조직으로, 통솔자인 행수의 지휘 아래 모를 심거나 김을 맸고 휴식 시간에는 음식을 나눠 먹으며 연대 의식을 나눴다. 품앗이는 농사일뿐 아니라 거의 모든 일에 걸쳐 이루어진 노동력 교환 방식이었고, 계는 일종의 규약에 기반한 계원들 간 친목 도모, 공동사업 실시, 일상에서 서로 돕는 부조, 오락 등을 같이하는 공동 활동이었다. 동회는 1년에 한두 번 개최되어 촌락의 모든 문제를 토의하고 결정하는 조직이었는데, 열녀나 효자를 표창하거나 촌락에서 지켜야 할 질서와 풍기를 문란하게 한 자를 처벌하는 일, 혼기를 놓친 노처녀의 혼처를 알아보는 일까지 매우 다양한 사안을 결정했다.[27]

이처럼 과거 한국 사회는 서로의 목표를 달성하기 위해 상호 간 매우 의존적이었으며 나이 든 농부들이 가진 농사 경험, 지혜, 지도력은 협업을 계속하기 위해 꼭 필요했고 한 마을의 번영을 좌지우지할 정도로 막강한 영향력을 가졌다. 따라서 노인은 한 집안과 마을의 중심이 될 수밖에 없었다. 집단주의적 문화에서 타인과의 대결 대신 조화와 화목이 중시되고, 노인들의 리더십은 의심되지 않았다. 노인들의 리더십은 전통사회에서 '노인소' 운영으로 구체화되었다. 노인소는 환갑을 지낸 마을 어른들의 모임으로, 나이의 많고 적음이 사회적 권위의 중요한 요소로 작용하였던 전통사회에서 상당한 정치적 힘을 행사하던 기구였다. 노인소에서 마을 안팎의 행사와 사업 결정이 모두 이루어졌고, 마을 사람들 사이에 발생하는 갈등을 해소하는 역할도 했다. 질서와 도덕을 해치는 자가 있으면 노인소에서 다스렸고 때로는 이들을 마을에서 추방하는 등 강력한 권위를 가졌다.

한국의 전통사회는 서열과 위계를 중시하는 수직 성향이 무척 강한 문화였다. 이런 문화에서는 '나이'에 따른 서열이 매우 중요하게 간주된다. 사람 간 교류는 대등하고 독자적인 인격체 간의 관계 맺음이라기보다는, 서열성과 집단성의 특징 안에서 집단 성원으로의 정체감이 크게 작용했다. 한국 사회에서 보이는 서열적 관계의 양상은 관계에 내재적으로 유착해 상황이나 맥락에 관계없이 거의 영속적으로 작용한다.[28] 즉, 두 사람 사이에서 나이에 따라 한번 매겨진 서열은 중단 없이 지속되는데, 서열이 높은 사람은 더 많은 권리를 행사하고 더 대접을 받으며 의견이 더 존중된다. 반면에 하위 서열에 있는 사람에게는 상위 서열에 있는 사람을 존중해야 하고 그들의 의견을 따라야 하는 의무가 주어진다. 한국의 전통사회는 이러한 특징이 더욱 강력하게 작용했고 나이가 많은 노인이 사회적 특별대우를 향유하는 것은 당연한 일로 받아들여졌다.

그런데 이러한 전통적 유교 사상들은 일제강점기를 거치면서 상당 부분 훼손되었다. 일제의 학교 교육 강화로 인해 전통적인 도덕 교육은 중지되었고, 식민 지배 이데올로기를 침투시키는 교육 기제가 강화되었다. 일제는 조선인들의 민족정신과 전통을 말살하고 천황제 사상을 주입하고자 하였다. 그들은 충과 효, 경로사상 대신 천황에 대한 충성을 강조하였다.

일제강점기에 왜곡된 충효 사상은 광복 이후에도 맹목적인 충성을 강조하는 정권의 동원 도구로 활용되었다. 그리고 폐쇄적 효 사상은 사회보장제도의 확대를 소홀히 하고 가족에게만 부담을 전가하는 결과를 가져왔다.[29] 충효 교육이 경제성장을 위한 국민 통합 이데올로기로서 국가 재건을 위한 애국심으로 변형되었으며, 충효 사상은 복종과 강요의 권위적 이념이라는 부정적인 인식이 팽배하면서 외면당하게 되었다.[30] 산업화 과정을 거치면서, 노인은 정년제를 통해 노동시장에서 배제되고 다른 한편으로는 각종 경로우대 정책을 통해 복지 수혜 대상으로 자리매김하였다.[31] 권위주의 정권은 경제개발계획을 추진하는 과정에서 발생한 노동 착취와 사회 불만을 해소하고, 복지 기능을 국가를 대신해 가족이 수행하게 하려고 '충효 사상' '경로사상'을 적극적으로 재발굴했다. 전두환 정권이 집권했던 1980년대 초반은 경로우대제의 확대 적용, 노인복지법 제정, 노인헌장 제정, 효자효부상 제정, 경로주간 설정, 노인복지상담제 등 노인복지 대책이 종합적으로 시행되던 때였다. 권위주의 정권은 미풍양속으로서의 경로 효친 사상을 고취시키기 위해 전 국민 계몽사업을 실시하였다. 근대 민주주의 국가의 근본 원리인 민주적 상호 존중과 법 앞의 평등을 바탕으로 하지 않고 나이가 많다는 이유로 연장자를 존대하는 문화가 지배적이었다.

## 생산성으로 이해되는 인간의 존재

민주화와 산업화를 동시에 이룬 지금, 나이가 많다는 이유만으로 노인을 존중하는 일은 더 이상 정권 차원에서도, 민주적 상호 존중을 교육받아 온 일반 시민 입장에서도 받아들이기 어려운 것이 되었다. 서구 자본주의와 민주주의 사상의 급격한 도래는 전통적인 경로사상의 붕괴를 초래하였고, 나이에 따른 질서를 중시하는 사회규범은 아노미 상태를 맞이하게 되었다. 서구식 교육제도와 사상에 입각한 교육의 보편화는 전통적 유교 사회에서 지켜져 왔던 가치들의 변화를 가져왔다. 또한 민주화의 경험을 거치면서 차별과 억압을 제거하고 평등한 호혜 관계를 근간으로 한 국민국가를 건설하고자 하였다. 이러한 급격한 변화의 과정에서, 전통적인 관습에 따른 경로사상은 제거해야 할 억압의 하나로 인식되었다. 나이에 따른, 특히 고령자에 대한 편견들과 멸칭들은 바로 이러한 사회 변화의 소용돌이 속에서 생겨났다.

무엇보다 우리나라처럼 세계사에서 유례없는 급속한 경제성장을 이뤄 낸 나라는 성취에 민감하다. 노인들에게는 '과거에 고착되어 근대의 성취로부터 소외된 무력한 타자'의 이미지가 주어진다.[32] 흔히 인정하고 싶지 않고 바람직하지 않은 자신의 특성이 타자에게 투영된다. 예를 들어 서양의 오리엔탈리즘은 서양이 자신의 속성 중 바람직하지 못하다고 간주하는 속성을 동양에 투사하는 것으로, 동양은 비이성적이고 비합리적인 존재로 그려진다. 이처럼 노년에 대한 한국 사회의 타자화도 선진 문명 성취에 대한 우리 사회의 강박과 관련되어 있다. 우리 사회에서 노인은 한국 사회가 가장 싫어하고 꺼리는 속성을 투사하는 존재가 되었는데,[33] 그 속성이 바로 급속한 발전에 저해가 되는 '비생산성' '느림' '지체'다.

이렇게 인간을 경제적 가치로만 판단하는 사회는 야만 사회다. 인간 존엄성이 제대로 보장되지 않고, 인격은 노동이 가능한 '팔팔한' 몸에만 있는 것처럼 여겨진다. 종종 다음과 같은 통계 수치가 인용된다.

"생산연령인구 100명당 부양하는 노인 인구가 2022년 25.2명에서 2042년엔 67.0명으로 늘어날 것이다. 생산연령인구 3명이 노인 2명을 부양하게 되는 셈이다."[34]

나이가 15~64세에 속하는 이라면 이 수치를 듣고 "나 혼자서 자그마치 몇 명이나 되는 사람을 먹여 살려야 된다는 건가" 하는 답답함과 두려움을 가질지도 모르겠다. 나 역시 생산연령인구에 속하기 때문에 이러한 통계가 반갑지만은 않다. 이런 숫자들 앞에서, 노인들은 생산력도 없고 수익도 창출하지 못하는 존재로 쉽게 치부된다.

아동도 마찬가지다. 산업자본주의와 국가 주도 경제발전

과정에서 가장 중요한 것은 생산성이었고, 생산성을 기준으로 노인과 함께 아동도 노동시장에서 배제되었다. 아동은 근로기준법의 연소자 보호 조항을 통해 '학령기'로 재분류되어 교육과정에 배치되었다. 아동은 교육을 통해 국민으로 만들어져야 하는 대상이었고 이는 의무교육의 도입과 확대를 통해 '학령기'의 제도화로 이어졌다.[35] "배움에는 때가 있다"는 학령기 관념은 근대적인 현상으로, 이와 달리 조선시대에는 "배움에는 끝이 없다"며 배우는 때가 따로 있는 것이 아니라 항상 배움을 가까이해야 한다고 강조하였다. 그러던 것이 근대에 들어 성인과는 구별되는 존재로 '아동' 범주를 발명하고 공교육을 제도화함으로써 '학령기'가 표준적인 생애주기로 안착되었다.[36] '학령기→취업→정년퇴직'이라는 일대기에서 아동·청소년, 그리고 노인은 학령기 또는 정년퇴직 범주에 속해 생산성이 떨어지는 집단으로 간주된다.

전통사회에서 늙음은 지금까지 해 왔던 세속적 업무, 도리, 규범으로부터 자유로워지는 시기를 의미했다. 인간을 기능적으로 파악하지 않고, 노동을 궁극적 가치로 보지 않는 사회였기 때문에 가능한 일이었다. 노인은 단순히 기능이 저하되고 퇴화된 자를 의미하지 않았고, 오히려 늙었기 때문에 자신의 본성을 자각하고 삶의 진정한 의미를 아는 자, 젊은 세대에게 지혜를 전달할 수 있는 자였다. 전통적 유교 사상은 물러나서 '쉬는 것'이 오히려 존재가치를 실현하고 또 스스로 존재됨을 즐길 수 있는 것으로 보았다. 노인들은 세속적 책무로부터 벗어나 오로지 자신의 삶을 온전히 즐길 수 있는 자유가 주어졌다. '쉼'은 삶에 여유를 주고 삶을 온전히 즐길 수 있도록 해 주는데, 노인에게 '쉼'이란 특권이 주어지는 것이다.[37] 《순자》〈유좌宥坐〉 편에는 "공자가 말하기를… 어려서는 힘써 배우지 못하고 늙어서는 가르칠 것이 없다는 나는 이를 부끄럽게 여긴다"라고 쓰여 있다. 노인은 젊은 세대에게 무엇이든 가르치는 존재라는 뜻이다. 노인은 젊어서는 열심히 배우고 늙어서는 가르칠 것이 있는 자여야 하고, 그런 존재로 받아들여졌다. 전통사회에서 노인은 '쉼'을 통해 삶을 마무리하는 동시에 새로운 세대에게 새로운 비전을 제시하는 존재였고 따라서 '양로'의 대상이 아니라 '경로'의 대상이 되었던 것이다. 이는 우리나라를 비롯한 동아시아 세계가 공유하는 사상적 기반이었다.[38] 그러나 근대적 세계관이 확립된 이후 '쉼'은 노동 현장으로부터의 소외를 뜻하고 이는 곧 쓸모없는 인간이 됨을 의미하게 되었다.[39] 현대사회는 일하는 것이 곧 삶의 보람이라 외친다. 오직 일만이 가치를 창출해 낼 수 있다고 믿는다. '쉼'이란 삶의 의미를 상실하는 것이며, 쉰다는 것은 더 잘 일하기 위한 재충전 과정에 불과하다.

생산성에서 속도는 매우 중요한 요소다. 사회가 빠른 속도로 변모하면서, 시간의 축적은 소중한 가치가 아니라 불필요하고 폐기될 것으로 다뤄진다. 같은 일을 다른 사람보다 빠른 속도로 해치우는 것은 자본주의 사회에서 중요한 능력으로 간주된다. 즉, 속도가 중요하다. 속도가 빠를수록 더 많은 작업량을 짧은 시간 안에 처리할 수 있으며 이는 결과적으로 더 높은 생산성으로 이어지기 때문이다. 따라서 생산성을 중시하는 사회에서 늙음은 느릿느릿 더딘 속도를 뜻하고 그렇기에 경시된다. 우리말은 사물인 경우 '낡다'를 쓰고 사람의 경우에만 '늙다'라는 표현을 쓴다. '늙다'는 말 속에는 시간의 흐름이라는 움직임의 의미가 들어 있고, 늙음을 낡음으로 이해할 때 늙음 자체가 경시된다. 기술의 발전 속도가 가늠할 수 없이 빨라진 시대에서 새로운 기술에 잘 적응하지 못하는 노인들은, 사물에만 적용되던 '낡음'이 확대 적용되어 곧 쓸모없어지고 폐기되어야 하는 존재가 된다.[40] 노인들의 살아온 시간에 의해 축적된 경험들로 미래를 예측하고 대비하기에는 현재의 속도가 지나치게 빠르기 때문이다. 전화기가 없던 시대, 또는 유선전화기를 사용하던 시대에서 느리게 살던 사람들이, 스마트폰을 사용하며 빠르게 사는 사람에게 어떤 지혜를 전수할 수 있을까?[41]

속도가 느린, 그래서 생산성이 떨어진다고 간주되는 노인들에 대한 차별은 길거리에서도 발생한다. 교통사고 분석시스템에 따르면, 2020년 전체 보행자 사망자 수 1093명 중 절반 이상이 만 65세 이상 노인이었다. 교통사고로 숨진 사람 중 노인이 차지하는 비율은 꾸준히 증가하는 추세고, OECD에서 조사한 '노인 10만 명당 보행자 교통사고 사망자 수'에서 우리나라는 10년째 1위를 차지하고 있다. 경찰청의 교통신호기 설치 관리 매뉴얼에 따르면, 횡단보도 보행자 신호 시간은 보행 진입 시간 '7초'에 횡단보도 길이 1m당 1초를 기준으로 계산한다. 만일 횡단보도 길이가 24m라면 24초에 진입 시간 7초가 더해져 31초간 보행자 신호가 유지된다. 그런데 이 기준은 일반 성인의 걸음 속도에 따른 것이고 노인이나 어린이 등 보행 약자가 건너는 구간이나 유동 인구가 많은 지역의 경우는 완화된 기준인 '0.8m당 1초'가 적용된다. 24m짜리 횡단보도의 경우 길이에 따른 '30초'에 진입시간 7초를 더한 37초간 보행자 신호가 켜진다.[42]

그러나 이렇게 완화된 기준도 노인에게는 무리다. 경찰청 연구 결과에 따르면 만 65세 이상 노인들의 보행속도는 1초당 0.85m로, 지팡이 등 보조 장치를 동반하는 경우는 초당 0.7m로 더 낮은 수준이었다. 이를 80세 이상 고령자들로 좁힌다면 보행속도는 더 떨어질 것이다.[43] 우리나라 도로에서 발생하는 연령차별로, 노인들은 8차선 횡단보도에 갇히거나 공포를 안고 서둘러 길을 건너게 된다.

모임에서 나이 든 사람들을 상석에 모시거나 나이 든 사람들이 어린 사람들을 하대하는 문화, 어린 사람이 나이가 많은 사람에게 도전하는 것을 부도덕하다고 판단하는 문화는 이제 생산성, 속도, 능력주의라는 새로운 문화를 만나 도전받고 있다. 나이에 따른 예를 챙겨 주었던 쪽이 이제는 챙김을 받는 쪽에 불만을 표출하는 것이다.

한국청소년정책연구원이 2016년에 전국의 청소년들을 대상으로 설문조사를 실시했는데 그 결과가 충격적이다. 많은 청소년이 노인 세대에 대해, 변화를 따라가지 못하고 경제적으로 의존적이며 우리 사회에 부담이 되는 존재로 인식하고 있었다.[44] 그런데 또 다른 연구에서는 농어촌 지역에서 성장한 청년들이 도시 지역의 청년들보다 노인에 대해 더 긍정적인 태도를 보이는 것으로 나타나 흥미를 끌었다.[45] 이는 농촌 지역에 거주하는 노인들은 농업이나 가사노동 등 도시 지역의 비생산적인 노인들에 비해 더 왕성한 생산 활동에 종사하고 이를 보며 자란 농촌 지역 청년들이 노인의 능력에 대해 긍정적으로 인식하기 때문이라고 한다.[46] 이와 비슷하게, 노인이 시작되는 연령에 대한 인식 연구에서는 도시 학생들보다 농촌 학생들이 노인의 기준 나이를 더 높게 보는 경향이 나타났다.[47] 농촌의 경우 노인 인구 비중이 높고 그 노인들이 농업에 종사하며 생산적인 일을 계속하기 때문에 농촌 학생들은 노인에 대해 더 긍정적인 이미지를 갖는 것으로 보인다. 이처럼 생산성은 현대사회에서 노인을 평가하는 데 매우 중요한 역할을 한다.

생산성이 떨어진다며 주변화시킨 노인들은 사회생활 참여도 거부당한다. 주변화는 노인층은 사회의 주류 집단에 속하는 것이 바람직하지 않고 은퇴해야 한다는 논리로 이어진다. 이는 노인들이 사회적 분리를 통해 젊은 세대에게 자리를 내어 주어야 한다는 논리와도 맥이 닿는다.[48] 주변화의 결과는 노인들에게 치명적인데, 강제퇴직 등의 물질적 박탈은 경제적인 면에서 노인들의 존재를 약화시켜 가치 있는 역할을 수행할 수 없게 한다.[49] 그리고 젊은 사람들은 그런 노인들을 보며 부정적 편견이 더욱 강화되는 악순환이 이어진다. 인간의 존재를 생산성으로 이해하는 것은 인간에 대한 매우 단편적인 관점에 불과하지만, 한국 사회에서 이 관점은 지배적이다.

## 죽음과 가까이 있는 사람은 싫어

### 죽음의 가치가 하락한 시대

2022년 개봉한 일본 영화 〈플랜 75〉가 있다. 영화 속 사회에서는 75세가 되면 누구나 죽음을 선택할 수 있다. 신청자에게 상담을 해 주고 장례 절차와 유품 정리 서비스가 이루어진다. 언뜻 노인들의 자유로운 선택 같아 보여도 결국은 정부 주도하의 노인들 안락사 서비스나 마찬가지다. 주인공은 독거노인 미치(배우 바이쇼 치에코 역)인데, 그는 일하던 호텔에서 강제퇴직을 당한다. 마지막 날, 쓰던 사물함을 먼지 하나 없이 닦아 놓고 합장까지 올리고 돌아선다. 일을 하고 싶지만 아무도 받아 주지 않아서 어쩔 수 없이 '플랜75'를 신청했는데, 안락사 전날 쓰던 찬합을 정갈하게 닦고 또 닦는다. 노인이 가난 때문에 삶의 마지막으로 몰렸을 때 국가가 슬며시 죽음이라는 해결책을 던지는 사회를 그린 이 영화는 과연 인간의 쓸모란 무엇이며 누가 쓸모의 여부를 정할 수 있는가를 되묻는다. 그런데 영화는 여기서 더 나아간다. 플랜 75를 3년 시행해 보니 관련 민간 서비스가 동반성장하며 1조 경제 효과가 발생한다. 이에 정부는 "플랜 65로 확대 실시를 검토 중"이라고 발표한다. 죽을 나이가 10년 앞당겨졌다.

감독 하야카와 치에는 인간의 존엄성보다 경제와 생산성을 앞세우는 참혹함을 영화에 담고자 했다고 말했다. 과거에 장수長壽는 축복받는 좋은 일이었으나 이제는 그렇지 않다. 생산성이 떨어지는 사람이 오래 산다는 것은 재앙으로 여겨진다. 하야카와 감독의 말처럼, 생산성을 근거로 노인을 제거의 대상으로 보는 사회에서 예외는 아무도 없다.[50]

생산성이 떨어지는 75세 노인에게 안락사를 권한다는 이 영화의 설정은, 노인과 '죽음'을 연결한다. 노인은 죽음과 가장 가까이 있는 존재다. 태어나서 늙고 마침내 죽는 것은 인간의 숙명으로, 유한한 생명체인 인간은 누구나 부딪히는 문제다. 모든 인간이 다 이런 늙음의 과정을 거쳐 죽음을 맞이하지만 인간은 홀로 사는 존재가 아니라 사회적 존재다. 즉, 늙음도 죽음도 사회적 공간에서 맞이하므로 사회에 따라 그 모습도 다를 수밖에 없다.[51]

프랑스의 사회학자 에밀 뒤르켐은 "죽은 자의 영혼은 성스러운 존재"라고 보았다. 따라서 각 사회가 가진 죽음과 관련한 의례는 유기체적 죽음으로 인한 사회 구성원의 이탈

　　　　　　　　　2장 우리는 왜 나이에 집착하는가

이 초래하는 사회적 훼손을 회복하려는 시도의 일환이라고 볼 수 있다. 사회 구성원이었던 사람이 우리를 떠났을 때 남은 자들은 죽음 의례를 통해 손상되었던 집합 감정을 다시 재생시켜야 한다. 그렇기에 죽음 의례는 산 자들을 서로 가까이 모으고 가깝게 밀착시키는 기능을 한다. 만약 사회 구성원의 죽음이 공동의 불행으로 여겨지지 않고 죽음 의례가 제대로 치러지지 않는 사회라면, 그것은 산 자들의 마음속에 사회가 부재함을 증명한다.[52]

오늘날 죽음은 과거와는 다른 가치를 가진다. 세월호 참사나 이태원 참사, 제주항공 참사와 같은 대규모 인명 피해에 대해 조롱하는 악플이 수도 없이 달려 경찰이 수사하기에 이르렀다. 사고 직후에는 무고한 동료 시민들의 죽음 앞에 잠깐 애도하지만 그 애도는 충분히 이루어지지 못하고 사람들은 빠른 속도로 이들의 죽음을 잊는다.

일본의 사회학자 우에노 치즈코는 '죽음의 병원화'를 얘기했다.[53] 오늘날 대부분의 한국인은 생의 마지막을 주로 병원에서 보내고 죽음도 병원에서 맞는다. 한국계 수학자 중 처음으로 필즈상을 받은 허준이 프린스턴대 교수가 2022년 서울대학교 학위수여식에서 졸업생들을 위한 축사 중 이런 말을 했다.

"취업 준비, 결혼 준비, 육아, 교육, 승진, 은퇴, 노후 준비를 거쳐 어디 병원 그럴듯한 일인실에서 사망하기 위한 준비에 산만해지지 않기를 바랍니다."

허 교수의 말처럼, 우리는 대부분 병원에서 삶을 마친다. 한국인들의 의료기관에서의 사망 비율은 OECD 최고 수준이다. 우리나라 사망자 중 의료기관에서 사망한 비율은 2017년 73.3%에서 2021년 69.9%로 다소 줄었는데 여전히 OECD(평균 49.1%) 1위를 기록했다. 4명 중 1명만이 의료기관에서 생을 마감하는 네덜란드(23.3%)의 3배에 달한다. 한국인 10명 중 7명이 병원에서 죽으니 '죽음의 병원화'에 딱 들어맞는 나라다.

임권택 감독의 영화 〈축제〉는 치매로 고생하던 여든일곱 살 모친의 삼일장 장례식을 다룬다. 영화는 한국 전통 장례 절차를 굉장히 상세하게 그렸다. 그런데 이 영화가 개봉한 1996년 당시의 장례 절차가 상당히 복잡해 보이는데도 작품 내에서는 이런 절차조차 옛날에 비하면 지나치게 간소화되었다고 한탄하는 동네 노인의 대사가 나온다. 지금이야 병원에서 죽음을 맞고 현대식 장례식장에서 죽은 자를 떠나보내지만, 불과 30여 년 전만 해도 한국인들은 고인이 평생 살아온 삶의 터전인 집에서 가족과 마을 주민들이 모여 함께 죽은 자를 보냈다. 즉, 과거에 죽음 의례는 동네잔치였다. 다같이 상여를 메고 구슬픈 노래를 불렀고 음식을 나눠 먹으며 수일간 죽은 자와의 이별을 기념했다. 죽음에 대한 의례는 삶에 대한 경외와 관련된다. 죽음의 의례가 복잡하고 숭고하게 치러질수록, 고인을 잃은 슬픔은 비례적으로 증가했다. 아무도 애도하지 않는 죽음은 최악의 삶을 의미했고, 고

   2장 우리는 왜 나이에 집착하는가

인의 죽음 앞에서 우는 사람들의 곡소리가 클수록 고인의 생전 삶의 가치가 컸다는 것을 의미했다. 따라서 우리나라를 포함해 동아시아 한자문화권에서는 상례와 장례의 절차를 정밀하게 만들어 매우 핵심적인 예법으로 지켜 왔다. 《예기》에서 가장 큰 비중을 차지하는 내용이 상례에 관한 것이었다는 점에서도 이러한 사실이 드러난다.[54] 또한 조선시대에는 죽음을 기억하는 다양한 글쓰기가 발달해 죽음이 존엄한 문화적 지위를 가지고 있었음을 엿볼 수 있다. 자녀들은 아버지의 삶 중에서 의미 있는 일화를 연대순으로 적어 '행장'을 만들었고, 아버지에게 들었던 가치 있는 말들을 모아 '어록'을 제작했으며 아버지와 함께 경험한 일화들을 '유사'로 적었다. 지인들은 고인의 생애를 일대기적으로 적은 '전'을 쓰기도 했고, 무덤 앞에 묘비를 세워 '묘비문'도 새겨 넣었다. 관 속에는 고인의 생애 및 가계 정보 등이 담긴 '광지'를 넣어 두었고, 제사를 지낼 때는 '제문'을 작성하고 고인을 애도하는 '애사'를 쓰기도 했다.[55]

죽음을 애도하고 기억하는 이러한 문화는 이제 더 이상 현대 한국 사회에 존재하지 않는다. 앞서 소개한 임권택 감독의 영화 제목을 '축제'라 정하고 포스터 홍보 문구로 '삶과 죽음 그리고 남은 이들의 향연'이라고 적은 것은, 사람은 삶과 죽음을 경험하면서 살아가고 죽음을 마주하고 떠나보내면서 다시 살아갈 힘을 얻기 때문에 장례는 축제이자 향연이라는 의미일 것이다. 이제 더 이상 한국 사회에서 죽음은 그런 뜻을 갖고 있지 않다.

우리나라는 자살률 세계 1위 국가다. 그러나 우리는 자살자의 선택이 사적인 선택이자 개인적·병리적 현상에서 그치는 것이 아니라 공적인 감정이며 사회적 책임이 있음을 진지하게 논의하지 않는다. 이 역시 죽음에 대해 무척이나 가벼워진 현대사회의 세태를 반영한다. 현대 한국 사회에서 죽음은 지극히 개인적으로, 그리고 병원에서 신속하게 처리된다. 미국 메릴랜드대학 석좌교수인 조지 리처[56]가 죽음을 '맥도날드화' 되었다고 표현한 것처럼 우리는 죽음 의례를 마치 패스트푸드 음식처럼 빠르게 해치운다. 2박 3일의 기간 동안 모든 사후 처리가 전문가에게 맡겨지고, 병원의 장례식장에서 비슷한 음식을 먹으며 비슷한 형태로 서둘러 죽음 의례를 치른다.[57]

## 죽음을 앞둔 사람들

죽음의 가치가 하락한 시대에는 죽음과 가장 가까이 있는 노인들의 '가치'도 따라서 떨어진다. 사람들이 늙음을 두려워하고 싫어하는 것은 본질적으로 죽음과 가까워지기 때문이다. "늙음은 죽음을 동반한다."[58] 죽음으로 향하는 과정인 늙음에 대한 두려움은 종종 나이 든 사람을 꺼리는 경향으로 이어진다.

노인을 다룬 기사 분석 연구에 따르면, 노인은 죽음을 앞둔 사람이라는 개념과 밀접하게 연관되어 있으며 이에 따른 수식어가 함께 등장하는 경향이 있다는 것을 시사한다.[59] 노인 하면 "죽음을 준비하기 위하여" "어차피 돌아가실" "곧 죽게 생긴" "다 죽어 가는" "잠깐이면 죽어 나자빠지는" "죽을 날만 기다리는" 등의 표현이 같이 따라 나왔다.

원래 우리 사회는 미래 세계의 존재를 믿었으며 이러한 믿음은 현재의 삶을 도덕적으로 살도록 이끄는 중요한 역할을 했다. 미래 세계는 영혼의 불멸을 의미했으며, 사람은 죽으면 육체는 사라지지만 영혼은 여전히 남아 자손을 돌보고 보호한다고 믿었다. 즉, 자손들의 부귀영화는 죽은 조상의 영혼과 밀접하게 관련이 있다고 여겨졌다.[60] 또한 과거 확대가족에서는 조부모와 같이 살면서 자연스럽게 친밀감을 형성할 수 있었으나, 현대에 들어 핵가족에서 자란 청년층은 그런 기회를 얻지 못해 늙음과 죽음이 더 멀고 그렇기에 더 꺼려진다.

노인들에 대한 연령차별은 황폐함, 죽음 등과 연결되어 있다는 점에서, 발전 가능성을 가진 젊은이들에 대한 차별과는 질적으로 다르다.[61] 노인들은 사회시스템 내에서도 죽음과 가까운 존재라는 편견으로 인해 연령주의를 경험한다. 예를 들어 다양한 매장의 키오스크나 자동화된 은행 업무는 노인들을 명시적으로 차별하지는 않지만 기계화 문명을 따라가지 못하는 노인들을 암묵적으로 배제하는 도구로 기능하고 있다. 즉, 기술 발전은 노인들의 자존심과 세계관을 위협해 죽음과 가까우며 '뒤처져 있다*left behind*'고 느끼게 한다. 이처럼 차별은 명시적 차별과 암묵적 차별로 구분되는데 '연금충' '할매미' 같은 멸칭으로 호명하는 것이 명시적 차별이라면, 겉으로 드러나지는 않지만 말없이 은근하게 배제하는 암묵적 차별도 매우 많다. 예를 들어 죽음과 가까이 있다고 여겨지는 노인들은 당사자임에도 불구하고 의료 정보가 잘 제공되지 않는다. 정작 중요한 의료정보는 보호자에게만 공유되는 것이다.[62]

"뭐라도 궁금해 물어볼라 치면 그냥 가서 잘 잡숫고 그냥 건강하세요. 할머니 정도면 건강하신 거니까. 그냥 가서 맛있는 거나 잡숴요, 그래. 그러고는 보호자를 데려오라 하잖아…(중략) 의사는 나한테 안 가르쳐 줘…(중략) 의사들도 늙은이 알기를 우습게 아니까 안 가르쳐 주겠지."[63]

노인이 죽음과 가까운 존재라는 암묵적 차별은 은근한 시선과 끼리끼리 문화에 숨어 있는데, 노인의 인터뷰는 이를 잘 보여 준다. 죽음과 가까운 존재라며 노인을 꺼리는 태도는, 노인 당사자를 위축되게 만드는 차별의 내면화 현상을 가속화시킨다. 이는 결국 노인을 이른 죽음으로 이끈다.

2025년, 서울시는 여의도 등 일부 아파트 재건축 단지에서 기부 채납 시설로 노인들이 머무는 돌봄센터인 노인 유치원 즉, '노치원' 설치를 제안하였다. 그러자 아파트 소유자들과 일부 조합원들은 "혐오감이 들 수 있다"며 거세게 반대하고 나섰다. 이에 대해 서울시는 2000세대 이상 아파트를 새로 지을 때는 노인 요양 시설 설치를 의무화하겠다는 입장이며, 이런 시설을 거부하는 지역은 앞으로 개발이익이나 주민 편의시설 유치 우선순위에서 밀릴 것이라고 강조했다. 내가 사는 동네에 납골당, 장례식장, 쓰레기처리장이 들어오는 것을 싫어하는 것처럼, 노인들을 위한 시설도 환영받지 못한다. 죽음에 가까운 존재는 가까이하고 싶지 않은 것이다.

하라다 히카의 소설 《노인 호텔》은 고독사 직전의 노인들이 모여 사는 작은 호텔을 배경으로 한다. 만약 동네에 이런 호텔이 들어선다면 한국 사회는 아마 '노치원' 설치를 반대하듯 쉽게 등을 돌릴지도 모른다. 하지만 소설 속 노인 호텔은 달랐다. 그곳은 청년들에게 새로운 희망과 용기를 건네는 공간이었다. 청소부로 들어온 젊은 여성 엔젤은 가난과 방치 속에서 자라며 삶을 스스로 꾸려 갈 방법조차 알지 못했지만 노인들과의 만남, 특히 70대 노인 미쓰코에게 배운 절약과 자립의 지혜를 통해 전혀 다른 세상을 바라보기 시작한다. 노인들은 죽음에 한 발짝 다가선 존재로만 여겨졌지만 사실 그들이 살아 낸 긴 세월의 궤적에는 청년들에게 전할 수많은 지혜를 품고 있었다. 그러나 소설과 달리 우리 사회에서 노인들은 여전히 '죽음의 그림자'라는 편견에 갇혀 있고, 청년과 노인이 서로의 거울이 되어 더 단단해질 수 있는 가능성은 애초에 닫혀 있다.

## 관리되지 않은 늙음

2015년 개봉한 영화 〈더 나은 선택〉은 미래 사회를 배경으로, 젊은 사람들을 우대하는 의생물공학 회사에서 한 중년 여성이 자신의 일자리를 지키기 위해 극단적 실험을 감수하는 내용이다. 주인공 그웬은 성형 및 미용 관련한 일을 담당하며 수십 년간 회사에 많은 공헌을 했다. 그러나 회사는 더 어린 여성을 우대하기로 결정하면서 그녀를 해고한다. 그웬은 딸 줄스를 부양하기 위해 어쩔 수 없이, 회사가 진행하는 '새로운 인체로의 변화 프로젝트'에 참여한다. 이 프로젝트는 신체 복사 기술을 사용해 기존의 지식, 인지, 생각, 기억 등을 버리고 새롭고 젊은 신체로 옮겨 가는 실험이다. 더 젊은 몸을 선호하는 사회에 맞춰 그웬은 '더 나은 선택'을 감행한다. 그 결과 그웬은 몸도 마음도 다른 사람이 되었고, 딸 줄스는 변해 버린 엄마와 함께 있기를 힘들어한다. 더 젊은 사람을 선호하는 사회에서 그웬이 내린 결정은 과연 더 나은 선택이었을까? 이런 기회가 주어진다면 독자들은 어떤 선택을 할 것인가?

동시대를 살아가는 사람들은 동일한 욕망과 두려움, 선망을 공유하기 마련이다. 예를 들어 1980년대 우리나라에서는 청년세대의 장발이 단속 대상이었는데, 흥미롭게도 이를 단속하던 기성세대의 머리도 같이 길어졌다고 한다.[64] 이처럼 한 사회가 가진 편견은 같은 시대를 살아가는 사람들 전반이 가진 두려움과 욕망을 반영한다. 근대화를 성취한 한국은 자기 관리가 잘된, 깨끗하고 단정한 모습을 보여야 하는 사회다. 우리나라는 어느 사회보다도, 신체를 항상 잘 관리된 상태로 유지해야 한다는 압박이 강하다. 그렇기에 서울시 강남구 압구정동과 청담동에 가면 성형외과와 피부과가 줄지어 있고, 버스와 지하철에 성형을 권하는 광고가 흔히 걸린다. 더 젊은, 더 예쁜 몸을 원하는 성형 공화국 한국 사회에서 사람들은 '더 나은 선택'이라고 여기며 성형을 하고 시술을 받는다.

실제로 우리나라는 '세계 1위 성형 공화국'이다. 2024년 미국 매체 〈인사이더 몽키〉가 국제미용성형외과학회 *ISAPS* 데이터에 기초해 '미용 성형 대국' 톱20을 선정했는데, 우리나라는 인구 1000명당 성형수술을 받은 횟수가 약 8.9건으로 세계 1위였다. 남녀노소 통틀어 100명당 약 1명꼴인 셈이고, 19~29세의 한국 여성 약 25%는 성형수술 경험이 있는 것으로 추정된다. 우리나라 미용 성형 시장 규모는 2018년 기준 107억 달러(약 14조 3200억 원)에 달하며 이는 세계 미용 성형 시장의 약 25%를 차지한다.[65]

끊임없이 자기 관리를 해야 하는 우리 사회에서 늙음은 자기 관리가 안 된 상태라며 멸시받는다.[66]

"백발, 구부정한 허리, 이 빠진, 빗질 안 한 흐트러진 머리, 시들어 가는, 깡마른, 눈곱이 잔뜩 끼어 있는, 귀가 먹은, 쪼

그라진, 썩어 가는 늙은이 냄새, 지팡이에 의지하는.”

한 연구에서 노인 문제를 언급하는 기사에 나타난 노인의 외모에 대한 수식어를 분석했더니 이런 결과가 나왔다.[67] 언어 현상에 비친 노인에 대한 인식은 우리 사회의 의식구조를 잘 보여 준다. 백발에 구부정한 허리, 이가 빠지고 깡말랐으며 쪼그라지고 냄새를 풍기는 노인은 자기 관리가 전혀 안 된 존재다.

막을 수 없는 자연적인 현상인 노화를 제거하려는 경향이 현대에 들어 나타났다. 주름살을 없애기 위해 보톡스를 맞는 행위는, 육체에 나타나는 자연스런 현상을 거부하는 것이다. 노화의 자연스러운 현상들을 미학적으로 ‘추하다’고 판단한다. 늙음에 대한 왜곡된 인식과 편견은 늙음 자체를 관리가 안 된 추함으로 받아들인다.[68]

‘동안 미모’라는 말이 최상급 칭찬으로 받아들여지고, 20대 중반에 불과한 아이돌은 ‘반오십’이라고 놀림을 받는다. 어느 사회보다 나이에 민감하고 관리가 잘된 젊음을 추앙하는 사회가 바로 한국이다. 광고와 의료산업은 거대한 소비시장을 형성하고 있는데 ‘몸짱’ ‘얼짱’ ‘노안’ ‘동안’ 등의 신조어들을 끊임없이 만들어 내면서 젊은 얼굴과 몸을 원하고 서로 비교하며 경쟁하도록 이끈다. 이들은 젊음을 유지할 것을 촉구하면서 노화 방지 제품들을 만들어 낸다. 사람들은 흰머리를 검게 물들이는 염색 샴푸처럼 나이를 감추는 상품들을 구매한다.

　　　　　　　　　2장 우리는 왜 나이에 집착하는가

관리 안 된 나이 듦은 관리받고 치료받아야 할 것이 된다. '안티에이징anti-aging' 신드롬은 나이 드는 것을 부정적 가치로 전제하며 저항해야 하는 것으로 간주한다. 프랑스의 대표적인 스킨케어 그룹인 나오스NAOS의 창립자인 장 노엘 토렐의 인터뷰는 자기 관리 열풍의 허상을 꼬집는다. 그는 한 주간지와의 인터뷰에서, 전 세계 사람들 중 45%는 과학적으로 피부에 아무런 문제가 없고 피부는 살아 있는 생태계여서 스스로 균형을 지킬 수 있다고 말했다.[69] 그런데 뷰티업계는 과잉 진단과 치료를 하도록 유도해 마치 문제가 있고 이 문제를 해결해야 한다는 강박관념을 심어 준다고 비판하였다. 안티에이징에 대해서도 그는 나이가 드는 건 너무나 당연한데 이를 병으로 치부하고 죄책감에 빠지게 하는 것은 매우 위험한 발상이라고 지적했다.

시간의 흐름에 따라 모든 생물은 노화를 겪는다. 거부할 수 없는 자연의 흐름인데 우리 사회는 이를 자기 관리가 안 되었다며 부정적으로 치부한다. 외모지상주의와 상업주의 문화가 널리 퍼진 가운데 늙음은 자기 관리가 제대로 되지 않는 상태로 비춰진다. 동양사상의 관점에서 보면 늙는다는 것은 자연스러운 것이었다.[70] 따라서 늙음을 지연시키기 위해 인위적인 일을 할 필요가 없었다. 그러나 현대 한국 사회는 늙음 자체를 박탈의 시기이자 열등한 존재라고 보는 노년관을 가지고 있어, 이제 사람들은 젊음을 잃지 않기 위해 필사적인 노력을 기울여 자기 관리와 자기 계발을 해야만 한다. 여기에는 피부 관리, 신체 관리, 건강보조제품의 복용 등 외모지상주의와 상업주의가 복잡하게 연루되어 있다.[71]

자기 관리를 중시하는 현대사회에서는 노년의 모습도 '중년 같은' 활동적 이미지로 그려진다. 광고에는 허리가 구부정하고 주름진 얼굴 대신, 영원한 젊음을 유지하는 듯 쾌활하고 활동적인 노인들이 등장한다. 중년의 연장으로서 상품화된 노인의 이미지가 유통되면서 중년과 노년의 경계를 모호하게 하고 '영원한 젊음'의 신화가 계속된다.[72] 이러한 이미지들은 노화 과정이 필연적으로 동반하는 신체적 노화의 모습을 의도적으로 회피하고 생략한다. 따라서 일반적인 노인이 겪는 노화 과정은 자기 관리가 덜된 노인으로 비판받는다. 노화에 따라 이가 약해져서 끼는 틀니나 청력이 약해져서 크게 말하게 되는 것도 '틀딱충' '할매미' 같은 멸칭으로 이어지고, 자기 관리 안 된 대상으로 타자화된다. 자기 관리 못 하는 노인들은 퇴적 공간에 모이게 되는데, 오근재 교수는 《퇴적 공간》이라는 책에서 서울 종로구의 탑골공원을 '사회에서 쓸모를 인정받지 못해 잉여적 존재가 되어 가는 인간군이 하구의 삼각주처럼 퇴적된 공간'이라고 칭했다.[73]

## "나는 절대 저렇게 추하게 늙지 말아야지"

외모의 자기 관리를 중시하는 풍조는 자기 계발 열풍으로 이어졌다. 현대 한국 사회는 그야말로 자기 계발의 시대다. 신을 의미하는 영어 'God'과 '인생'이 합쳐진 신조어 '갓생'

　　　　2장 우리는 왜 나이에 집착하는가

은 매일 계획적으로 열심히 살면서 생산적인 목표를 성취해 나가는 모범적인 삶을 뜻한다. 최근 젊은 세대 사이에 확산된 라이프 트렌드 중 하나다. 유사하게 'N잡'이란 신조어도 유행한다. 이는 두 개 이상의 복수를 의미하는 영어 'N'과 직업을 뜻하는 'Job'이 결합된 것으로, 두 개 이상의 여러 직업을 병행하는 것을 의미한다. 여러 직업을 가진 사람은 'N잡러'로 불리는데, 이는 개인의 자아실현을 위해 N잡을 선택하는 현상을 가리킨다. 이처럼 새벽 5시에 기상해 자기 계발 활동으로 하루를 시작하는 미라클 모닝을 실천하는 사람들, 퇴근 후 외국어와 자격증 공부, 운동, 취미 활동을 하며 바쁘게 사는 사람들을 우리는 칭송하고 부러워한다. 끊임없이 자기를 계발하도록 독려하는 세태를 반영하듯 자기계발서의 인기도 매우 높다. 2023년 상반기(1~6월) 분야별 도서 판매량을 살펴보면, 자기계발서 판매량은 전해 상반기와 비교해 33%나 늘었다. 또 1~6월 결산 종합 베스트셀러 순위 중 5위권 안에 3권이 자기계발서였다.[74] '갓생'이니 'N잡'이니 하는 혹독한 자기 계발의 흐름에서 노인들은 쉽게 배제되어 버린다.

"나는 절대 저렇게 추하게 늙지 말아야지." 이 말은 2020년에 출간된 심너울 작가의 단편소설 제목이기도 하다. 도발적이면서도 슬픈 이 말은, 소설 속에서 젊은이들이 노인을 향해 내뱉는 냉소다. 도로에서 버스기사와 실랑이를 벌이는 꼬질꼬질한 노인이나 가상현실 게임방에서 어지러운 영상 때문에 속수무책으로 구토하는 노인을 보며 젊은이들은 똑같이 이렇게 말한다. 우리 사회에서 늙음은 곧 새로운 문명에 적응하지 못하는 무능으로, 자기 계발에서 뒤처진 나약함으로, 그리고 자기 관리의 부재로 인한 청결하지 않음으로 환원된다. 그렇게 '늙음'은 언제나 '추함'과 짝지어져 하나의 굴레처럼 덧씌워진다.

혹자는 노인에 대한 차별을 문화적 제국주의의 시각에서 해석한다. 문화적 제국주의는 기득권을 가진 다수집단이 소수집단에게 자신들의 가치나 문화양식을 적용하는 것을 뜻한다. 노년층은 사회의 기본적 가치를 벗어나 있어 "시대나 유행에 뒤진 구식"이라 치부된다.[75] 젊음과 생명력을 중시하는 사회적 가치는 개인들에게 끊임없는 자기 관리와 자기 계발을 요구하고, 너무 어려서 또는 너무 나이가 많아서 자기 관리가 뒤떨어져 보이는 연령집단은 차별을 받게 된다. 노인층과 관련한 문화적 제국주의는 더 심각한데, 많은 상품이 젊은 사람들의 필요에 적합하도록 고안되어 생산되는 것이다. 고령화로 노인을 위한 상품들이 출현하고는 있지만 여전히 대부분의 자본주의적 생산은 노인의 요구를 충족시키기에 부족하다.

늘어난 평균수명으로 인해 현대사회에서 노년을 살아간다는 것은 역사상 전례가 없는 삶을 산다는 뜻이라고 한다.[76] 이전의 어떤 세대도 지금의 노년 세대처럼 빠르게 변화하는 세상을 오랫동안 살아 본 적이 없기 때문이다. 그렇

　　　　　2장 우리는 왜 나이에 집착하는가

기에 현대의 고령층은 '문화적 전위'의 역할을 떠맡아 새로운 노년의 삶의 의미를 만들어야 한다. 그러나 문화적 전위의 역할을 하거나 새로운 노년의 의미를 받아들이기에 우리 사회의 연령주의는 너무 막강하다.

한국 사회는 생산성, 죽음, 자기 관리라는 잣대를 통해 나이를 평가하고 그 과정에서 다양한 편견과 차별이 만들어진다. 노인은 생산성이 떨어지고, 죽음과도 가깝고, 외모를 중시하는 사회에서 요구되는 수준의 자기 관리도 되지 않는다고 여긴다. 어린이 역시 생산성이 떨어져서 경제적 기여를 하지 못하고, 죽음과는 멀리 떨어져 있지만 자기 관리는 되지 않는 미성숙한 존재라고 본다. 중년의 경우 노인보다는 덜하나 세 가지 관점에 있어 모두 쇠퇴하는 나이대이다. 청년의 경우 젊은 외모와 생생한 활기를 갖고 있어서 생산성이 가장 높은 연령대이지만 우리나라에서는 '노오력이 부족한 세대'로 그려진다. 그래서 '욜로 세대'라 뭉뚱그려 불리거나, 주 4일제 56시간 이하 근무 등을 요구하는 '나태함'을 지닌 나이 집단이라는 편견에 갇혀 있다.

이렇게 우리 사회는 모든 나이대마다 편견과 차별의 틀이 존재하는 연령주의 사회가 되었다. 나이에 집착하는 사회는 피로하고 행복하지 않다. 나이가 실제 우리 삶을 어떻게 규정하는지 다음 장에서 자세히 살펴보자.

3장

# 정치사회 이슈로 떠오른 연령차별 문제들

# 어르신을 어르신이라 부르지 못할 때



## '어르신'이라는 말이 존중보다 낙인으로 들리는 시대

"어르신 건강하세요."

한때 서울 지하철에서 65세 이상 경로우대 승객이 개찰구를 통과하면 이런 안내 음성이 나왔다. 서울교통공사가 2023년 6월 도입해 강남역과 광화문역 등 10개 역에서 3개월 정도 시범 운영한 뒤 모든 지하철역으로 확대할 계획이었는데, 어르신들의 불만이 쇄도하자 '어르신' 단어를 삭제했다. 노인의 다른 가족이 경로우대 카드를 돌려쓰는 부정 승차를 막기 위한 조치였는데 시범 운영 과정에서 노인들의 거센 반발을 샀기 때문이다. 노인들은 "공짜로 태워 준다고 생색내느냐" "나이 들었다고 낙인찍는 기분" "늙었다고 망신 주는 거냐" "부끄러워서 지하철도 못 타겠다" 등의 반응을 보였다.

 '어르신'의 사전적 정의는 "남의 아버지나 어머니를 높여 이르는 말" 또는 "아버지나 어머니와 벗이 되는 어른이나 그 이상 되는 어른을 높여 이르는 말"이다. 두 정의 모두 어르신을 '높여 이르는 말'이라 규정하는 것처럼 이 용어는 좋은 의미를 가진 높임말이다. 그런데도 정작 당사자인 어르신들은 왜 이 단어에 거부감을 느끼고 음성 안내에서 삭제하도록 요구했을까?

 어르신 용어는 흥미로운 역사를 가진다. 원래 '노인'이나 '늙은이'를 대신해 '은년銀年' '은인恩人' '할님(할머님+할아버님)' 등의 대체 호칭이 논의되었다. 그러다가 1998년 한국사회복지협의회 공모로 '어르신'이 대체어로 선정되면서부터 공식적으로 등장했다. 한국사회복지협의회는 유엔이 정한 1999년 '세계노인의 해'와 제2회 '노인의 날(10월 2일)'을 앞두고 공모를 실시했는데 그 결과 '어르신'이 당선작으로 선정되었다. 협의회는 "65세 이상을 가리키는 노인이라는 표현은 신체적으로 노약하다는 부정적인 의미를 갖고 있어 새 호칭을 공모한 결과 '어르신' '선인先人' '경인敬人' '노장老長' '원로元老' '은파銀波' 등 1천 500여 건이 접수됐다"고 말했다. 여러 전문가가 심사한 결과 사회에 대한 공헌과 경륜을 나타내는 순우리말 '어르신'을 심사위원 7명이 만장일치로 선정했다.[1] 협의회는 '어르신'이라는 호칭에, 과거 가족과 친족이 어른을 돌보는 것을 당연한 도리로 여겼던 경로 효

   3장 정치사회 이슈로 떠오른 연령차별 문제들

친의 전통을 되찾고자 하는 바람을 담았다고 했다.

2012년에는 서울시가 '노인' 대신 '어르신'이라는 호칭을 쓰겠다고 발표했다. '노인 대체 명칭 공모전'을 통해 2046건의 제안이 접수되었고 최종적으로 '어르신'이 선택된 것이다. 서울시는 이후 각종 공문서와 행정 용어에 '어르신'을 적극 활용하고 새로 지어지는 노인복지관은 '어르신 복지관', 경로당은 '어르신 사랑방'으로 함께 표기할 것을 권고했다.[2]

이때만 해도 '어르신' 용어는 '노인'을 대체하는 긍정적인 의미를 가졌다. 그러던 것이, 고령화가 급속도로 이루어지고 노인에 대한 편견이 심해지면서 이제는 부정적인 용어로 전락하였다. 당사자인 어르신들도 어르신이라 불리기 싫어할 정도다. 어르신이라는 극존칭은 노인들을 우리 사회의 구성원이 아니라, 왠지 이 사회 밖에 저 멀리 있는 어떤 존재로 일컫는 듯한 뉘앙스가 되었다. '어르신'이라는 호칭에는 묘한 거리감이 있는 것이다. 현안에 대하여 자유롭고 대등하게 이야기하기보다는 그저 어르신의 말씀을 따르는 것이 마땅하다는 공기가 생겨난다. 그러다 보니 사회가 요구하는 역할과 책임을 어르신에게 기대하기는 점점 어려워진다. 결국 이 극존칭은 노인을 사회생활의 한복판이 아니라 그 바깥으로 밀어내는 힘을 갖게 되었다.[3] 애초에 노인을 예우하려는 존칭이었지만 결국에는 그들을 공동체의 한가운데서 밀어내는 소외의 어조로 변해 버렸다.

이곳저곳에서 어르신을 대체할 용어를 논의하기 시작했다. 2011년에는 노인 대체어로 '시니어senior'가 제안되었다. 손숙미 의원과 10명의 국회의원이 법률 문장에서 '노인'이라는 용어를 '시니어'로 바꾸자는 '노인복지법 일부 개정법률안'을 발의했다. 법안을 제안한 이유로 "현재 각종 법률에 '노인'이라는 용어가 일반적으로 사용되고 있으나, '노인'이라는 용어는 사전적으로 '나이가 들어 늙은 사람'이라는 의미 외에 단어 자체가 '무기력하다' '병약하다'는 부정적 어감을 주고 있기" 때문이라고 밝혔다.

그런데 이에 대해 여러 한글 단체는 강력하게 반발했다. 단체들은 "'노인'은 겨레가 지금까지 일상에서 써 온 우리말로 '시니어'라는 국어사전에도 없는 외국말로 대체하려는 것은 우리말 생존에 관한 중대한 일"이라 비판하였다. '시니어'는 영어사전에 "대학 4학년, 졸업반, 상관, 노인, 장자, 선배, 선임자, 상급생, 최상급생"이란 다양한 뜻으로 나와 '노인'이라는 뜻으로만 특화되지 않은 데다가 우리 국어사전에도 없는 외국말이라는 것이다. 한글 단체들은 "'노인'이라는 말을 버릴 까닭도 없고 굳이 바꿔 쓰고 싶다면 '어르신'이라는 좋은 우리말이 있다"며 이를 받아들이지 않으면 낙선운동까지 하겠다고 밝혔다.[4]

노인 대체용어를 둘러싼 논란이 계속되자 2023년에 기독교 단체인 '하이패밀리'가 성인 1720명을 대상으로 설문조사를 진행했다. 이에 따르면 응답자 82%의 몰표를 받은 노인 대체 호칭은 '장청년長靑年'이었다. '유년-소년-청소년-청년-중년-장년'에 이르는 생애발달 단계를 따라 '장청년' 용어가 자연스럽다는 의견이 많았다. 한편 지하철 안내 음성에서 문제가 되었던 '어르신'은 구태의연하다는 의견이 압도적으로 많았다. 하이패밀리 측은 노년의 '老(늙을 로)'를 '路(길 로)'로 바꾸는 것이 어떻겠느냐는 제안도 했다. 노인은 단순히 신체적으로 늙은 사람이 아니라 젊은이들의 '길' 이 되는 사람이라는 의미다.

어르신, 시니어, 장청년에 이어 최근에는 '선배 시민'이라는 용어가 등장했다. 2023년 경기도의회는 65세 이상 도민을 '선배 시민'으로 명시한 조례를 공포했다. 노인 대체 명칭이 지방자치 조례에 명시된 첫 사례인데, '선배 시민'으로서 공동체 활동에 참여해 '후배 시민'과 소통하는 65세 이상 노인을 지칭한다. 여기서 후배 시민은 65세 미만을 가리킨다. 선배 시민이라는 대체용어는 생물학적 나이가 아니라 선배로서 가진 경험을 강조한 용어로, 도의회 관계자는 "고령사회 진입에 따라 노인들이 선배 시민으로서 자부심을 갖고 자신의 능력을 발휘해 다양한 분야에서 사회 참여 활동을 펼칠 수 있도록 지원할 필요가 있다"고 조례 발의 이유를 밝혔다.[5]

참고로 미국에서는 1960년대 이후 노인을 신체적 노화를 의미하는 호칭인 'old people' 'aged person' 대신 'senior citizens'으로 부르도록 하고 있다. 노인을 대상으로 한 설문조사 결과, 노인에 대한 호칭 중 가장 선호되는 것은 'mature American' 'retired persons' 'senior citizen' 순인 것으로 나타났고, 가장 싫어하는 호칭은 'old man/old woman' 'aged person' 'old timer' 등이 꼽혔다. 일본에서는 '고년자高年者' '고령자高齡者' '실버 세대'로 노인을 호칭하고, 50~60대는 '실년實年'이라 부르는데 이는 인생의 결실을 맺는 시기라는 의미를 갖고 있다.[6] 중국에서는 '숙년熟年' '장년長年' '존년尊年' 등을 사용한다. 또 젊은 노인인 65~75세 인구를 칭하는 'young old' 세대를 줄여 '욜드'라는 용어도 새롭게 등장했다.

노인, 어르신, 시니어, 장청년, 선배 시민… 다양한 이름들이 있지만 정작 어떤 호칭이 부르는 이와 불리는 이 모두에게 따뜻하게 다가갈 수 있을까? 이 물음은 우리 사회가 함께 고민해야 할 과제다.

나는 김춘수의 시 〈꽃〉을 좋아한다. "내가 그의 이름을 불러주기 전에는 그는 다만 하나의 몸짓에 지나지 않았다. 내가 그의 이름을 불러 주었을 때 그는 나에게로 와서 꽃이 되었다"라는 구절에서 알 수 있듯이, 이름은 단순한 호칭이 아니라 존재를 세우는 힘이다. 제대로 불러 주었을 때 그는 비로소 꽃이 된다. 그렇다면 우리 사회는 어떤 이름으로 나이 든 이들을 불러야 할까? 우리 사회는 이 물음을 두고 더 깊

　　3장 정치사회 이슈로 떠오른 연령차별 문제들

은 논의 속에서 가장 적절한 이름을 찾아야 한다. 불러도 기쁘고 불려도 존중받는 이름을 같이 찾아보자.

# 몇 살까지 일하고 싶으세요?



## 할 일이 없는 고통

"할 일이 없는 고통을 당해 보지 않으셨다면 이 마음을 모르실 겁니다."

2025년 6월 tvN 예능 프로그램 〈유 퀴즈 온 더 블럭〉297회에는 66세의 나이에 디지털 마케팅 기업의 시니어 인턴이 된 오창규 씨가 출연했다. 진행자 유재석이 회사 생활은 어떠냐고 묻자 그는 행복하다고 답했다. "회사 생활이 행복하다니, 많은 직장인이 고개를 갸웃할 것"이라고 되묻자 오 씨가 위처럼 답한 것이다. 오창규 씨는 대학을 졸업하자마자 IT 업계에 입문해 30년 간 커리어를 쌓아 온 인물로 반도체 기업에서는 부사장 자리까지 올랐다. 그러나 정년 5~6개월을 앞두고 갑작스레 희망퇴직 권고를 받았다. 퇴직 후 긴 방황의 시간을 겪었는데 각종 자격증 취득, 면접 응시 등 끊임 없이 일을 찾았으나 모두 거절당하고 8년 만에 시니어 인턴 으로 출근하게 되었다.

"필요 없는 사람이 될까 봐 두렵다"고 말한 그는 "몇 살 때까지 일하고 싶으세요?"라는 질문에 이렇게 말했다. "죽을 때까지. 저는 일을 안 하면 뭘 해야 할지 모르겠습니다."

노동은 '사람이 생활에 필요한 물자를 얻기 위해 육체적 노력이나 정신적 노력을 들이는 행위'로 정의된다. 노동은 단순히 생계를 위한 행위뿐 아니라 자아실현과 사회적 가치를 창출하는 중요한 수단이기도 한다. 그렇기에 노동을 하지 않으면 "필요 없는 사람이 된 것 같고" "죽을 때까지 일하고 싶은" 것이다. 그런데 우리 사회는 일할 수 있는 나이가 '정년제'라는 이름으로 딱 정해져 있다.

노인에 대한 연령차별은 그들을 '추하고' '멍청하고' '괴팍한' 존재로 보는 것에서 그치지 않고 각종 '제도적' 차별로 이어진다. 정년제가 대표적인 제도적 차별인데, 일정한 나이가 되면 사람이 갑자기 무능력해지는 것이 아님에도 불구하고 강제로 퇴직을 시키는 것이다. 과연 이 제도는 정당한가?

2024년 한국전력은 고령층 숙련 노동자들의 일자리를 확대하기 위해 송배전 근로자의 기능 자격 연령제한을 전면 폐지하였다. 한국전력은 "연령에 따른 일괄적 자격 만료 대신 건강상태를 기준으로 자격을 갱신하는 것이 더 합리적"

이라고 설명했다. 이 결정으로 한전이 발주하는 배전 4종, 송변전 7종 현장에서 연령제한이 완전히 없어졌다. 한국전력은 이제부터 기능 자격 갱신 때 건강검진 결과나 국민체력인증서를 필수적으로 제출하도록 제도를 개선하기로 했고, 고령 근로자의 안전사고 예방을 위해 작업 전 건강상태를 확인하는 절차도 강화하기로 했다. 이처럼 초고령화사회를 맞아, 근로가 가능한지 여부의 핵심적 판단 기준이 단순히 '나이'가 되어서는 안 된다. 체력과 건강상태는 사람마다 매우 다를 수 있기 때문이다.

우리나라에는 '연령차별금지법'이 있는데 이 법은 1991년에 제정된 '고령자고용촉진법'에 기초한 것이다. 고령자고용촉진법은 고령자 취업을 위한 법 기반을 마련하기 위해 제정되었다. 이후 2008년 고용상 연령차별 금지 및 구제에 관한 사항을 '고령자고용촉진법' 체계 내에 포함하고 법명을 '고용상 연령차별금지 및 고령자 고용촉진에 관한 법률'로 개명하였는데 줄여서 '연령차별금지법'이라 부른다. 이러한 과정이 보여 주듯이 우리나라에서 고용상 연령차별 금지 및 구제에 관한 사항은 고령자 고용촉진 관련 법체계 내에서 다뤄지고 있다. 연령차별 금지는 고령자만이 아니라 모든 연령층에 다 적용되어야 하는데 말이다.

거기다가 정년을 60세 이상으로 규정하면서도, 고령자 고용 유지·촉진을 위한 조치에 대해서는 연령차별 금지의 예외를 인정하고 있다. 또한 고령자 기준을 55세로 정하여 '기

   3장 정치사회 이슈로 떠오른 연령차별 문제들

간제법' 및 '파견법'상 고령자의 기간제 사용 기한 및 파견 기간 제한 보호에서도 제외하였다. 그래서 이 제도가 연령차별을 개선하는 것이 아니라 결과적으로는 오히려 고령자에 대한 연령주의를 강화한다고 비판받는다. 법제도적으로 60세 이상 근로자의 의사와 관계없이 해고가 정당화되고, 55세 이상 근로자는 비정규직의 고용안정을 위한 보호에서 제외하기 때문이다. 특히 우리나라에서는 정년에 따른 고용 종료는 관행적으로 정당성이 인정되어 왔고, 연령차별금지법상으로도 정년을 사업주의 노력 의무로 정해 놨다. 2013년 개정을 통해 정년 60세 이상은 의무화되었는데 이는 연령차별주의적 관점에서 보면 근로자의 의사에 반하는 연령 기준 강제퇴직이며, 정당한 사유 없이 특정 연령층을 다른 연령층에 비해 다르게 처우하는 것이라 할 수 있다.[7] 이는 헌법상 행복추구권, 직업 선택의 자유, 평등권, 근로권 등 기본권 침해 소지도 있다.

나이와 일의 문제를 고려하면, 여전히 논란이 되는 임금피크제로 논의가 이어진다. 임금피크제는 일정 연령이 된 근로자의 임금을 삭감하는 대신 정년까지 고용을 보장하는 제도다. 임금이 근속연수에 비례해 계속 상승하는 대신 생산성이 최고인 연령에서 절정(피크)에 달한 후 감소하는 식이다.

우리나라에서는 2001년부터 금융기관을 중심으로 유사한 제도를 도입해 운영하고 있고 이에 대한 소송도 여럿 제기되었다. 한 예로, 2025년 4월 현대캐피탈의 정년연장형 임금피크제에 대해 법원이 유효 판결을 내린 바 있다.[8] 현대캐피탈은 근로자의 정년을 60세 이상으로 정하도록 한 '고용상 연령차별금지 및 고령자고용촉진에 관한 법률'에 따라 2016년 1월 1일부터 근로자의 정년을 58세에서 60세로 연장하고 56세부터 60세까지 5년 동안 매해 기본 연봉을 전년도 기본 연봉의 90%로 삭감하는 임금피크제를 시행했다. 그런데 현대캐피탈에서 근무하다가 퇴직한 15명이 "임금피크제는 무효"라며 회사를 상대로 손해배상을 청구하였다. 원고들은 임금 삭감은 합리적 이유가 없는, 연령을 이유로 한 차별이어서 무효라고 주장했다. 그런데 서울고법은 이 소송의 항소심에서 원고들의 항소를 기각하고 1심과 마찬가지로 원고 패소 판결했다. 재판부는 이를 합리적 이유가 있는 연령차별이라고 보았다.

재판부는 "임금피크제에 따른 기본 연봉은 임금피크제 적용 1년차에는 임금피크제 적용 직전 기본 연봉의 90%, 2년차부터 5년 차까지는 각 전년도 기본 연봉의 90%로 보수의 삭감 정도가 크지 않고, 연봉 인상률을 반영하여 임금피크제 대상 근로자들의 기본 연봉을 산정하여 실제로는 전년도 기본 연봉 대비 삭감 비율이 10%에 미치지 못하며, 학자금·차량 구입·의료비·주택자금대출 지원 등 복리후생도 그대로 유지되었다"고 지적하였다. 또한 사법부는 "정년 연장에 연계하여 임금피크제가 실시되는 경우 정년 연장 자체가 임금 삭감에 대응하는 가장 중요한 보상이고, 연장된 근로 기간에 대하여 지급되는 임금이 감액된 인건비의 가장 중요한 사용처라 볼 수 있는데, 임금피크제 적용 대상 근로자들에게 반드시 별도 직군을 부여하거나 업무 강도를 경감해 줄 법적 의무가 발생한다고 볼 수는 없으므로, 업무량이나 업무 강도 등을 명시적으로 감소시키지 않았다는 사정만으로 임금피크제가 합리적인 이유 없는 연령차별에 해당한다고 볼 수는 없다"고 덧붙였다.

한편 '나이는 숫자일 뿐'이라고 외치며 임금피크제에 반하는 결정을 내리는 회사도 있다. 2016년 신한은행은 우수 성과자로 평가된 50명을 차등형 임금피크제 적용 대상에서 제외했다. 신한은행은 노사 합의에 따라 역량·경험·성과에 따라 임금피크제 적용 시기를 다르게 하는 차등형 임금피크제를 도입했는데, 대상자인 부지점장급 이상 직원 140여 명 가운데 성과와 역량이 우수하다고 평가된 50명은 임금피크 적용에서 제외됐다. 이들은 임금피크 적용을 받지 않고 정년까지 근무하게 되었고, 임금피크가 적용된 나머지 90여 명은 희망퇴직을 신청했다.

임금피크제는 고령자 고용의 한 방안으로 시행되지만 일정한 연령에 달하면 임금을 줄이는 방법으로 고용을 유지하도록 함으로써, 나이를 근거로 차별하는 제도라는 비판과 그렇지 않다는 주장이 계속해서 충돌하고 있다. 우리는 여기서 되묻게 된다. 과연 어느 쪽 주장이 더 설득력을 지니는가?

미국은 1967년부터 '연령차별금지법'을 제정해 시행하고 있다. 연령으로 인한 강제퇴직이나 채용 거부 등을 금지하고 1986년부터는 특정한 직업을 제외한 모든 연령에서의 연령 상한이 금지되었다.[9] 호주의 '인권과 고용기회 위원회법'과 '고용관계법'도 나이에 의한 차별을 금지하고 있다. 주로 영미권 국가들이 정년제를 폐지하고 있는데 뉴질랜드는 1999년, 캐나다와 영국 등은 2000년대에 정년을 폐지했으며 프랑스, 독일, 일본 등도 점진적으로 정년 연장과 노령연금 수급 시기를 상향 조정하고 있다.[10] 해외에서는 정년제도가 폐지되거나 연장되는 추세이며 정년 연장의 기준을 사회보장제도와 연계하여 설계하고 있다. 연령차별적 고정관념이나 추정에 의해 설계된 정년 규정은 정당성을 인정하지 않으며, 정년 기준을 인정받기 위해서는 진정으로 생산성을 저하시키는지, 공공의 안전을 저해하는지 등에 대한 명확한 입증이 요구된다는 점에서 우리나라와 대조된다.

정년퇴직제도를 위헌으로 보는 미국 같은 나라와, 정년퇴직제라는 연령차별 관행이 강고히 존재하는 우리나라는 완전히 다른 세계다. 우리나라의 경우 연령차별주의가 공고하다 못해 이것이 존재한다는 인식조차 낮다. 따라서 만나는 사람마다 나이를 우선적으로 묻고, 나이에 따른 불이익도 더 쉽게 용인하는 문화가 뿌리내려 있다.

물론 나이에 따른 정년퇴직에는 예외적인 경우도 있다. 예를 들어 경찰관, 소방관, 비행기 조종사와 같은 직군들이다. 정년퇴직제도가 없는 미국의 경우에도 이들 특수 직무의 경우 연령제한이 있다.[11] 미국 매사추세츠주 경찰관의 경우 50세가 되면 퇴직하고, 오하이오주도 62세에 비행기 조종사를 정년퇴직시킨다. 대신 이른 나이에 퇴직할 경우 이들에게는 직무수행을 통해 얻을 수 있는 급여를 보충하도록 퇴직급여가 제공된다. 특수직의 정년퇴직 문제와 관련한 소송에서 미국 법원은 이들 특수 직무의 경우 나이에 따른 퇴직 정책이 정당하다고 판결했다. 주는 시민을 보호할 의무가 있고 경찰관이나 비행기 조종사는 체력이 직무수행에 필요한 핵심 능력이므로 시민의 안전을 위해 연령제한을 두는 것은 헌법에 보장된 평등권을 위배하는 일이 아니라는 것이다.

정년퇴직제를 옹호하는 측에서는, 노동시장의 일자리가 한정되어 있기 때문에 고령자가 퇴장하지 않으면 청년층이 진입할 수 없다고 주장하기도 한다.[12] 그러나 고령자 일자리가 증가하면 오히려 청년 고용도 증가하는 상생의 경우가 많이 보고되고 있다.[13] 일자리의 총량은 주어진 것이 아니라 상황에 따라 변하는 것이기 때문에 노인 노동자가 증가해도 새로운 노동 수요가 발생해 청년층의 고용도 증가할 수 있다는 것이다. 자동화로 노동 수요가 감소할 것으로 예측되었지만 오히려 새로운 직업이 창출된 것처럼 말이다.

다시 〈유 퀴즈 온 더 블럭〉의 오창규 씨 이야기로 돌아가 보자. 오 씨는 유니콘과 같다. 마치 현실에서는 존재하지 않는 유니콘처럼, 오 씨 같은 경우는 매우 드물다. 그에게 주어진 기회가 누구나 잡을 수 있는 것은 아니기 때문에, 퇴직 후 66세의 나이에 그럴듯한 기업에 재취업한 경우가 매우 예외적이기 때문에, 예능 프로그램에서도 그를 섭외했을 것이다. 만약 우리 주위에 오 씨 같은 경우가 흔하다면 예능 프로그램이 그에게 관심을 보였을 리 없다.

오 씨는 이력서를 10군데 이상 냈지만 회신이 온 곳은 한 곳뿐이었다고 했다. 오 씨는 기나긴 재취업 실패의 시간을 거쳐 피티코리아라는 중견기업의, 만 60세 이상 시니어 인턴 채용 프로젝트 '시너Z'를 통해 입사했다. 최종 선발된 시니어 인턴 11명은 짧은 교육과정을 마친 뒤 실제 프로젝트에 투입됐다. 우려의 시선도 있었지만 시니어 인턴들은 각자의 경력과 전문성을 살려 젊은 직원들과 협업하며 안정적인 역할을 수행한다고 한다. 오 씨의 상사인 31세 이주은 씨도 프로그램에 동반 출연했는데 "저보다 확실히 경험과 연륜이 많으시니까 제 표정만 봐도 어떤 일이 있었는지 안다"며 찰떡 호흡을 선보였다. 이 둘은 나이나 세대보다 중요한 것은 서로의 경험을 존중하고 함께 협력하는 것임을 잘 보여 준다.

우리 정부는 시니어 인턴십 지원사업을 실시하고 있다. 60세 이상자의 취업을 지원하고 신규 및 계속 고용을 유도

     3장 정치사회 이슈로 떠오른 연령차별 문제들

하도록 기업에 인건비를 지원하는 사업인데, 3개월간 시니어 인턴십 참여 후 근로계약을 체결할 경우 1인당 최대 270만 원의 인건비를 지원한다. 초고령화사회에 필요한 사업이기는 하지만 여러 문제점도 존재한다. 무엇보다 시니어 인턴을 받아 줄 수 있는 정규직이나 인턴 자리는 매우 제한적이다. 오 씨도 반도체 분야에 전문성이 있지만 인턴십 회사는 디지털 마케팅 분야다. 또한 오 씨가 채용된 시니어 인턴직은 3개월 계약 후 3번까지 연장할 수 있는데, 그는 이미 연장을 세 번째로 했기 때문에 이제 곧 인턴을 그만둬야 한다. 시니어 인턴십을 통해 채용된 고령자 인턴들이 일시적으로 일하고 그 후 정규직 전환이나 추가 인턴십 기회를 얻는 것은 정말 하늘의 별 따기보다 어렵다.

예산도 문제다. 시니어 인턴십은 정부 지원사업으로 예산 확보가 중요하다. 정부 지원이 부족하면 사기업은 인건비 부담이 커지기 때문에 시니어 인턴십 사업을 지속적으로 운영하기 어렵다. 무엇보다 우리 사회의 연령차별주의 및 노인에 대한 편견이 근본적인 장애물로 존재한다. 〈유퀴즈 온 더 블록〉에서 오 씨와 30대 상사 간의 따뜻한 스토리, 상사가 눈물을 흘리며 오 씨에 대해 고마움을 표현하는 장면은 시청자들에게 감동을 주었지만, 마치 동화 속 신데렐라 이야기처럼 들리는 쓸쓸함을 지울 수 없었다. 시니어 인턴십에 대해 긍정적인 사회적 인식이 만들어져야 하고, 시니어 인턴들이 적절한 대우를 받고 지속적으로 노동할 수 있는 기회가 주어져야 한다. 많은 노년층이 재취업의 기회를 갖고 시니어의 전문성을 효과적으로 활용하는 사례가 더 많이 등장했으면 좋겠다.

## 조정진, 이순자, 그리고 찰리

오창규 씨는 다시 말하지만 매우 운이 좋은 경우다. 적어도 그는 '임계장'이라 불리지는 않았기 때문이다. '임계장'은 '임시 계약직 노인장'의 줄임말로, 2020년《임계장 이야기》라는 책을 통해 널리 알려진 용어다. 이 책은 38년간 공기업 사무직으로 일하다 은퇴한 63세 조정진 씨가 시급 노동 세상에서 경험한 것을 적은 노동 일지다.[14] 그가 퇴직할 무렵 아들은 3년 과정의 전문대학원에 진학하고자 했다. 우리나라 퇴직자들이 다시 일터로 나가는 주요 이유 중 하나는 자녀들의 취업 때문이다. 우리나라처럼 청년 실업률이 높고 '취준생(취업준비생)'이라는 용어가 뿌리내린 사회에서, 퇴직 전에 자녀가 정규직 취업에 성공한 경우를 찾기란 쉽지 않다. 자식이 비정규직으로 살기를 원하지 않는 부모들은 자녀 부양을 위해 재취업에 나선다. 거기다 조정진 씨의 경우 퇴직하자마자 은행에서 신용이 사라졌다며 대출금 즉시 상환을 요구했고 주택담보대출까지 남아 있는 상황이었다.

이 모든 것이 그를 다시 일터로 밀어 넣었다. 조정진 씨는

  3장 정치사회 이슈로 떠오른 연령차별 문제들

은퇴 후 지인의 소개로 다른 사무직에 취업했지만 젊은이들의 껄끄러운 시선과 가시방석 같은 환경 때문에 결국 시급 노동으로 눈을 돌릴 수밖에 없었다고 한다. 버스 회사 임계장으로 1년, 아파트 경비원으로 1년, 고층 빌딩 주차 관리 요원으로 1년, 고속버스 회사 보안 요원으로 1년간 근무하였지만 이들 모두에서 부당한 해고를 당했다. 회사는 그가 다쳤다는 이유로, 본부장 차를 향해 호루라기를 불었다는 이유로, 아파트 자치회장의 심기를 거슬렀다는 이유로 해고했다. 노인 인력을 부르는 멸칭으로 '고다자'가 있다. '고르기 쉽고, 다루기 쉽고, 자르기 쉬운'의 줄임말이다. 조정진 씨는 쉽게 골라져서, 쉽게 다루어졌고, 그리고 쉽게 잘렸다.

석 줄짜리 구인 광고만 내도 노인 노동자들이 구름처럼 몰려드는 노인 노동시장은 구조적 한계를 지닌다. 정년퇴직 후에도 일자리를 원하는 이가 많지만 노인 노동시장은 지나치게 좁다. 우리나라에서 노인은 '쓸모없는 사람'이란 인식이 강하기 때문이다. 조정진 씨는 고령의 노동자는 아프면 업무상 부상이건 일반 질병이건 가리지 않고 바로 일터를 떠나야 한다고 증언한다. 노인 노동자가 질병에 걸리면 모조리 '노환'으로 치부하기 때문이다. 그에 따르면, 추위를 호소하면 '노인도 추위를 탑니까'라고 되묻고, 미세먼지가 많아 마스크를 달라고 하면 '다 늙은 노인이 얼마나 더 살고 싶어 그러냐?'는 답이 돌아왔다고 한다. 조정진 씨는 노인이라는 이유 하나만으로, 늙었다는 사실만으로도 이런 학대가 아무렇지 않게 벌어진다고 지적한다.

아무리 능력이 뛰어나도 정년퇴직 후 재취업을 하기란 쉽지 않다. 결국 취업을 원하는 대다수 노인은 임시 계약직으로, 비정규직으로 퇴직 후 삶을 살게 된다. 〈유 퀴즈 온 더 블럭〉의 오창규 씨는 《임계장 이야기》의 조정진 씨보다는 운이 좋아 강남에 있는 번듯한 회사에 인턴으로 취직했으나 그 역시 비정규직이라는 사실은 변함이 없다.

여기 또 다른 조정진 씨가 있다. 이순자 씨는 노인 여성 노동자로 실버 취업 투쟁기를 담은 《예순 살, 나는 또 깨끗이 되어》를 펴냈다. 이순자 씨는 2022년 책이 출판되기 전에 생을 마감했고 그래서 이 책은 그녀의 유고 산문집이 되었다. 책에는 평생 가족을 위해 희생하며 살았던 작가가 남편의 외도와 폭력으로 황혼이혼 후 뒤늦게 취업을 결심하고 분투하는 이야기가 담겼다. 이순자 씨는 62살에 노동시장에 뛰어들어 공장 수건 정리, 백화점 청소, 공사장 청소, 어린이집 조리사, 아이 돌보미, 요양보호사 등 65살이 될 때까지 10여 곳의 일자리를 전전하며 노인 노동자를 경멸하는 우리 사회에서 갖은 고생을 한다. 그녀는 여러 자격증을 가지고도 나이가 많다는 이유 하나로 취업 문턱을 넘기 어려웠다. 가까스로 일자리를 얻은 뒤에도 여성 노인이라는 이유로 차별이 끊이지 않았다. 일하고 싶고 또 일해야만 하는 노인들의 일터가 현실에서 얼마나 고단한지를 보여 준다.

2024년 공개된 미국 드라마 〈스파이가 된 남자〉는 백발노인의 이야기다. 드라마는 젊은 신랑 찰리가 결혼식장에서 신부에게 함께 행복하게 늙어 가자며 축배를 제안하는 모습으로 시작한다. 그런데 다음 장면은 노인이 된 찰리가 침대에서 혼자 눈을 뜨는 모습으로 이어진다. 50여 년이 지나 어느새 백발노인이 된 찰리는 1년 전 아내를 잃고 혼자가 되었다. 전직 건축학과 대학교수였던 그는 눈을 뜨면 면도를 하고 단정한 옷을 갖춰 입고 커피를 내리고 혼자서 단어 퍼즐을 맞추고 딸에게 엉뚱한 내용의 신문 기사를 우편으로 보낸다. 그의 하루는 무기력하고 상실감으로 가득 차 있다. 그런 찰리는 어느 날 신문을 읽다가 우연히 발견한 사립 탐정 모집 공고를 보고 실버타운에 잠입하는 스파이로 재취업한다. 우울하고 삶의 의미를 찾지 못하던 찰리는 '일'을 갖게되면서 무척 신난다. 고립된 생활을 하던 찰리는 요양원 안에서 여러 사람을 만나고 그들과 관계를 맺는다. 그러면서 찰리는 변하고 그의 삶은 다시 활기를 찾게 된다.

우리나라에 이런 찰리가 얼마나 있을까? 많이 있으면 좋겠지만 현실은 조정진과 이순자들이다. 대부분은 조정진과 이순자 씨의 경우처럼 자녀 부양과 생활비를 벌기 위해, 경제적인 이유로 더 일해야만 한다. 제2의 인생 설계나 활기찬 노후는 일부 부자 노인들에게만 허락된 판타지다.

'노인이 일하면 건강에 좋고 용돈까지 벌어서 더 좋다.'

조정진 씨는 한 시의원이 간담회에서 이렇게 말한 것을 강하게 비판하였다. 우리 사회가 고령 노동자를 바라보는 시각은 이런 정도에 미치지 못한다. 용돈을 벌기 위해 일터로 나오는 노인은 환상이고 대부분은 가족을 부양하고 생계를 유지하기 위해 나온다. 나이에 걸려서 어쩔 수 없이 퇴직하게 된, 더 일할 수 있고 더 일해야만 하는 420만 명의 고령 노동자에 대해 우리 사회는 어떤 시선을 갖고 있는가?

우리나라의 오창규, 조정진, 이순자, 그리고 미국의 찰리 모두 60세를 갓 넘긴 나이다. 평균수명의 증가로 노년기 자체가 확장되는 이 시대에, 이들을 80세 이상 노인과 같다고 볼 수는 없다. 따라서 미국의 사회학자 윌리엄 새들러 *William Sadler*는 책 《*서드 에이지The Third Age*》에서 노년층을 '제3의 연령기'와 '제4의 연령기'로 구분할 것을 주장한다. 제3의 연령기 노인들은 건강하고 활동적인 노인층이지만, 제4의 연령기 노인들은 80세 이상으로 노화와 질병 때문에 의존적인 연령기이므로 둘 간 차이가 크다는 것이다. 그의 지적은, 노인기를 향한 우리 사회의 경직된 시선에 깊은 울림과 중요한 시사점을 남긴다.

사회가 정해 준 나이에 따라 일에서 물러나는 것이 아니라 물러나고 싶을 때 물러날 수 있는 사회, 퇴직 후에도 좋아하는 일로 재취업할 수 있는 사회, 이런 사회가 되었으면 한다.[15] '죽을 때까지 일하고 싶다'는 오 씨의 바람을 많은 고령층도 갖고 있을 것이다. 오 씨의 사례가 더 이상 예능 프로그램에서 이례적인 이야기로 소비되지 않는 사회, 그런 사회가 진정 좋은 사회가 아닐까.

 3장 정치사회 이슈로 떠오른 연령차별 문제들

액티브 에이징*active aging*과 생산적 에이징*productive aging*이란 개념이 있다. 액티브 에이징은 노년기에 들어서도 중장년 시절처럼 자아를 실현하고 활기차게 활동하는 것을 노년 생활의 핵심으로 보는 개념이다. 생산적 에이징은 노년기에도 활기찬 사회 활동을 할 수 있다고 본다는 점에서 액티브 에이징과 유사하지만, 노인도 시장에서 재화나 서비스를 생산할 수 있는 유용한 인적자원임을 강조한다는 특징이 있다.[16] 실제로 노인이 사회에 기여하면 할수록 세대 간 연대 의식이 커진다고 한다.[17] 노인이 사회·경제 영역에서 기여를 많이 했다고 인식하는 사람일수록 세대 간 연대에 대해 긍정적으로 생각한다는 것이다. 이는 은퇴 후에도 노인에게 사회 기여나 일자리 참여 기회를 주어 경제활동을 활발히 하는 사회일수록 세대 갈등이 줄고 노인에 대한 긍정적인 인식이 형성됨을 뜻한다. 액티브 에이징이 생산적 에이징을 가져오고 이는 결국 보다 세대 통합적인 사회를 가져온다.

액티브하고 생산적인 노인이 더 많아지는 사회, 노인들을 바라보며 청년들도 그런 노후를 꿈꿀 수 있는 사회가 되었으면 한다. 그러기 위해서는 나이를 묻고 나이에 따라 한계를 두는 우리들의 마음속 습관이 먼저 바뀌어야 한다.

# 대한민국은 노인정치의 나라

## 노인은 과잉 대표, 청년은 과소 대표되는 정치

제22대 국회의원 당선자들의 평균연령은 56세다. 30대 의원은 불과 14명이고 40대도 30명에 그친다. 압도적 다수가 50대 이상인데 그 수는 전체 300명 중 딱 절반인 150명, 60대는 100명, 70대는 6명이다. 20~30대 유권자 비율은 전체 인구의 28.6%인데, 청년 국회의원의 비율은 4.7%로 극단적인 비례적 희소성을 보인다. 반면에 유권자 중 50대 비중은 19.7%인데 국회의원 중 50대는 50%에 달해 2.5배 넘게 과대 대표된다. 60대 이상 유권자도 전체 인구의 31.9%인데 반해 국회 내에서는 35.3%로 더 많이 대표되고 있다.

국회뿐 아니다. 2022년 제8회 전국동시지방선거에서 당선된 광역자치단체장들의 평균연령은 61.7세인데 40대 미만 청년은 단 한 명도 없다. 중장년과 노령층이 중앙정치와 지방정치의 중심 역할을 하고 있는 셈이다.

노인정치gerontocracy란 노인들이 정치권력을 장악한 정치형태를 가리킨다. 노인정치가 그 자체로 나쁜 것은 아니다. 고대 그리스의 플라톤은 50세가 넘은 지혜로운 노인들에게 공직을 맡기자며 '노인정'을 제안했다. 그런데 평균수명이 90세를 넘은 초고령화 문제를 겪고 있는 현대의 대의민주주의 국가들의 경우 사정은 고대와 다르다. 미국도 최근 노인정치가 논란이 되었다.[18] 2023년 미국의 유력 정치인이자 공화당 대선주자였던 밋 롬니 상원의원이 차기 상원의원 선거에 불출마를 선언했는데 그 이유는 "나이가 너무 많다"였다. 76세인 그는 이렇게 말했다.

"제 나이를 고려할 때 상원의원을 한 번 더 하면 그 임기가 끝날 때쯤 80대 중반입니다. 저와 같은 사람들은 길을 비켜 주고 다음 세대가 앞으로 나아갈 때입니다."

고령 정치인들을 둘러싼 논란은 계속되었는데 81세인 미치 매코널 공화당 상원 원내대표가 기자회견 도중 갑자기 말을 멈추면서 30초 동안 아무 반응도 못 하는 일이 있었다. 90세 민주당 상원의원 다이앤 파인스타인도 상임위 회의에서 답변을 요구받는 상황임에도 법안을 계속 읽는다거나, 대상포진으로 몇 달간 의정 활동을 중단하는 등 나이 논란에 휩싸였다. 바이든 전 미국 대통령도 노인정치 논란에 불을 지폈다. 82세로 2025년 퇴임한 바이든은 미국 역사상 가장 나이 많은 대통령이었다. 그가 종종 넘어지는 바람에 대통령 전용기인 에어포스원의 계단은 짧은 것으로 바뀌었고, 잦은 말실수 때문에 구설에 오르기도 했다. 그런데 단순히 말실수라 하기에는 너무 어처구니없는 일이 있었다. 교통사고로 숨진 후 자신이 애도 성명까지 낸 사람을 찾는가 하면 우크라이나전쟁을 이라크전이라고 잘못 말하기도 했다. 그렇기에 2024년 2월, 대통령의 기밀 자료 유출 및 보관에 대해 조사한 로버트 허 특별검사가 보고서에서 바이든 대통령을 "기억력이 좋지 않은 노인"이라고 묘사하기도 했다.

노인정치 논란이 일자 미국에서는 고령 정치인의 경우 정신감정이 필요하다는 주장도 나왔다. 여론조사에 따르면 응답자 중 76%가 고령 정치인에게 강제적으로 정신감정을 해야 한다고 응답했다. 공화당 대선후보 중 한 명이었던 니키 헤일리 전 유엔대사는 75세 이상 정치인에 대한 정신 능력 테스트를 의무화해야 한다는 주장을 적극적으로 펼쳤다.

미국에만 국한된 문제가 아니라 우리 사회 역시 마주하는 현실이다. 우리나라도 노인정치의 흐름이 보인다. 2018년 OECD 주요 회원국 중 우리나라 청년 의원 비율은 30세 이하 0.0%, 40세 이하 2.3%, 45세 이하 5.6%로 세 연령대에서 모두 최하위 수준이다. 2020년 전 세계 258개 의회 내 40세 이하 의원 평균 비율은 17.5%인데 우리나라는 약 4%로 국제적으로 최하위 수준이다. 모든 지표가, 우리나라에서 청년은 정치적으로 극도로 과소 대표되고 있고 그만큼 노령층이

     3장 정치사회 이슈로 떠오른 연령차별 문제들

과대 대표되고 있음을 가리킨다.

## 나이가 가로막은 민주주의

특정 연령층이 과대 대표되고 있으면 어떤 일이 발생할까? 우선 '개인적으로는 똑똑하나 집단적으로는 멍청한 결정'을 내리는 현상이 일어날 수 있다. 똑똑한 개인이 모여 있으면 똑똑한 결정을 내릴까? 반드시 그렇지만은 않다. 집단 구성원 간 다양성이 부족할 때 아무리 개인들이 똑똑하다 해도 집단적으로 어리석은 결정을 내리는 경우가 발생한다. 조직 내 동질성과 동종 선호는 관점의 사각지대를 가져와 효율적인 일처리가 어려워지고 혁신이 저해되기 때문이다.

다음 사례를 살펴보자. 세계 최고의 정보기관 CIA는 9·11 테러 예측에 완전히 실패했다. 오사마 빈 라덴이 테러 공격을 승인한 후 9·11 발생까지 무려 29개월의 시간이 있었고, CIA는 많은 징후를 발견했음에도 불구하고 음모를 좌절시키지 못했다. 알카에다는 일찍이 1993년부터 자살 폭탄테러를 감행했고, 빈 라덴은 CIA 정보 보고서에 끊임없이 등장하는 인물이었다. 항공기를 무기로 활용하는 아이디어는 《뉴욕타임스》 베스트셀러 1위에 등극한 소설 《적과 동지 *Debt of Honor*》에도 나오는 등 9·11 테러가 발생하기 오래전부터 퍼져 있었다.

전체 인원이 수만 명에 이르고 수백억 달러의 예산을 쓰는 세계 최고의 조직이 왜 그토록 무능했을까? 이는 CIA가 서로 비슷한 인재만을 뽑는 조직이었기 때문이다.[19] 똑똑한 사람들 중에서도 더 똑똑한 사람만 채용하는 CIA의 직원 대부분은 백인, 남성, 중상류층, 개신교를 믿는 엘리트들이었다. 유색인종, 여성, 이슬람교도는 소수에 불과했다. CIA 내의 동질성과 동종 선호는 인지적 사각지대를 가져와, 턱수염을 기르고 허름한 옷을 걸친 채 동굴 속에서 미국에 전쟁을 선포하는 빈 라덴을 미개하고 후진적인 인물로 과소평가했다. 빈 라덴의 허름한 옷은 이슬람교 선지자의 거룩함을 상징하고 동굴은 신성한 장소로 종교적 의미가 큰 곳이다. 그러므로 9·11 테러의 순교자가 될 자들을 선동하고 중동 전체에 네트워크를 형성하는 데 유용한 전략이었다. 그런데 이러한 전략을, 기독교를 믿는 백인 남성 엘리트 중심의 CIA는 알아채지 못했다.

CIA처럼 고령층 중심으로만 구성된 국회는 제대로 된 의사결정을 내리지 못할 가능성이 있다. 국회의 대표성이 왜곡되어 각종 입법과 예산 등에서 고령층 위주의 결과가 나타나게 되고, 일자리나 복지정책 등 자원배분에서도 세대 간 불균형이 발생하게 된다. 이는 세대 간 갈등을 불러일으키고 장기적으로는 사회 전체가 역동성을 잃고 정체하게 된다.

미국 사회학자 로자베스 모스 칸터*Rosabeth Moss Kanter*는 조직 속에서 어떤 집단이 극도로 소수에 머물게 될 때 나

   3장 정치사회 이슈로 떠오른 연령차별 문제들

타나는 현상을 세 가지 단계로 설명한다. 먼저 눈에 띄는 존재가 된다는 점이다. 소수자는 언제나 시선의 중심에 놓이고 그 존재 자체가 가시적인 표시로 읽힌다. 이어서 대조의 단계가 뒤따른다. 다수와 소수 사이의 차이는 더욱 부각되고, 다수는 공통된 정체성을 지키기 위해 소수자를 가장자리에 몰아세우며 경계를 그린다. 마지막으로 찾아오는 것은 동화의 과정이다. 소수 집단은 다수의 고정관념에 맞춰 자신을 조정하고 결국 다수가 부여한 이미지를 따라가며 살아가게 된다. 이렇게 소수자는 점점 더 다수의 시선과 질서 속으로 끌려들어 가며 스스로의 고유한 모습을 잃어버리게 되는 것이다.

칸터의 이론을 중장년과 노인들 다수가 구성하고 있는 우리나라 국회에 적용해 보면 이런 그림이 그려진다. 청년 의원들은 처음에는 눈에 띄는 가시성으로 혜택을 입지만, 곧 중장년 및 노인 의원들과 대조되어 중요 의사결정과정에서 배제되고, 결국은 중장년과 노인 의원들의 의식과 행태에 동화하게 된다.

노인정치 논란은 단순히 의원들이 '젊다, 또는 나이 들었다'는 문제를 넘어 국회가 우리 사회를 구성하는 다양한 나이의 시민들을 적절하게 대표하고 있는지의 문제다. 평균연령 56세에 20대 의원 0명, 30대 의원은 불과 14명인 한국 정치는 연령차별주의에 갇혀 있다. 그렇기에 한국의 민주주의는 민주화 이후 더 이상 성숙되지 못하고 정체되는 것이다.

# 언제 운전대를 놓아야 할까

## 노인 기사님이 아니었으면

　장롱면허인 나는 종종 택시를 이용한다. 택시를 부르면 호출 앱에 배정된 기사의 사진과 이름이 뜨는데 언젠가부터 택시를 기다리면서 기사 사진을 유심히 살피게 된다. 대부분 남성 기사인데 얼마나 나이가 많은지 확인한다. 나이가 많아 보이는 기사라면, 마음 한편에 일말의 불안감이 올라온다. 사진상으로는 중년의 나이로 보이는데 막상 택시 문을 열고 기사님의 얼굴을 마주치면 80세는 넘어 보이는 노인 기사를 만나기도 한다.

　나이 든 택시 기사를 피하고 싶은 마음이 나쁜일까? 2024년 7월 밤 서울 시청역 인근에서 9명을 숨지게 한 대형 교통사고가 발생했다. 운전자 A씨는 일방통행인 4차선 도

　3장 정치사회 이슈로 떠오른 연령차별 문제들

로를 약 200m 역주행하던 중 차량 2대를 잇달아 들이받고 인도와 횡단보도에 있던 보행자들을 덮쳤다. 그런데 사고 차량 운전자가 68세라는 사실이 알려지면서 일각에서 고령을 원인으로 지목하는 의견들이 나왔다. 그러면서 고령자의 운전 자격을 얼마나 허용할 것인지에 대한 논쟁이 재점화되었다. 이 사건을 계기로 나도 모르게 택시를 불러 놓고 배정된 기사의 사진을 보면서 나이가 너무 많은 분은 아니었으면 좋겠다는 생각을 하게 되었다. 연령주의 사회에 살고 있는 나도 어쩔 수 없이 연령차별주의자다.

고령 운전자 교통사고가 심심치 않게 발생하는 듯하다. 2023년 2월 서울 은평구 연신내역 인근 도로에서 70대 남성이 몰던 SUV가 9중 연쇄 추돌사고를 내 1명이 사망하고 13명이 다쳤다. 당시 운전자는 '사고 당시가 기억나지 않는다'고 말했다. 2023년 3월에는 서울 강남구 양재대로 구룡터널 교차로 인근에서 80대 남성이 운전 부주의로 7중 연쇄 추돌사고를 일으켰다. 또 2023년 4월에는 경기 성남시 판교노인종합복지관 주차장에서 90대 운전자가 운전 미숙으로 후진 중 노인 4명을 덮쳐 1명이 숨졌다. 노인들이 운전하는 차량의 교통사고가 발생할 때마다 언론은 "잇단 70대 운전자 사고, 가게 돌진 6명 사상" "다 부서지는 소리 또 돌진, 이번에도 70대 운전자였다" 식의 제목을 달아 보도한다. 이러한 보도는 사고의 직접적 원인이 고령인지 아닌지 정확히 밝혀지지 않은 상태에서, 우리 사회에 내재한 고령층에 대한 연령차별적 편견을 보여 준다.

고령화 추세에 따라 고령 운전자가 꾸준히 증가하고 있다. 경찰청 추산에 따르면 국내 65세 이상 면허 소지자는 2025년 약 498만 명, 2030년 725만 명을 거쳐 2040년 1316만 명에 달할 것으로 예상된다.[20] 한국교통안전공단의 운수종사자 현황조사 자료에 따르면 2023년 말 기준으로 전국 개인택시 기사(16만 4334명) 가운데 60세 이상이 12만 4475명으로 75.7%, 65세 이상 비율은 51.4%(8만 4511명)나 된다. 즉, 전국 개인택시 기사 중 절반 이상이 노인이다. 법인택시도 전체 기사(7만 1642명) 중 절반이 넘는 4만 2147명(58.8%)이 60세를 넘었고 65세 이상도 31.9%다.[21] 그러기에 택시를 호출했을 때 노인 택시 기사를 만날 가능성은 확률적으로 매우 크다.

경찰청 통계에 따르면 65세 이상 고령 운전자 사고는 2023년 3만 6914건으로 전년 대비 14.3%(4962건) 증가했다. 이러다 보니 전체 교통사고 사망자 수는 많이 줄었지만 고령 운전자가 낸 교통사고 사망자는 오히려 늘었다. 2013년 5092명이던 전체 교통사고 사망자 수는 2023년 절반 수준인 2551명으로 줄었지만, 고령 운전자가 낸 사고의 사망자 수는 같은 기간 737명에서 745명으로 늘었다.[22] 또한 노인 운전자의 사망사고 비율을 살펴보면, 일반 교통사고의 경우 평균 치사율이 100건당 1.5건인데 노인 운전자의 치사율만 따로 계산하면 2.3건으로 증가한다.[23]

 

언론의 보도 태도에 더해 이러한 통계들은 운전 가능 나이에 대한 논란을 뜨겁게 하고 있다. 도대체 몇 살까지 운전하도록 허용해야 할까? 자동차는 자칫하면 엄청난 인명 사고를 낼 수 있기 때문에 편리한 이동 수단을 넘어 흉기가 될 수 있다. 그렇기에 운전면허를 취득한 사람만이 자동차를 운전할 수 있도록 법으로 제한하고 있다. 고령 운전자 사고에 대한 우려가 높아지자 정부는 만 75세 이상 운전자의 운전면허 갱신 주기를 3년으로 하고 면허 갱신 시 인지능력 검사와 교통안전 교육을 의무적으로 받도록 하고 있다. 각 지방자치단체는 고령자 운전면허 자진 반납률을 높이기 위해 운전면허를 반납하는 고령자에게 10만~30만 원의 보상을 제공하며 유도하고 있다. 그러나 면허 반납률은 매년 2% 안팎에 그친다.

## 부모님의 운전이 불안해질 때

면허 반납률이 저조한 것을 나는 충분히 이해한다. 1942년생, 1946년생으로 80대 초반인 내 부모님은 대중교통이 잘 갖춰지지 않은 지역에 거주하고 있다. 버스는 몇 시간에 한 번씩 오고, 택시를 불러도 좀처럼 잘 잡히지 않는 지역에서 자가운전은 부모님의 생존을 위해 필수적이다. 그렇기에 84세인 아버지가 운전대를 잡고 80세인 어머니는 조수석에 앉아 아버지의 운전을 살피는 방식으로 몇 년째 지내고 계신다. 고령 운전자 사고가 발생할 때마다 나는 아버지에게 전화를 걸어 조심히 운전해야 한다고 잔소리를 늘어놓지만, 자가운전 없이는 생활이 불가능한 상황을 알기 때문에 잔소리에 그칠 뿐이다. 거기다 아버지는 아직 스스로의 운전 능력을 믿고 있어서 운전을 그만둘 필요가 없다고 생각하시는 듯하다. 운전을 그만두더라도 당신이 원하는 때에 스스로의 판단에 의해 그만두고 싶어 하신다. 실제로 설문조사 결과를 보면 많은 노인이 이렇게 생각한다. 노인 운전자 중 62.8%는 자신의 운전 능력을 신뢰하고, 66%는 운전을 그만둘 시기는 스스로 판단해야 한다고 응답하였다.[24]

전문가들은 노년층의 운전을 무조건 금지하기보단 면허 제도를 촘촘히 설계해야 한다고 조언한다. 우리나라는 고령 운전자의 취업 비율이 선진국 중에서도 가장 높다. 택시 기사 등 생계유지를 위해 운전을 하는 노인들에게 이 문제는 생계와 직결되어 있다. 따라서 이동권을 막으면 정말 심각한 생존 문제가 발생할 가능성이 크다. 일정 나이 이상이 되면 무조건 운전대를 뺏어야 한다는 주장은 설득력이 없다. 만약 이 주장대로라면 도대체 몇 살을 기준으로 운전을 허용해야 하는가? 65세 이상 고령자는 무조건 운전에 문제가 있고, 65세 이하는 그렇지 않다고 하는 것은 이분법적 판단이다. 젊은 사람들 중에도 운전이 미숙하거나 판단력이 부족한 사람이 있을 수 있기 때문이다. 고령자라 해서 반드시 기기 조작이나 판단력 저하가 사고로 이어진다고 보기는 어렵다. 사실 나이가 교통사고에 영향을 미칠 수도 있지만 운전 당시 몸 상태나 피로가 더 결정적이라고 한다. 운전이 위험한 사람들을 분류해 야간 운전이나 장거리 운전을 제한하는 등 강화되고 세밀한 면허제도를 시행해야 한다고 전문가들은 입을 모은다. 전문가들은 운전면허 갱신 주기를 줄이는 것으로는 부족하고, 국가건강검진을 1년마다 실시할 때 인지능력 검사 등 운전에 필요한 구체적인 검사를 같이 시행해야 한다고 조언한다. 미국은 75세 이상 고령 운전자는 고속도로 운전을 금지하고 있는데, 우리나라도 인지검사를 통해 특정 지역이나 고속도로 운전을 금지하는 정책이 조속히 도입되어야 한다는 말이 나온다.

정부는 2024년 5월 고령자에 대한 '조건부 운전면허' 도입을 검토하겠다고 밝혔다가 비판 여론이 거세지자 하루 만에 '고위험자' 대상이라며 입장을 변경하였다. 이 제도는 고령자 등 고위험 운전자를 대상으로 운전 능력 평가를 하고, 그 결과에 따라 일정 조건을 붙여 운전을 허용하는 조건부 면허제 도입을 핵심으로 하고 있다. 이에 더해 긴급제동장치를 의무화하고 쉽게 설치할 수 있도록 하는 등 시스템적으로 접근해야 한다는 전문가들의 목소리도 현실화되어야 할 것이다.

고령화사회의 문제를 먼저 겪은 일본 등 해외 나라들은 고령자의 이동성과 교통안전 간 균형을 맞추는 정책을 만들며 대처하고 있다.[25] 일본은 2022년부터 75세 이상 고령 운전자의 경우, 자동 브레이크 기능이 있는 '서포트카'에 한해 운전을 허가하는 한정 면허를 발급하고 있다. 일본은 71세 이상자의 면허 갱신 주기는 3년으로 정하고 있고 70세 이상은 갱신 시 고령자 강습을 수강해야 한다. 영국의 경우, 70세가 되면 운전면허가 만료되고 이후 3년을 주기로 면허를 갱신하도록 한다. 또한 고령자 운전 적성 정밀검사 규정도 만들었다. 한편 프랑스는 76세 이상 고령자에게는 매년, 60~75세의 경우 2년마다 적성검사를 받도록 하고 있다. 호주 뉴사우스웨일스주에서 75세 이상자는 매년 운전 적합성에 대한 의료 평가 및 운전 실기 평가를 받아야 한다. 미국 일리노이주는 75세가 넘어 운전면허를 갱신하려면 도로 주행 시험을 의무적으로 치러야 하고 81세까지는 4년마다, 81~86세까지는 2년마다, 87세부터는 매년 받아야 한다. 만약 시험에서 부적격 판정을 받으면 운전 시간대나 지역 등에 제한이 있는 한정 면허로 교체된다.[26]

고령자 운전을 제한할 필요가 있다는 목소리는 관련 사고가 발생할 때마다 확산되고 있다. 앞으로 고령자가 운전하는 교통사고가 또 발생한다면 이런 주장은 다시 등장할 것이다. 노인 운전 규제론자들은 고령자의 생활 편의성 및 이동권보다는 시민의 안전이 더 중요하다는 주장에 바탕을 두고 있다. 또 노인들의 교통사고는 노화로 인한 신체능력의 한계에서 비롯된다고 본다. 시각능력, 인지 및 정보처리 능력, 운동 통제 능력이 운전과 관련된 신체능력인데 이 중 시각은 매우 중요하다. 운전자가 수용하는 정보의 90% 이상이 시각을 통해 얻어지기 때문이다. 하지만 노인은 동공의 직경이 작아져 시야가 좁아진다. 또한 노화로 인한 백내장 때문에 교통안내 표지판 등도 잘 보이지 않게 된다. 따라서 주변의 신호에도 둔감하게 반응하게 된다는 주장이다. 인지 및 정보처리 능력 역시, 노인들의 경우 이런 기능이 쇠퇴해 사고가 발생하기 쉽다는 지적이다. 마지막으로 운동통제 능력 역시 나이가 들면 근력이 약해져 핸들 조작, 방향 전환, 브레이크 작동 등이 민첩하게 이뤄지기 어렵다는 것이다. 노화로 인한 신체능력의 퇴화는 도로교통안전이라는 공공의 이익에 해를 가할 수 있으므로 노인 운전자의 권리는 제한하는 것이 불가피하다는 결론으로 이어진다.[27]

그런데 사고율을 살펴보면 노인들보다 오히려 10대와 20대 초반의 사고율이 더 높게 나타난다. 사고율이 가장 높은 연령 집단도 아닌데 노령층에게만 운전 규제를 가하는 것은 과연 정당한가? 생물학적인 나이를 통해 운전 능력이 있는 운전자와 그렇지 않은 운전자를 정확하게 구별해 낼 수 있는 것일까? 누군가는 80대의 나이에도 50대의 신체능력을, 다른 누군가는 50대의 나이에도 80대의 신체능력을 가질 수 있다. 일률적으로 65세 또는 75세라는 숫자를 기준으로 사고 발생 가능성을 예측할 수 없다는 것이, '나이'에 기반한 운전 제한이 가지는 가장 큰 문제점이다.

노인 운전 규제론에는 노화에 대한 우리 사회의 편견이 녹아 있다. 안전한 사회가 궁극적인 목적이라면 안전하지 않은 운전을 하는 '행동'에 규제를 가해야지, '늙은 몸과 나이'에 규제를 가하는 것은 맞지 않은 해결책이다. 노인 운전자들은 운전 경험이 많기 때문에 사고를 예방할 수도 있고, 과속을 하지 않는 안전한 운전 성향을 보이므로 오히려 신체적인 약점을 상쇄할 수 있다는 주장[28]에 대해서도 진지한 검토가 필요하다.

거기다가 연령에 따라 운전면허를 제한하는 것은 헌법상 보장된 평등권을 침해하게 된다. 사람은 누구나 자기가 원하는 곳으로 이동할 권리인 이동권을 갖고 있다. 연령을 기준으로 이러한 자유를 규제하는 것은 권리에 대한 심각한 침해가 될 수 있다. 80이 넘으신 내 부모님의 경우, 이동권은 단순히 한 장소에서 다른 장소로의 이동만을 의미하지 않는다. '리' 단위의 농촌지역에 거주하시는 부모님이 운전을 못 하게 되면 마트, 병원, 약국도 갈 수 없고 일주일에 한 번 즐겨 가시는 노인대학에도 가지 못하게 된다. 결국 이는 일상의 기본조차 지켜 내기 어렵게 만들고, 즐거움이 되어야 할 취미마저 빼앗아 개인의 삶에 깊은 제한을 남긴다.

'안전권 대 이동권' 두 권리는 모두 중요하다. 두 권리가 충돌하고 있는 요즈음, 우리는 어떤 선택을 해야 할까? 한국이 초고령사회에 진입했다는 것을 모두 알고 있지만, 교통안전에 대한 우리의 인식은 아직도 노인이 소수였던 시대에 머물고 있다. 이제 노인은 전체 인구의 20%를 넘어섰고 수십 년 내에 전체 인구의 40%를 차지할 것이라는 전망이 우세하다. 노인이 다수인 시대에 교통체계는 노인에게 더 맞춰져야 할 것이다. 대중교통 시스템도 더 노인친화적으로 개선되어야 한다. 저상버스가 더 보급되어야 하고 수요응답형 교통수단*DRT, Demand Responsive Transport*도 더 확산되어야 한다. 수요응답형 교통수단은 노선버스와 택시의 중간에 위치한 대중교통 서비스로 택시나 소형 승합차가 시외버스터미널, 관공서, 병원 등을 경유하는 방식으로 운영된다. 내 부모님이 계시는 지역에는 이런 서비스가 없다. 현재 우리나라 극소수 지역에서만 운영되고 있기 때문이다. 아직 충분한 조사가 이뤄지지 않았는데도 노인 운전자가 낸 사고를 마치 나이가 사고 원인인 듯 대서특필하는 것 대신 이런 노인친화적인 교통 시스템을 더 보급하는 것이 필요하다.

개인적으로 나는 부모님의 운전 문제를 어떻게 다뤄야 할까? 사고에 대한 불안감을 마음속에 둔 채로 계속 운전하시게 하는 것밖에 방법이 없는 걸까? 이 책을 읽는 독자들이 나이 들어 65세가 된다면 계속 운전을 할 것인가? 독자들의 부모님이 나이 들어도 운전을 계속 하시도록 할 것인가?

'몇 살까지 운전을 할 수 있나?' 이제 이것은 개인의 사적인 차원을 넘어선다. 오히려 모두가 함께 고민해야 할 공적이고 사회적인 문제다.

# 나이 많은 사람이 이기는 선거

## 장유유서 선거

2025년 1월 유승민 전 대한탁구협회장이 제42대 대한체육회장에 당선됐다. 43세의 나이였는데, 3연임에 성공할 것이라는 예상이 많았던 70세의 이기흥 당시 회장을 꺾어 이변을 낳았다. 유승민 전 대한탁구협회장은 야권 단일화 실패로 인한 역대 최다 후보 난립이라는 절대적 불리함을 딛고 당선됐는데 이 과정에서 다음과 같은 어려움을 고백했다.

"단일화 과정에서 내 나이가 화두가 됐다. 나이에 대한 편견이 여전히 있고, 연장자에게 양보해야 한다는 등의 구시대적이고 낡은 사고가 바뀌어야 대한체육회가 바뀐다는 마음으로 단일화에 참여하지 않았다."

대한체육회장을 선출하는 선거에서도 '나이'는 중요했다.

6명의 후보가 난립하여 단일화 논의가 있었는데 그 과정에서도 연장자에게 후보 자리를 양보해야 한다는 얘기가 나올 정도였다. 그리고 실제 투표 규정도 다음과 같이 '장유유서'를 따른다.

유효 투표 중 최다 득표를 한 후보자가 당선되고, 만약 다수 득표자가 동수일 경우에는 연장자가 당선인으로 결정

대한체육회장 선거뿐 아니다. 2024년 9월, 민선 2대 경북 울진군체육회장에 이용신 전 울진군 체육회 부회장이 당선됐다. 전체 투표수 56표 중 이용신 후보 20표, 백창호 후보 14표, 장규남 후보가 20표를 득표했다. 이용신 후보와 장규남 후보가 각각 20표씩 동수를 득표했는데 울진군체육회 정관의 '연장자 당선' 규정에 따라 68세인 이용신 후보의 당선이 최종 확정됐다.

우리나라 야구 레전드로 불리는 양준혁도 나이가 어리다는 이유로 고배를 마신 적이 있다. 2022년 한국대학야구연맹 선거관리위원회는 연맹 회장 보궐선거에서 총 유효투표수 39표 중 16표를 획득한 기호 4번 최준상 후보가 당선됐다고 발표했다. 최준상 후보는 기호 1번 후보 양준혁 MBC 스포츠 해설위원과 같은 수의 최다 득표를 했으나 "최다 득표가 동수인 경우 연장자를 당선자로 한다"는 규정에 따라 최종 당선자가 되었다. 야구뿐 아니라 다른 종목에서도 비슷

한 규정이 있다. 예를 들어 대한수영연맹회장 선거도 마찬가지인데, 당선인은 유효투표 중 다수를 득표한 후보로 결정하고 다수 득표수가 동수인 경우에는 연장자를 당선인으로 하게 되어 있다.

스포츠 관련 회장 선거에서만 연장자를 우대하는 것은 아니다. 우리나라의 다른 많은 영역 선거에서도 나이가 중요하다. 농협, 산림조합 등의 동시조합장 선거에서도 나이 많은 사람이 당선된다. 농업협동조합법 제41조 제2항 제2호에 따르면 "다만, 최다득표자가 2명 이상이면 연장자를 당선인으로 결정한다"고 되어 있고, 산림조합법 제31조의2 제2항 제3호에는 농협과 똑같이 "다만, 최다득표자가 2명 이상인 경우에는 연장자를 당선인으로 결정한다"고 되어 있다. 이러한 연장자 우선 규정으로 인해 종종 동표인 경우 나이가 어린 사람은 나이가 어리다는 그 이유 하나로 조합장의 자리를 연장자에게 양보해야 한다. 실제로 2016년 전북 부안 수협에서는 같은 득표수를 기록한 최다 득표자가 2명이 나와 조합 정관에 따라 연장자가 당선인이 되었다.[29] 2023년 선거에서도 한국양토양록농협에서 최다 득표자가 2명이 나와 각 농·축협 정관에 따라 연장자가 당선인으로 결정됐다.[30] 완주 운주농업협동조합 선거에서는 윤여설(51세) 후보와 정성권(57세) 후보가 각 317표로 동표를 기록했지만 6년 먼저 태어난 정 후보가 그 이유 하나로 현직 조합장인 윤 후보를 제치고 당선되었다.

   3장 정치사회 이슈로 떠오른 연령차별 문제들

장유유서 선거의 예는 차고 넘친다. 변호사협회 협회장도 나이 많은 사람이 이긴다. 대한변호사협회 회칙 제5장 제24조 제2항을 살펴보면 "다만, 결선투표에서도 다수득표자가 수인인 때에는 그중 연장자를 당선자로 한다"고 하여 장유유서를 중시한다.

내 직장인 대학의 각종 선거에서도 나이 많은 사람에게 당선의 기쁨을 안긴다. 예를 들어 서울여대[31]와 숙명여대[32]의 운영위원회 위원장과 부위원장, 건국대학교 원우회장[33], 한양대학교 교육대학원 원우회장[34], 제주대학교 교수회장[35], 순천대학교 교수회 의장 선거[36]에서 최고 득표자가 2인 이상인 경우에는 연장자가 당선자로 확정된다.

나이가 승부를 결정짓는 선거의 예는 노사협의회 선거에서도 계속된다. 고용노동부에서 발간한 노사협의회 운영 매뉴얼[37]을 보면, 노사협의회 운영 규정 예시에 "연장자 순으로 당선자를 결정한다"고 명시하고 있다. 이러한 예를 따라서 각종 노사협의회 선거는 연장자를 우선한다. 익산지방국토관리청 노사협의회[38], 화성시 가족센터 노사협의회[39], 공주문화관광재단 노사협의회[40] 모두 다 장유유서 선거를 치른다. 독자가 다니는 회사의 노사협의회 선거도 장유유서 선거인지 한번 살펴보라. 그럴 가능성이 크다.

종교도 나이로부터 자유롭지 않다. 기독교대한감리회 감독 및 감독회장 선거법[41]을 살펴보면 제3조 제2항에 감독회장 선거는 최다 득표자를 당선자로 하고, 동수 득표일 때에는 연급순, 연장자순으로 한다고 되어 있다. 기독교만이 아니다. 불교도 마찬가지다. 전국 비구니회 선거법[42]에는 회장 선거에 있어서 후보자의 득표수가 동일한 경우는 승랍이 높은 후보자를, 승랍이 같은 경우는 연장자를 당선인으로 결정하도록 규정되어 있다.

## 대표성은 나이에서 나오지 않는다

정치 관련 선거 쪽으로 눈을 돌려 보자. 2024년 7월 제9대 오산시의회 후반기 의장과 부의장이 나이가 많은 연장자순으로 결정되었다. 먼저 진행된 의장 선거에서 6명의 의원이 무기명 투표를 했고 이상복 의원(국민의힘)과 성길용 의원(더불어민주당)이 각각 3표를 얻어 2차 투표에 들어갔다. 2차 투표에서도 두 의원이 3표씩을 득표해 연장자인 이상복 의원이 의장에 당선됐다. 이어 진행된 부의장 선거도 의장 선거와 같이 성길용 의원(57세, 더불어민주당)과 전도현 의원(55세, 더불어민주당)이 3차 투표에서 각각 3표씩 득표했는데 결국 두 살 더 많은 성 의원이 부의장에 당선됐다. 오산시 의회회의 규칙은 "득표수가 같을 경우 연장자를 당선인으로 한다"고 규정하고 있었기 때문이다.

시의회보다 규모가 큰 선거에서도 민주주의와 정치적 대표성이라는 중요한 가치에 항상 나이가 따라붙는다. 국회의원, 지방의회의원, 지자체장을 뽑는 데에도 연장자가 우선

    3장 정치사회 이슈로 떠오른 연령차별 문제들

시된다. 공직선거법 제188조, 190조, 191조에 따르면 국회의원, 자치단체의원, 지자체장 선거 결과 최고 득표자가 2인 이상 발생한 경우 연장자를 당선인으로 결정하게 된다. 실제로 이 규정의 적용을 받아 나이가 어리다는 이유로 당선되지 못한 사례들이 있었다. 2022년 6월 치러진 제8회 지방선거에서 나주 기초의원 마선거구(혁신도시 빛가람동) 개표 결과, 더불어민주당 김강정(60세)과 김명선(44세) 후보가 각각 1476표를 얻어 동수 득표를 기록했다. 두 후보 모두 정치 신인이었는데 나이가 16살 많은 김강정 후보가 당선자로 확정되었다. 나이가 많다는 이유 하나로 말이다.

공직선거법의 이 규정이 적용돼 연장자가 당선된 경우는 현재까지 총 8번이다.[43] 역대 연장자 당선 중 가장 적은 나이 차는 1살이었다. 제1회 지방선거 기초의원 선거에서 전남 신안군 신의면 고서임, 윤상옥 후보가 각각 379표를 얻었지만 나이가 1살 더 많은 윤 후보가 당선자가 되었다. 당시 경남 통영시의원에 출마한 김기통, 이명 후보도 1050표로 득표수가 같았지만 연장자인 김 후보가 당선됐다. 2002년 6·13 지방선거에서도 경기도 동두천시 상패동 기초의원 선거에서 문옥희 후보와 이수하 후보가 각각 1162표를 얻었지만 당선자는 1942년생인 문옥희 후보로 결정됐다. 1953년생인 이수하 후보는 11년 늦게 태어났다는 이유로 고배를 마셨다.[44]

공직선거법을 준용하여 정당 내 각종 선거들도 연장자 우선을 내세운다. 더불어민주당 당헌 당규에 따라서, 2010년 지방선거 당시 민주당 광주시당은 주경님, 서미정 등 서구 비례대표 구의원 예비후보자를 대상으로 투표를 실시했다. 투표 결과 동표가 나오자 연장자인 주경님 예비후보에게 1순위가 부여되었고, 결과적으로 주 후보가 구의회 입성에 성공하였다. 국민의힘 시·도당위원장의 선출에도 최다득표자가 2인 이상인 경우에는 연장자가 시·도당위원장이 된다.

이처럼 우리나라의 각종 선거에서 '장유유서'는 중요한 가치다. 내가 속한 작은 모임이나 조직의 회장을 뽑는 규칙을 자세히 들여다보면 득표수가 같을 경우 연장자를 당선인으로 한다거나, 아니면 아예 나이 많은 순으로 임원을 임명하는 경우를 쉽게 발견할 수 있다.

연장자 우선 규정이 나이에 따른 불이익과 차별을 만든다는 지적에 따라 2022년 2월 더불어민주당 송재호 의원은 공직선거법 개정안을 발의했다. 발의안은 '개표 결과 최고 득표자가 2인 이상인 경우 최고 득표자를 대상으로 결선투표를 실시하도록 하고 결선투표 결과 득표수가 동일할 때에는 추첨으로 당선인을 결정하도록 한다'는 내용이었으나 임기 만료 폐기되었다.

나이가 많아 당선이 되거나 나이가 어려 낙선이 되는 이러한 제도는 합리적일까? 여러 의견이 있을 수 있다. 누군가는 이것이 연소자 후보의 피선거권을 침해하는 제도이고 시대착오적이라고 비판한다. 우리나라 국가인권위원회도 "국회

   3장 정치사회 이슈로 떠오른 연령차별 문제들

의원 선거 등에서 최고 득표자가 2인 이상인 경우 연장자를 당선자로 결정하는 것은 연령차별의 소지가 있다"는 의견을 제시한 바 있다. 반면에 어떤 사람들은 장유유서라는, 우리 사회를 오랫동안 지탱해 왔던 유교적 가치의 미덕을 강조한다. 나이가 많은 사람이 더 많은 경험과 연륜을 가지고 있기 때문에 대표로서 필요한 자질을 더 갖추고 있고 따라서 지도자로서 당선되는 게 바람직하다는 것이다.

로마 최고의 논객으로 이름을 날린 키케로는 나이 든 사람이 젊은 사람들을 지배해야 한다고 주장했다. 그는 당시 63세였던 자신처럼 나이 들고, 현명하고, 경험이 많은 사람이 국가를 운영해야 한다고 믿었다. 그의 이러한 주장은 단순한 개인적 신념이 아니라 당시의 시대적 상황과 맞물려 있다. 18세에 불과했던 옥타비아누스가 권력을 장악하며 로마 제정이 시작되었고 결국 공화정은 무너졌다. 이때 키케로는 끊임없이 저항하며 공화정의 회복을 외쳤다. 그가 바라본 공화정은 곧 연륜과 현명함을 지닌 나이 든 원로들이 모여 운영하는 원로원의 지배 체제였기 때문이다. 플라톤도 키케로와 유사하게, 국가는 경험이 많고 나이 든 정치가들이 지배해야 한다고 봤다.

오륜의 하나인 장유유서는 어른과 어린아이 사이에는 사회적인 순서와 질서가 있다는 것을 뜻한다. 나름의 가치가 있는 원리이지만, 정치적 대표성 측면에서는 장유유서에 기반을 둔 결정은 노인정치로 흐를 가능성이 있다. 특히 순전히 나이만을 기준으로 한 결정과 그로 인해 연장자에게 주어지는 혜택은 민주주의 사회에서 정당화되기 쉽지 않다. 영국, 독일, 스페인, 스웨덴, 스위스, 일본, 캐나다는 동일 득표 시 추첨 혹은 보궐선거로 당선자를 결정하고 있는 것도 참고할 만하다. 선진 민주주의 국가인 우리나라에서 나이가 많다는 이유로 국민의 대표자가 된다니. 이제는 생물학적인 나이 말고 다른 방식으로 우리의 대표자를 결정해야 하지 않을까?

  3장 정치사회 이슈로 떠오른 연령차별 문제들

# 40세 이상만 대통령 자격이 있다?

## 40이라는 나이의 의미

2022년 개봉한 한국 영화 〈킹메이커〉는 대통령을 꿈꾸는 정치인과 그를 돕는 전략 참모의 치열한 선거 전쟁을 그린 드라마 장르의 작품이다. 이 영화는 1960~1970년대 한국 현대사의 실제 인물들을 모델로 삼고 있다. 영화에 등장하는 강인산은 신민당 총재를 역임한 야권의 대표적인 정치 원로 유진산 당수를 모티브로 한다. 영화에서 '40대 기수론'이 등장하는데 이를 두고 강인산 총재는 40대 정치인들을 '핏덩이' '젖비린내 나는 애송이'라고 칭한다.

영화에서와 같은 일이 실제로도 있었다. '40대 기수론'이 등장한 해는 1969년이었다. 그해 11월 8일, 신민당 원내총무였던 김영삼 전 대통령은 1971년 대선에 출마하겠다고 선언했다. 당시 신민당 유력 후보였던 유진산 총재는 64세였는데 김영삼 전 대통령은 42세로 스무 살 넘게 차이가 났다. 45세였던 김대중 전 대통령, 47세였던 이철승 전 총재도 여기에 호응하여 '40대 기수론'의 깃발이 세워졌다. 40대 기수론 바람이 불자 유진산 총재는 "구상유취口尙乳臭, 입에서 젖비린내가 나는 정치적 미성년자들이 무슨 대통령이냐"라고 비난했다. 40세가 넘은 정치인들을 '젖비린내' 난다고 폄훼하고 평가절하한 것이다. 그러나 40대 기수론은 더욱 확산되었고 결국 이철승 전 총재가 사퇴한 가운데 2파전으로 경선이 치러졌다. 경선 결과 김대중 전 대통령이 후보로 지명됐다. 1970년대에 김영삼, 김대중 전 대통령을 스타로 만들었던 40대 기수론은 국회 회의에서 "싸가지 없다"는 말이 등장할 정도로 원색적인 비난을 받았다. 55년의 시간이 흐른 지금도 별로 변한 것은 없다.

〈대선 군불 때는 '39세' 이준석〉 2024년 12월 14일 한국경제신문 기사 제목이다. 이준석 개혁신당 의원은 1985년 3월 31일생으로 이 기사가 보도될 때 기준으로 만 39세였다. 기사에서 '대선 군불 때는'이란 표현이 나온 것은, 우리나라 헌법 제67조에서 대통령 선거에 출마할 수 있는 자격을 '국회의원의 피선거권이 있고 선거일 현재 40세에 달하여야 한다'고 규정하고 있기 때문이다. 대통령 선거에 출마할 수 있는 자격에도 나이가 조건으로 달려 있다. 40세 이상인 사람만 대통령 선거에 출마할 수 있고, 아무리 국가의 발전과 국민

    3장 정치사회 이슈로 떠오른 연령차별 문제들

의 행복을 위한 훌륭한 비전과 능력을 가졌다 하더라도 나이가 어리면 대통령이 될 자격이 주어지지 않는다.

도대체 '40세'란 나이 요건은 어디서 나온 것일까? 대통령 연령을 제한한 헌법 조항은 1962년 제5차 개헌으로 처음 도입됐다. 당시 헌법 64조 2항은 '대통령으로 선거될 수 있는 자는 국회의원의 피선거권이 있고 선거일 현재 계속하여 5년 이상 국내에 거주하고 40세에 달하여야 한다'고 규정하였다. 이 헌법은 5·16 쿠데타로 정권을 찬탈한 박정희 당시 국가재건최고회의 의장이 직접 제안한 것으로, 국가재건최고회의는 박 전 대통령이 제안한 헌법 개정안을 국민투표에 부쳐 통과시켰다.

그런데 이전에도 대통령 연령제한은 우리나라 법률에 존재했다. 즉, 헌법 차원이 아닌 일반 법률 조항으로서 대통령 연령제한의 시초는 1952년 7월 '대통령·부통령선거법'의 제정이다. 이 법의 2조는 '국민으로서 만 3년 이상 국내에 주소를 가진 만 40세 이상의 자는 피선거권이 있다'고 규정했는데, 이는 40세라는 연령이 대통령 피선거권 요건으로 우리 역사상 처음 등장한 사례이다.

그런데 39세도, 41세도 아닌 왜 40세로 대통령 피선거권을 규정했을까? 이에 대해서는 사실 정확한 이유를 찾기 힘들다. 1952년 7월 14일, 당시 선거법 시행 나흘 전 열린 국회 임시회의 속기록에는 곽의영 의원과 홍범희 내무부 차관 간의 다음과 같은 질의응답이 기록되어 있다.[45]

"각국의 예를 보더라도 피선거권을 40세 이상이라고는 보지 못하였는데 40세 이상으로 제한한 이유의 근거는 어디에 있는가? 또는 피선거권을 40세 이상이라고 했는데 피선거권자가 40세 이상이면 사법권에 대해서 적령기를 채택한 것과 같이 최고 연령에 대해서 생각해 본 일이 있는가, 없는가?"

곽의영 의원이 이렇게 묻자 홍범희 내무부 차관은 다음과 같이 답했다.

"지금 곽의영 의원 질문에 대해서 간단히 설명을 드리자면 제2조의 피선거권자에 대해서 40세라는 제한을 둔 것은 구태여 40세 미만 사람을 제한하려는 것보다도 현하 우리 대한민국의 실정이 적어도 대통령이나 부통령으로 출마할 만한 분은 40세 이상이라는 이런 상식에서 나온 것입니다. 따라서 이것은 꼭 40세로 규정을 내려야 된다고 하는 그런 고집은 안 한다고 하는 것을 설명해 드립니다."

이처럼 '왜 40세인가'에 대한 명확한 근거나 구체적인 정당성은 찾기 어렵다. 전통적으로 마흔의 나이를 불혹不惑이라고 한다. 불혹은 한자로 '아닐 불不' 자와 '미혹할 혹惑' 자가 합쳐져 '미혹되지 않는다'는 뜻이다. 사십이 되면 쉽게 세상일에 미혹되지 않고 정확한 판단을 할 수 있는 나이가 됐다는 것이다. 《논어》〈위정편〉에 공자가 자신의 학문 수양 과정을 회고하면서 불혹이라는 말이 등장한다. 공자는 이렇게 말했다.

나는 15세가 되어 학문에 뜻을 두었고吾十有五而志于學

30세에 학문의 기초를 확립했다.三十而立

40세가 되어서는 미혹하지 않았고四十而不惑

50세에는 하늘의 명을 알았다.五十而知天命

60세에는 남의 말을 순순히 받아들였고六十而耳順

70세에 이르러서는 마음 내키는 대로 해도 법도를 어기지 않았

다.七十而從心所欲 不踰矩


　공자에게 있어 나이 사십이면 사물의 이치와 세상사를 어느 정도 깨달아 사소한 일에 흔들리는 일이 없고 자신의 의지나 인생관을 확립할 수 있었던 것이다. 중요한 것은 이는 세계 4대 성인 중 하나인 공자에게 해당하는 일이라는 것이다. 15세에 학문에 뜻을 두고, 30세에 학문의 기초를 확립하고, 40세에 미혹하지 않고, 50세에 하늘의 뜻을 알게 되는 순차적인 발전은 일반 사람들에게는 정확히 들어맞지 않는다. 그럼에도 불구하고 우리 사회는 '40'이라는 나이에 큰 의미를 두고 이것을 최고지도자인 대통령이 될 자격과 결부시켰다. 그렇게 함으로써 20~30대는 대한민국의 지도자가 될 수 있는 자격을 원천적으로 박탈당했다. 공직을 담당할 자격이나 능력이 과연 나이의 많고 적음으로 판단될 수 있는 것인가?

대통령이 될 자격에 나이 제한을 두는 것은 우리나라만의 일은 아니다. 그러나 '만 40세 이상'으로 대통령 출마 연령을 규정한 국가는 우리나라를 포함해 독일, 필리핀 등 소수이며 대부분의 국가는 이보다 낮은 35세, 또는 18~30세 이상으로 규정하고 있다. 예를 들어 프랑스와 핀란드는 18세 이상, 베네수엘라와 아르헨티나는 30세 이상, 미국·멕시코·브라질·아이슬란드·오스트리아·인도·인도네시아·칠레 등은 35세 이상이다. 국가수반이 총리인 영국은 최소 연령에 대한 직접적인 요건은 없으나 하원의원이어야 하므로, 하원의원의 최소 연령인 18세가 국가수반이 될 수 있는 최소 연령이다. 일본 역시 총리가 되기 위한 직접적인 최소 연령 조건을 두고 있지는 않지만 국회의원이어야 하므로 중의원의 최소 연령인 25세, 참의원의 최소 연령인 30세가 국가 최고지도자의 연령 기준이라 할 수 있다. 모두 우리나라의 40세 이상보다 덜 엄격하다.

40이라는 나이 기준으로 인해 역대 우리나라 대통령 평균 연령은 약 61세다. 2025년 8월 기준, 우리나라는 총 14명의 대통령이 있었다. 이들의 당선 당시 만 나이를 살펴보면 이승만 73세, 윤보선 63세, 박정희 45세, 최규하 60세, 전두환 49세, 노태우 55세, 김영삼 65세, 김대중 73세, 노무현 56세, 이명박 66세, 박근혜 60세, 문재인 64세, 윤석열 61세, 이재명 61세다. 세계 최고속 고령화로 인해 우리나라 국민의 평균 나이가 45세인 것을 감안해도, 대통령 평균 연령 61세는 높은 편이다. 40세 이상이라는 기준점 자체가 높기 때문이다.

거기다가 대통령 선거를 제외한 다른 선출직 선거에 있어 연령제한은 18세이므로 선거 종류 간 나이 간격이 지나치게 크다. 국회의원 선거, 지방선거, 그리고 교육감 선거의 피선거권 연령은 모두 18세인데 대통령 선거만 이보다 22세나 많은 40세여야 하는 합리적인 이유가 있는가? 올해 30세가 된 사람이 국회의원이나 지방의원, 또는 교육감으로 선거에 출마할 수 있으나 대통령 선거는 안 된다는 것은 잘 이해가 되지 않는다. 물론 대통령 직책이 매우 중요하기는 하지만 국회의원이나 지방의원, 또는 교육감 직책보다 스물두 살의 생물학적 연령을 더 요구할 만큼 중요한가? 반대로 국회의원, 지방의원, 교육감은 대통령보다 스물두 살 어려도 되는 그런 직책들인가?

우리나라를 이끌어 갈 최고지도자인 대통령을 투표할 권리는 18세부터다. 국회의원, 지방선거, 교육감 선거의 선거권 나이도 모두 18세다. 그런데 대통령 후보로 출마할 수 있는 피선거권 나이는 40세로 규정되어 있는 것은 비합리적이다. 예를 들어 25세인 유권자는 대통령으로 적합한 사람을 선출할 수 있는 식견과 능력은 갖추었지만, 스스로 대통령 후보가 될 식견과 능력은 갖추지 못했다는 말이기 때문이다.

　대통령 피선거권 연령제한은 헌법이 규정하고 있고, 헌법 개정에는 재적 국회의원 3분의 2 이상의 동의가 필요하다. 헌법이 개정되지 않는 한 40세 미만의 사람은 아무리 출중한 능력을 갖추었더라도 대통령 선거에 출마할 수 없다. 나이가 몇 살이든 국민들이 판단해 우리나라를 이끌어 갈 능력과 경험이 있다면 대통령이 될 수 있는 기회를 줘야 하는 것 아닌가. 40세라는 나이로 규정하는 대통령의 자격, 이제는 다시 생각해 볼 때가 됐다.

　대통령이 될 나이를 높게 잡은 것은 2030 청년세대의 정치적 역량 약화와 기회의 제한으로 이어진다. 고령화로 인해 선거에서 노인들의 영향력이 점점 커지게 되고, 정치인들은 고령층 유권자들의 표심을 얻기 위해 공약 경쟁을 함으로써 청년을 위한 정책은 감소할 가능성이 있는데[46] 피선거권 제한까지 더해지니 문제는 한층 심각하다. 정치 영역에서의 연령차별주의는 일상 영역까지 전이된다. 우리나라 청년들은 일상에서 나이에 따른 부당한 대우를 받는다고 느낀다. 한국보건사회연구원이 조사한 결과에 따르면, 청년 중 78.5%가 능력을 발휘할 마땅한 일자리가 없다는 데 동의했다.[47] 또한 직장에서 성과에 비해 낮은 대우를 받고 있다고 답변한 청년도 54.6%에 달했다. 실무를 하는 저연차일수록 업무량은 과중한데 연공서열에 따라 연봉을 받으니 월급은 더 적다. 팀에서 좋은 아이디어를 내도 나이가 많은 선배

　　3장 정치사회 이슈로 떠오른 연령차별 문제들

가 가로채기도 하고, 막내 취급을 하며 직장에서의 대우와 인정에 있어 불이익을 받고 있다는 것이다. 대통령이 되는 것부터 직장에서의 대우까지, 나이에 따라 삶의 가능성이 제한되어 있는 나라, 그게 바로 우리나라다.

# 나이에 따라 투표권이 다른 평등선거

## 여명 비례투표제

"왜 나이 드신 분들이 우리 미래를 결정하나요?"

"자기 나이로부터 평균 여명까지 비례적으로 투표하게 해야 한다는 것인데 되게 합리적이죠."

2023년 여름, '여명 비례투표제'가 한동안 우리나라를 시끄럽게 했는데 김은경 전 더불어민주당 혁신위원장이 청년 간담회에서 한 발언이 기점이 되었다. 김 전 위원장은 현재 성인이 된 아들이 중학생 시절에 자신에게 한 말을 옮기면서, 이를 합리적인 생각이라고 한 것이 큰 논란을 일으킨 것이다. 더불어민주당 양이원영 의원은 김은경 전 위원장을 두둔하면서 "지금 투표하는 많은 이들은 미래에 살아 있지도 않을 사람들"이라 말해 불에 기름을 부었다. 더불어민주당은 '노인 폄훼 정당'이라며 거센 비판을 받았고, 대한노인회는 성명을 내고 헌법에 보장된 참정권을 무시한 발언이라며 강하게 반발했다.

"남은 미래가 상대적으로 짧은 사람들이, 왜 젊은 세대와 동일하게 1인 1표의 권리를 가져야 할까?"라는 질문은 사실 우리 사회에서 오래된 주제다.

"60세 이상은 투표하지 말고 집에서 쉬어라." 20년도 더 전인 2004년 정동영 당시 열린우리당 의장(현 통일부 장관)이 이렇게 말했는데, 특정 연령 이상 유권자의 투표권을 제한해야 한다는 주장으로 읽혀 매우 큰 논란이 일었다.

최근 구체적인 데이터를 제시하며 정동영 전 의장과 비슷한 제안을 한 사람이 있다. 2024년 국책연구기관인 한국조세재정연구원의 창립 회원인 홍범교 명예선임연구위원이 작성한 보고서에는 파격적인 주장이 담겨져 있다.[48] 홍 연구위원은 세대별 인구수에 맞춘 '차등투표제'를 제안했는데 "1인 1표의 보통선거에 의존하는 한 미래세대의 목소리가 반영될 확률은 대단히 낮다"고 주장하였다. 그는 따라서 연령대별로 인구의 차이를 감안해 투표권을 부여하는 세대별 평등투표제를 제안했다. 그는 20대 인구는 50대 인구의 75%에 지나지 않기 때문에 20대에게는 1인당 4표를, 50대에게는 1인당 3표를 차등적으로 부여하는 것이 형평성을 보장할 수 있다고 주장하였다. 홍 연구위원은 정책을 결정하는 집단과 실제 정책을 적용받는 집단 간의 '미스매치'를 지적한다. 저출생 고령사회에서 인구구조는 역삼각형의 형태를 띠게 되고 이 때문에 새로운 제도를 설계할 때 젊은 세대는 미래에 더 긴 기간 동안 제도의 영향을 받게 된다. 하지만 실제 선거를 통해서는, 인구 비중이 높은 노인 세대나 중장년층의 의사가 더 많이 반영되는 불균형 문제가 발생한다는 것이다.

나이가 어릴수록 더 많은 투표권을 가지고, 나이가 많을수록 더 적은 투표권을 가져야 한다는 이 주장에 대해 동의하는가? 이는 합리적인 주장인가, 아니면 지극히 연령차별적 주장인가?

## 민주주의의 토대를 뒤흔드는 주장

민주주의의 역사는 차별 없는 평등한 참정권을 향해, 기득권의 벽에 저항하며 권리를 하나하나 쟁취해 온 사람들의 투쟁의 기록이다. 고대 그리스 도시국가에서 소수의 부유한 시민들만 향유했던 불평등한 민주주의가, 현대의 1인 1표 원칙에 기반한 대중 민주주의로 정착하기까지는 오랜 시간이 걸렸다. 이 세월 동안 참정권은 많은 사람의 노력과 희생으로 서서히 확대되었다.

영국에서 투표권은 시민혁명이 일어난 직후 세금을 많이 내는 부자와 귀족들에게만 주어졌다. 전체 인구의 2%만 투표권을 가졌고 가난한 노동자와 여성에게는 투표권을 주지

 3장 정치사회 이슈로 떠오른 연령차별 문제들

않았다. 노동자들은 '투표권을 달라'는 외침으로 시위를 벌였고 이는 역사에 '차티스트 운동'으로 기록되었다. 1838년부터 무려 10년 동안 이어진 이 치열한 참정권 운동은 마침내 결실을 맺어 1867년부터 노동자들 또한 투표권을 행사할 수 있게 되었다.

그런데 이때에도 여전히 여성들에게는 투표권이 주어지지 않았다. 세계 최초로 여성에게 투표권이 주어진 나라는 뉴질랜드인데, 여성 운동가 케이트 셰퍼드*Kate Sheppard* 등의 노력으로 1893년에서야 모든 여성이 선거에 참여할 수 있게 되었다. 영국은 이보다 늦게 20세기에 들어 여성 참정권이 보장되었다. 서프러제트*Suffragette*라 불리는 여성 참정권 운동이 거세게 벌어졌고 에멀라인 팽크허스트*Emmeline Pankhurst*를 주축으로 많은 여성이 거리 시위, 행진, 단식 투쟁, 감옥살이를 하면서 투표권을 쟁취해 냈다. 이러한 노력의 결과로 1918년에 30세 이상 여성이 드디어 참정권을 갖게 되었으며, 1928년에는 21세 이상 모든 여성이 평등하게 투표할 권리를 갖게 되었다. 미국에서도 비슷한 시기인 1920년에 여성 투표권이 처음으로 보장되었다. 미국 여성 참정권 운동의 선구자라 불리는 수전 브라우넬 앤서니*Susan Brownell Anthony*가 1872년 11월 5일 뉴욕주 로체스터 선거 사무실에서 3명의 여성과 함께 밧줄로 몸을 묶은 뒤 유권자 등록을 요구했다. 이처럼 여러 나라에서 수많은 여성의 희생과 노력이 모여 만 21세 이상의 여성도 남성과 동등한 참정권을 갖게 되었다.

'1인 1표'라는 민주주의의 원칙은 저절로 주어진 선물이 아니었다. 수많은 사람의 끈질긴 싸움과 희생이 쌓이고 쌓여 비로소 얻어 낸 소중한 결실이다. 나이에 따라 투표권을 다르게 주자는 주장은 이러한 민주주의의 성취에 반한다. '1인 1표'에서 벗어나야 합계출산율 0.72명의 저출산사회에서 세대 간의 목소리를 형평성 있게 반영할 수 있다는 취지인데, 이는 평등선거라는 선거의 핵심 원칙에 대한 심각한 위반이다. 재산, 신분, 성별, 교육, 종교, 문화 등의 영향을 받지 않고 모든 유권자에게 동등하게 1표의 투표권을 주는 것이 평등선거다. 따라서 연령에 따라 다른 투표권을 부여한다면 이는 불평등선거가 된다. 결국 선거인의 1표가 동등한 무게를 지니지 못하고 그 가치가 불평등하게 다루어지게 되는 것이다.

1인 1표라는 민주주의의 귀중한 가치를 흔드는 차등 투표나 여명 투표의 시행은, 민주주의의 본질을 약화시키는 잘못된 선택이 될 것이다. 이보다는 청년 국회의원이 더 많이 당선될 수 있도록 정당의 공천제도를 개선한다든지, 청년 정치인들의 재정적 어려움을 해소할 수 있도록 기탁금 완화 등의 제도 보완을 통해 고령화로 인한 미스매치 문제를 얼마든지 해결할 수 있다. 나이에 따른 차별을 제거한다고 또 다른 차별을 불러오지는 말아야 한다.

"60~70대는 투표 안 해도 괜찮다. 곧 무대에서 퇴장하실

　　　　　3장 정치사회 이슈로 떠오른 연령차별 문제들

분들이니까. 집에서 쉬셔도 되고.”

“50대 접어들면 죽어 나가는 뇌세포가 (…) 많다. 사람이 멍청해진다. 60세가 넘으면 책임 있는 자리에 있지 말자.”

이렇게 말했던 이들은 정동영 전 더불어민주당 의원과 유시민 작가다. 정동영 전 의원은 현재 71세로 이재명 정부 초대 통일부 장관을 맡았으며 무대에서 전혀 퇴장하지 않았다. 유시민 전 노무현재단 이사장은 65세로 현재도 작가와 방송인으로서 왕성하게 활동하고 있다. 그는 전혀 멍청해지지 않고, 여전히 책임 있는 사회적 위치에 있다.

지금까지도 가끔씩 소환되는 이들의 말은 명백한 노인 혐오다. 이들뿐 아니다. 2021년 11월 황운하 더불어민주당 의원은 자신의 페이스북에 “윤석열 지지자는 대부분 저학력 빈곤층 고령층”이라고 써 논란을 일으켰고, 2020년 제21대 총선 과정에서 김대호 미래통합당 관악갑 후보는 “나이 들면 다 장애인”이라는 발언을 해 후보직에서 제명당하기도 했다.

정치에 참여할 권리와 공적 책임을 맡을 자격을 가르는 데 나이가 그토록 중요한 기준이 될 수 있을까? 나이에 따라 투표권을 차등 지급하자는 주장은 민주주의가 지향하는 평등의 정신과 정면으로 충돌하는 물음이다.

# 젊으니까 좁은 집에 살아도 괜찮아

## 닭장 속 삶을 권하는 정부

2024년 국토교통부는 청년층 주거 안정과 저출생 극복 대책 마련 등을 이유로 '공공주택 특별법 시행규칙 개정안'을 공포했다. 개정안에는 영구·국민임대주택과 행복주택 등 공공임대주택과 관련해 1인 가구는 전용면적 $35m^2$ 이하, 2인 가구는 $25\sim44m^2$ 이하 등 세대원 수별 공급면적 제한 규정을 담았다. 기존에는 1인 가구에만 전용 $40m^2$ 이하 공급이라는 규정이 있었는데, 1인 가구 공급면적 상한을 낮추고 $2\sim4$인 가구 면적 규정을 신설한 것이다.

이런 정부 정책에 대해 청년들이 중심이 된 1인 가구는 반발하였다. 정부가 규정한 1인 가구 공급면적 $35m^2$는 10.58평에 불과하기 때문이다. 온라인에서는 아래와 같은 비판이

　　　　3장 정치사회 이슈로 떠오른 연령차별 문제들

빗발쳤다.

"1인 가구 삶이 나아져야 결혼도 하고 아이도 낳고 싶은 것 아니겠냐."

"30형대에 수요가 몰리니 제한을 두겠다는 건 돈 없는 사람은 닭장에 살라는 말밖에 안 된다."

"1인 가구는 좁은 평수에서 숨만 쉬고 살아야 하냐."

"저출생 고령화에 대한 정책이 아닌, 결혼도 하지 말고 자녀도 낳지 말라는 의도로 보인다."

국회 국민동의청원 홈페이지에 청원도 올라왔다. '임대주택 면적 제한 폐지에 관한 청원'은 2024년 4월 4일부터 한 달간 5만 819명이 동의해 최소 동의자 조건 5만 명을 충족했다. 청원의 내용은 공공주택 특별법 시행규칙 일부 개정령 공포안 내용 중 영구·국민임대, 행복주택에 대해 규정한 세대원 수별 적정 면적 기준을 철회해 달라는 것이었다. 청원자는 "저출산 대책 후속 조치로서 임대주택의 면적을 제한하는 것에 동의할 수 없다"라며 "영구, 국민, 행복주택 공급 시 세대원 수에 따라 공급할 수 있는 적정 면적을 규정한 표에서 세대원 수별 규정된 면적이 너무 좁게 산정됐다"고 지적했다. 이 청원은 국회의원 임기가 만료되면 국회에 제출된 의안을 폐기하도록 한 헌법에 따라 제대로 논의되지도 못한 채 제21대 국회 폐원과 함께 자동 폐기되었다.

그러자 소형 공공임대주택을 '닭장'에 빗댄 2차 청원이 제기됐다. 청원명은 '닭장 속 삶을 살라는 임대주택 면적 제한 폐지에 관한 청원' 이었다. 자신을 경기 김포시 행복주택에 거주하는 20대로 소개한 청원인은 "1인 가구 청년에게 너무나도 비현실적 기준"이라며 "학자금 대출을 갚아야 하고 안정적 직장을 구하기 위해 고군분투하는 청년에게 주거 환경은 매우 중요하다"고 주장했다.

정부의 이 정책은 저출생 대책 조치로, 제한된 자원을 효율적으로 분배하기 위한 전략이었다는 긍정적 평가도 있다. 그러나 자녀가 있는 청년들에게는 희망적인 정책일지 모르나, 1인 가구를 지향하는 청년들에게는 "젊으니까 좁은 데 살아도 괜찮다"로 들리는 정책이었다. 논란이 계속되자 결국 국토부는 공공임대주택의 가구원 수별 면적 기준을 전면 폐지하기로 결정했다. 폐지되어 다행이지만 그것으로 끝나면 안 된다. '젊으니까 좁은 데 살아도 된다' 는 낡은 편견을 넘어, 청년 역시 인간다운 삶을 누릴 수 있는 주거권을 보장하기 위한 후속 조치와 진지한 논의가 끊임없이 이어져야 한다.

## '아기자기'로 포장된 청년의 주거권

혼자 사는 청년들 역시 조금이라도 넓은 집을 선호한다. 1인 가구 공공임대 청약 결과를 보면 20형보다 30형이 더 인기가 많다. 2025년 3월, 경기도 고양시 국민임대 예비입주자 모집 결과에 따르면 고양 삼송에 위치한 한 아파트는 26형

　3장 정치사회 이슈로 떠오른 연령차별 문제들

30호수 모집에 85명이 신청해 청약률 283%를 달성했다. 그러나 1인 가구 신청 최대 면적인 36형은 30명 모집에 270명이 몰려 청약률 900%를 기록했다. 3배 넘게 수요가 더 많다. 또 다른 아파트에서도 26형은 30명 모집에 193명이 신청해 청약률이 643%였으나 37형은 742명이 몰려 청약률 2473%로 3배 이상 더 많이 몰렸다.[49]

누구나 편안히 누워 쉴 수 있는 집이 필요하다. 젊은이들도 마찬가지다. 한 설문조사에 따르면 '내 집 마련이 필요하다고 생각하는지'에 대한 질문에 20대 청년 중 94.8%가 '그렇다'고 답했다. 앞으로 구매를 원하는 집의 평수를 물으니 30평대는 45.1%, 20평대는 35.1%로 나타나 많은 청년이 20평대 이상의 넓은 집을 원했다.[50]

2020년 문재인 전 대통령이 경기 화성의 동탄 행복주택 단지를 찾았을 때의 발언은 단순한 현장 방문을 넘어, 청년의 주거권을 어떻게 보장할 것인가에 대한 깊은 고민거리를 우리 사회에 남겼다. 문 전 대통령은 41m² 복층형 주택을 살펴보면서, 변창흠 당시 LH 사장과 이런 대화를 나눴다.

문 대통령: 아주 '아기자기한' 공간이 많습니다.

변창흠 LH 사장: 네. 2층에도 화장실이 하나 더 있습니다. 아래층에도 있고 여기도.

문: 침실용 화장실도 있고.

변: 네, 부부가 쓰기에는 아주, 신혼부부가 '아기자기하게' 재미있

게 설계해서.

문: 그렇겠네요. 정말 젊은 신혼부부 중 선호하는 사람들이 많겠는데요.

두 사람 다 '아기자기'하다는 표현을 쓰는데, 넓고 다양한 동선이 나올 수 있는 공간에 대해 우리는 아기자기하다는 표현을 쓰지 않는다. 문 대통령과 변 사장도 그 공간이 둘이 살기에는 좁다는 것을 인정하는 뉘앙스를 느낄 수 있다. 이어서 두 사람은 44m² 주택으로 이동해 대화를 이어 갔다. 문 대통령과 변 사장은 "방이 좁기는 하지만 아이가 둘 있으면 위에 1명, 밑에 1명"에게 공간을 줄 수 있다고 대화하는데, 이 부분에서 '13평짜리 좁은 집이라도 부부와 아이 2명까지 총 4명이 살 수 있다'고 규정했다는 논란이 발생했다. 방문을 마무리하면서 문 대통령은 "이런 기본적인 주택에서 조금 더 안락하고 살기 좋은 그런 중형 아파트로 옮겨 갈 수 있는" 주거 사다리를 잘 만들어야 한다고 이야기했고, 김현미 당시 국토부 장관도 공공임대주택 평수를 넓혀야 한다고 말했다. 대통령을 비롯해 함께 방문한 관계자들은, 아이가 있든 없든 청년들이 이처럼 좁은 집에서 살아야 하는 현실은 반드시 개선되어야 한다고 한목소리를 냈다. 그러나 이후로 눈에 띄는 변화는 거의 일어나지 않았다.

2011년 출간된 김난도 교수의 책 《아프니까 청춘이다》는 그 제목만으로도 사회적 담론의 장에서 오랫동안 회자되며

 3장 정치사회 이슈로 떠오른 연령차별 문제들

큰 반향을 불러일으켰다. 이 책은 청년의 고통과 어려움은 당연히 그 시기에 거쳐야 하는 것으로 참고 견딜 것을 주문한다. 따라서 좁아터져서 동선이라는 것이 존재할 수 없는 집에 사는 것은 젊으니까, 청춘이니까 견뎌도 되는 것이 된다. 《아프니까 청춘이다》처럼 청년의 빈곤을 낭만적으로 이야기하는 데에는 나이를 중시하는 우리 사회의 연령차별주의적 시선이 숨겨져 있다. 공공임대주택은 국민의 기본권인 주거권을 보장하기 위해 정부가 마땅히 제공해야 하는 주택이지, 시혜가 아니다. 막 사회에 발을 내디딘 젊은이들에게 젊다는 이유로 무조건 닭장과 같은 좁은 집에서 살라고 하는 것은 옳지 않다.

혹자는 평수를 줄이는 대신 더 많은 청년에게 살 곳을 제공해 주는 것이 낫지 않느냐고 반문할지 모른다. 그런데 우리는 언제까지 이런 박리다매식 사고방식으로만 청년 주거권을 다룰 것인가? 국가는 제도와 정책을 통해 권력관계를 재구성해 나간다. 국가가 청년은 나이가 어리니까 좁은 집에 살아도 된다는 이런 유의 정책을 펼친다면 이는 권력관계에서 소수자인 청년들에 대한 나이 차별임과 동시에 소수자로서의 청년의 권력을 더 축소시키는 꼴이 된다.

청년을 위한 공공주택은 단순히 머물 곳을 제공하는 데 그쳐서는 안 된다. 어떤 면적과 품질로 삶의 터전을 마련해 주어야 하는지, 이에 대한 따뜻하고 진지한 사회적 논의가 이어져야 한다. '젊을수록 좁은 면적의 주택'이라는 단선적,

하향평준화식 논의는 이제 멈추자. 청년들이 자기 집 안에서 방과 거실, 부엌을 자유롭게 오가며 생활의 리듬을 만들어 갈 수 있을 때 비로소 더 나은 삶을 꿈꿀 수 있다. 이를 위해서는 청년 주거권을 충분히 보장하려는 새로운 사고와 정책의 전환이 필요하다.



3장 정치사회 이슈로 떠오른 연령차별 문제들

# '대견하다'는 정말 칭찬일까?

## 사회문제는 어른들에게 맡겨라

"대부분 어른들은 어린이들이 세상을 잘 모른다고 생각합니다. 어른들 말을 잘 들으라고 우리에게 어린이다움을 강조하지만, 기후위기 해결과 같은 중요한 책임에 관해서는 대답을 피하는 듯하고 어쩌면 미래의 어른인 우리에게 떠넘기고 있는 것 같습니다. 그게 제가 오늘 이 자리에 선 이유이기도 합니다. 우리는 생각보다 더 많은 것을 알고, 지금 이 순간에도 자라고 있고, 경험하고 있습니다."

2024년 5월 21일 헌법재판소에서 기후 소송 2차 변론이 진행됐는데 최종 진술자 한제아 청구인이 재판정에서 이렇게 말했다. 한제아 양은 2012년생으로 당시 초등학교 6학년이었다. 헌법소원을 청구한 당사자는 2001년 2월 15일생부터 2006년 11월 6일생까지의 청소년, 심판청구 당시 출생하지 않은 태아, 한제아 양을 포함한 2012년 1월 4일생부터 2022년 3월 25일생까지의 영·유아 등으로 미래세대가 주축이 되었다. 그래서 언론에서는 이 소송을 '아기 기후 소송'이라 칭했다. 이 기후 소송의 쟁점은 2030년까지 국가 온실가스를 2018년 배출량 대비 40% 감축하도록 한 탄소중립기본법 8조 1항과 그 시행령 3조 1항, 감축 목표량의 상당 부분을 윤석열 정부 이후로 미룬 '제1차 국가 탄소중립 녹색성장 기본계획' 등이 헌법에 위반되는지 여부다. 2024년 8월, 헌법재판소는 정부의 기후위기 대응이 부족하면 국민의 기본권 침해로 이어질 수 있다며 청구를 일부 인정한 결정을 내렸다. 이는 아시아 최초였다.

'대견하다.'

한제아 양을 향한 반응은 대체로 이랬다. 여러 언론 매체가 한 양을 인터뷰하고 기사를 내보내자 그 소식을 접한 이들의 댓글도 이어졌다. 한 양에 대해 대견하다거나 또는 기특하다는 감탄은 분명 긍정적인 평가를 담은 칭찬인데도 고개를 갸웃거리게 된다. 사전적으로 대견하다는 말은 윗사람이 아랫사람에게 하는 말이다. 예를 들어 10세 아이가 40세 어른에게 '대견하시네요' '기특하시네요'라는 말을 한다면 한국어 어법에 맞지 않아 버릇없다는 인상을 주기 십상이다. 청소년인권운동연대 '지음'은 일상언어 속 나이 차별의 예로 '기특하다/대견하다'를 들었다.[51] 지음에 따르면 이 단어

   3장 정치사회 이슈로 떠오른 연령차별 문제들

는 기본적으로 상대방을 나이 어린 사람 또는 자기보다 아랫사람으로 바라보는 태도를 품고 쓰는 것으로, 윗사람으로서 아랫사람을 평가하며 만족스럽다거나 귀엽다거나 놀랍다는 맥락이 담겨 있다. 따라서 그 말을 듣는 어린이나 청소년 입장에서는 동등한 존재로 존중한다는 느낌을 받지 못한다는 것이다.

'대견하다' '기특하다'와 같은 말은 한제아 양 같은 어린이나 청소년이 생각보다 성숙하고 사려 깊은 모습을 보일 때 사용한다. "맘껏 뛰어놀고 어리광을 부릴 나이인데, 어른들도 못 하는 기후위기 소송 활동을 한다니 참 대견하구나!" 하는 식으로 말이다. 어린이와 청소년들은 미성숙하고 보호받아야 할 대상이므로, 기후위기와 같은 사회문제는 어른들에게 맡겨 놓아야 마땅하다는 편견이 조용히 자리를 틀고 있다.

## 그레타 툰베리를 허락하는 사회

"내가 뉴스에 나오자 '한국의 그레타 툰베리가 되고 싶어서 나서느냐'는 악플이 달렸다. 유명해지기 위해서가 아니라 지구와 내 꿈을 지키려고 나온 것이다."

한제아 양은 환경 관련 행사에서 이렇게 말했다. 그레타 툰베리는 세계적으로 널리 알려진 청소년 기후 운동가인데, 2026년 현재는 스무 살이 넘은 성인이다. 툰베리는 2003년 스웨덴에서 태어나 8세 때 학교에서 플라스틱이 바다를 오

염시키는 다큐멘터리를 본 것을 계기로 기후운동에 나섰다. 이후 15세였던 2018년 8월, 3주 동안 학교를 결석하고 스웨덴 국회의사당 앞에서 '기후를 위한 학교 파업'이란 피켓을 들고 기후변화 대책 마련을 촉구하는 1인 시위를 벌였다. 툰베리는 매주 금요일, 학교를 빠지고 시위에 나섰는데 이 작은 행동이 '미래를 위한 금요일*FFF, Fridays For Future*'이라는 대규모 움직임으로 발전하게 됐다. 툰베리는 뉴욕에서 열린 UN 기후정상회의에서 연설했고, 2019년 5월《타임》지는 툰베리를 세계에서 가장 영향력 있는 사람 중 하나로 꼽았다. 6월 인권단체 엠네스티는 툰베리에게 2019년 '양심 대사상'을 수여했고, 잡지《GQ》는 그를 2019년 '올해의 게임 체인저'로 선정하고 10월호 표지 모델로 삼기도 했다.

우리나라에서 툰베리가 했던 것처럼 결석 시위를 하면 어떤 반응이 나올까? 실제로 결석 시위를 한 우리나라 고등학생 기후 운동가에게 학교 선생님은 '그냥 분리수거 캠페인이나 하지' '대학부터 가서 바꾸라'고 말했다고 한다.[52] '대견하다'며 칭찬하는 반응이 그나마 나았던 것일 수도 있다. '그럴 시간에 공부나 해라' '대학부터 가고 난 다음에 뭐든 해라'라는 핀잔 속에는, 어린이와 청소년을 그저 나이가 어리다는 이유 때문에 동등한 발언권을 가진 시민으로 여기지 않는 연령주의적 시선이 숨어 있다.

우리나라의 한제아 양은 그레타 툰베리와 비슷하게 어린 나이부터 기후위기의 심각성을 인식하고 사회 활동에 나섰

　　　　3장 정치사회 이슈로 떠오른 연령차별 문제들

다. 그런데 서구에서는 툰베리의 행동에 대해 '대견하다' '기특하다'는 반응 대신, 동등하고 대등한 사회 구성원으로서 그녀의 행동과 실천을 인정하고 주목한다. 우리나라에서는 세상일에 자신의 의견을 당당히 제시하는 어린이들에 대해 '대견하다'고 말하며, 그들의 의지를 귀엽고 당돌한 돌출 행동으로 격하시킨다.[53] 이유는 단 하나, 그들의 나이가 어리기 때문이다.

# 4장

## 일상에서 마주친 연령차별의 단상들

# 교통약자석인가, 노인석인가



## 지하철 안에 공존하는 두 세계

나는 지하철을 타고 출퇴근을 한다. 여유로운 시간에 몸을 싣다 보면 객차 안에 두 세계가 공존하고 있음을 느낄 수 있다. 주로 노인들이 앉는 교통약자석과 노인이 아닌 사람들이 앉는 일반석. 마치 보이지 않는 울타리로 나눠진 것처럼 완벽하게 경계를 이룬다.

현재 정식 명칭이 '교통약자석'인 이 좌석은 지난 1980년 서울지하철 출범 당시 경로우대를 강조하던 사회 분위기에서 '노약자 지정석'이라는 이름으로 처음 만들어졌다. 일반열차에는 이보다 앞선 1979년에 '노약자 보호석' 제도가 도입되었는데, 철도청은 별도의 좌석 지정이 없는 보통열차 이하에 노약자 보호석을 여덟 자리 마련해 노인과 어린이들이 이용할 수 있도록 했다. 그 후 몇 번의 명칭 변경을 거듭한 끝에 2007년 이동에 불편을 느끼는 사람은 누구나 앉을 수 있는 '교통약자석'이라는 이름을 갖게 됐다. '교통약자'라는 용어 자체는 2005년 1월 27일 '교통약자의 이동편의 증진법'이 제정되면서 사용되기 시작했고, 같은 해 7월 27일 제정된 '대중교통의 육성 및 이용촉진에 관한 법률' 시행령에도 '교통약자'라는 용어가 쓰였다.

열차 양옆 끝에 위치한 3인석은 교통약자를 위한 좌석으로 노인, 장애인, 만 12세 이하 어린이, 임산부 및 아이를 안은 어머니, 환자와 부상자 등 교통약자들이 앉을 수 있다. 버스에도 앞 칸에 교통약자석이 있다. 그런데 이 교통약자석이 노인 전용 좌석인지 아닌지를 두고 종종 갈등이 벌어진다. 실제로 교통약자석에서의 자리다툼이 갈수록 빈번하게 발생하고 있는데, 서울교통공사에 따르면 2023년 1~8월 접수된 교통약자석 관련 민원은 월평균 14.9건으로, 전년도 11.3건보다 상승했다.

언론보도에 따르면, 다리를 다친 30대 남성이 일반석에 자리가 없어 비어 있는 교통약자석에 자리를 잡았다가 다음 역에서 탄 할아버지에게 젊은 사람이 노약자석에 앉았다는 꾸지람을 들었다고 한다. 남성은 "다친 다리를 가리키며 몸이 불편하다고 말했지만 할아버지는 버르장머리가 없다고 큰 소리로 혼을 냈다"며 "이 자리가 노인들만 앉을 수 있는 자리는 아닌데 잘못 이용되는 것 같다"고 문제를 제기했다.[1]

한 기자는 기사를 통해 비슷한 경험담을 털어놓았다. 그는 장염으로 5일 동안 음식을 먹지 못해 병원에서 주사와 수액을 맞고 출근하던 길이었다. 버스에 올라 자리를 잡고 앉아 쉬는데 한 할머니가 타더니 바로 앞좌석에 붙어 서 검지로 창에 붙은 교통약자석 표지를 가리키고는 말했다.

"나, 다리가 아파서…."

일어나라는 뜻이었다. 가방을 안아 들고 일어나려는데 뒷좌석에 앉은 남자가 더 빨랐다. "여기 앉으세요." 노인은 남자가 일어난 자리로 갔고 이어서 노인 목소리가 들렸다.

"싸가지, 싸가지, 싸가지."[2]

유사한 장면을 우리 주변에서 어렵지 않게 마주칠 수 있다. 50대 남성 A씨는 저녁 모임이 끝난 후 서울 지하철 5호선에 몸을 실었다. 한쪽 다리에 장애가 있는 탓에 그는 교통약자석에 앉았다. 잠시 뒤 만취 상태의 70대 여성 B씨가 다가오더니 "70살도 안 돼 보이는데 여기 앉느냐"며 A씨의 정강이를 걸어찼다. A씨가 "한쪽 다리가 불편해서 앉았다"며 항변했지만 B씨는 막무가내였다. 언쟁은 몸싸움으로 번졌고 결국 현장에 출동한 경찰관에 의해 둘은 인근 지구대로 이동하게 되었다.[3]

2017년 버스 노약자석에 앉은 중년 남성이 할아버지로부터 발길질을 당했다는 내용의 글이 온라인 커뮤니티에 올라왔고, 2016년에도 한 70대 남성이 지하철 노약자석에 앉은 임산부를 보고 임산부 맞느냐며 옷을 들추고 폭행을 가하는 사건이 발생했다. 2015년에는 60대 노인이 초기 임산부가 노약자석에 앉았다고 욕설을 내뱉으며 폭행한 사건도 발생해 사람들의 공분을 샀다. 이처럼 교통약자석에 누가 앉아야 하는가, 어떤 나이대의 사람들에게 '양보받을 자격'이 있는가를 두고 특히 60~70대 노년층과 젊은 세대 간 충돌이 빈번히 발생하고 있다.[4]

교통약자석이 노인 전용석으로 인식되는 현상과 맞닿아 있다고 회자되는 광고가 하나 있다. 자양강장제 음료수 박카스 광고인데, 이 광고는 20대 청년 2명이 축구를 하다가 한 명이 넘어져서 다치는 것으로 시작한다. 다친 청년은 다리를 절뚝이며 지하철에 오른다. 교통약자석이 텅 비어 있어서 다친 친구에게 앉으라고 하자 "우리 자리 아니야"라고 대답하며 웃는 모습과 함께 박카스 그림이 화면 오른쪽에 나타난다. 젊은이의 예의와 패기를 다룬 레전드 광고로 회자되지만, 교통약자석을 둘러싼 연령별 갈등이 발생하는 지금 곱씹어 볼 만하다. 젊은 세대가 주회원인 온라인 커뮤니티에 이 광고 영상이 올라와 있고 거기에 이런 댓글들이 달려 있다.[5]

"시간을 거슬러 간다면 저 광고를 폭파하고 싶습니다. 저 이후 노약자석이 노인석으로 변하고 내가 내 자리에 앉아도 무조건 비켜 줘야 하는 이상한 현상이 도래했죠."

"저 광고 칭찬하는 입장이었는데 요즘 노약자석 진상 노인네들 때문에 생각이 바뀌었습니다. 폭파 찬성요."

교통약자석을 둘러싼 갈등은 기본적으로 교통약자석이 태부족하기 때문이다. 2024년 국토교통부가 발표한 '2023년도 교통약자 이동편의 실태조사'에 따르면 2023년 말 기준 우리나라 교통약자 수는 1586만 명으로 역대 최대를 기록했다. 이는 전체 인구 5133만 명의 30.9%를 차지하는 것으로 우리나라 국민 3명 중 1명이 교통약자에 속했다. 2022년과 비교하면 전체 인구수는 약 11만 명 감소한 반면 교통약자는 오히려 약 18만 명 증가했다. 교통약자를 유형별로 구분하면 고령자(65세 이상)가 973만 명(61.3%)으로 가장 많았고 이어 장애인 264만 명(16.7%), 어린이 230만 명(14.5%), 영유아 동반자 245만 명(15.4%), 임산부 23만 명(1.4%) 순으로 나타났다.[6] 고령화가 진행되면 교통약자석 부족 문제는 더 심각해질 뿐이므로 쉽게 해소되기는 어려워 보인다.

"교통약자석은 누구나 상황에 따라 필요하다면 앉을 수 있는 좌석이어야 한다." 여기에 동의하는가?

한 여론조사에서 이렇게 물었더니 69.5%의 사람들이 동의했다고 한다.[7] 특히 저연령층을 중심으로 동의하는 비율이 높았는데 20대의 76.8%, 30대의 74%가 교통약자석은 꼭 노인들만 앉는 것이 아니라 누구나 상황에 따라 앉을 수 있다고 응답하였다. 나이별로 인식이 뚜렷하게 갈리는데 연령

층이 높을수록 교통약자석 비워 두기 및 양보는 '의무'라고
여기는 경향이 강한 반면, 저연령층은 교통약자석이 '누구
나 상황에 따라 앉을 수 있는 좌석'이며 일반 좌석의 경우에
도 '굳이 교통약자에게 양보할 필요가 없다'는 응답도 높게
나왔다. 나이에 따른 인식의 간극은 결국 지하철 안에서 자
리를 두고 부딪히는 젊은이와 노인의 갈등으로 표면화된다.

우리 사회에서는 아직까지 교통약자석이 노인석이라는
인식이 강한 편이다. 설문조사 결과 이에 대해 무려 86.6%
가 동의했다. 그리고 83.8%의 응답자들은, 노인층도 교통약
자석에 앉는 것을 당연하게 생각하는 경향이 있다고 말했
다. 그런데 이에 대해 불편하게 여기는 사람도 많다. 10명 중
7명이 넘는 사람들이 "아무리 고연령 어르신이어도 너무 당
연하게 교통약자석을 요구하는 모습을 보면 좀 불편하게 느
껴질 때가 있다"고 말한다. 대중교통 이용 시 최대한 교통약
자를 배려하고 양보하는 것은 바람직하나 그렇다고 해서 교
통약자석을 매번 '의무적으로' 비워 두어야 하는 것은 아니
라는 인식도 적지 않다.

2024년 12월 23일은 기록적인 날이다. 우리나라는 이 날
짜를 기점으로 주민등록 인구 중 65세 이상 고령자 비중이
20%를 넘는 초고령사회에 진입했기 때문이다. 아시아에서
는 일본에 이어 두 번째다. 고령화 하면 대표적인 나라가 일
본이지만 최근 우리가 일본을 제치고 세계 1위로 빠르게 늙
어 가는 나라가 되었다. 유엔은 65세 이상 인구가 전체 인

　　　　　4장 일상에서 마주친 연령차별의 단상들

구에서 차지하는 비중을 기준으로 7% 이상이면 고령화사회, 14% 이상 고령사회, 20% 이상 초고령사회로 구분한다. 2018년 고령사회가 된 후 초고령사회로 가는 데 불과 7년밖에 걸리지 않았는데 일본보다 3년 빨리 초고령사회로 진입한 것이다. 이런 상황에서도 우리는 '나이'를 기준으로 사람을 나누고 서열을 매기는 풍토를 계속할 것인가? 이제 나이에 대한 새로운 관점이 필요하다. 한국 사회는 예로부터 노인을 '공경'의 대상이거나 또는 '보호'의 대상으로 삼아 왔다. 그러나 약자라면 누구나 공경과 보호의 대상이 되어야 한다. 나이가 어린 사람이라도 힘들거나 불편한 상황에 처했다면 필요할 때 교통약자석을 이용할 수 있어야 하는 것이 교통약자석제도의 본래 취지에 맞다.

나이에 따른 구별과 위계는 한국인들에게 도움이 되기보다는 오히려 갈등을 유발하고 기회를 제한하고 있다. 교통약자석을 둘러싼 갈등이 이를 잘 보여 준다. 외국에서도 노인이나 장애인들을 배려하기 위한 교통약자석을 많이 운영하지만 우리처럼 자리의 주인을 따지고 충돌하는 일은 그리 많지 않다고 한다.[8] 이런 갈등은 우리 사회가 유난히 강하게 지니고 있는 나이 중심의 문화에서 비롯된다. 그러나 정작 필요한 것은 나이를 따지는 태도가 아니라, 연령과 상관없이 자리에 앉아야 할 약자를 먼저 배려하려는 마음 아닐까.

# '버릇없는' 노인과 노인 연령 기준

## 노인을 만드는 숫자, 65

"조용히 하세요. 어디서 버릇없이 툭 튀어나오고 있어."

이런 말은 나이 많은 사람이 어린 사람에게만 할 수 있는 것인가? '버릇없다'는 우리말 표현은 나이 어린 사람이 자신보다 나이가 많은 사람에게는 쓸 수 없는 표현일까?

관련한 논란이 2010년 법정에서 벌어졌다. 서울중앙지법 민사단독 법정에서 아파트 입주와 관련된 민사소송 재판이 있었는데, 원고와 피고 측 변호사가 차례대로 변론을 마치고 자리에 앉았다. 원고 윤 모 씨는 변호사 대신 직접 판사에게 자신의 의견을 밝혀야겠다는 생각에 "판사님" 하고 끼어들었다.

그러자 A판사는 논란의 "조용히 하세요. 어디서 버릇없이

　　　　4장 일상에서 마주친 연령차별의 단상들

툭 튀어나오고 있어"라며 꾸짖었다. 윤 씨와 윤 씨의 변호사는 손아랫사람에게나 쓰는 '버릇없다'는 말을 매우 당황스럽고 불쾌하게 받아들였다. 이에 윤 씨의 변호사는 판사의 태도에 제대로 대응하지 못한 것에 책임을 진다면서 사임하였고 윤 씨는 국가인권위원회에 진정을 냈다. 윤 씨는 젊은 판사가 나이가 한참 많은 노인에게 '버릇없이'라는 말을 하여 인격권이 침해됐다고 주장했다. 판사는 39세, 윤 씨는 68세로 약 30년의 나이 차가 났다. 국가인권위원회는 이렇게 답했다.

"윤 씨가 법정 질서에 어긋나는 행동을 했고 판사가 재판장으로서 법정 지휘권을 갖고 있다고 해서 사회 통념상 39세인 판사가 68세인 노인에게 사용할 수 있는 말이라 볼 수 없다."

"법정 지휘권도 국민의 공복인 공무원의 권한으로 이를 국민에게 행사할 때는 헌법 10조에 규정된 인간의 존엄과 가치 등 국민의 기본권을 침해하지 않는 한도 내에서 행사해야 한다."

인권위 조사 뒤 서울중앙지법원장은 A판사에게 주의 조치를 했고 법정 모니터 강화 등 재발 방지 대책을 수립하겠다고 밝혔다. 인권위의 판단은 한국 사회에서 나이에 따른 서열성이 인권의 판단 규범으로 중요하게 작용한다는 것을 여실히 보여 준다. 나이가 많은 사람이 어린 사람에게 '버릇없다'는 말을 들은 것은 인간으로서의 권리를 침해당한 것이라는 얘기다. 연령주의적인 사회에서만 볼 수 있는 광경이다. 서른 살 차이가 나는 사람과도 서로 이름을 부르며 친구처럼 지낼 수 있는 미국 같은 사회에서는 유사한 상황에서 우리와는 다른 판단을 내렸을 것이다.

이 사건은 최근 불거지고 있는 '노인 연령 조정' 이슈와 함께 생각해 볼 거리를 많이 남긴다. 도대체 몇 살부터 노인인가? 그리고 몇 살이 되면 '버릇없다'는 말을 더 이상 들어서는 안 되는 걸까?

2025년 2월, 이준석 개혁신당 의원이 한동훈 전 국민의힘 대표에게 한 말이 논란을 일으켰다.

"옛날 같으면 53세면 손주 볼 나이다."

이준석 의원은 친한동훈계가 세대교체론을 외치며 1973년생 이하 그룹 '언더73'을 조직한 데 대해 "한동훈 대표가 한국 나이로 이미 53세인데 그러면 정치적으로나 사회적으로 원숙기에 접어들었다는 것을 강조해야 한다. 본인의 나이 위치를 잘 모르는 사람들이 60대도 젊은 세대라고 주장하는 분이 있는데, 한동훈 대표는 정치 재개 선언을 하기 직전에 콘셉트가 잘못 잡힌 게 아닌가 이런 생각이 든다"고 꼬집었다. 그의 가시 돋친 말대로, 아주 옛날에는 50대면 손주를 보기도 했다. 그리고 육십이 되면 성대히 환갑잔치를 열었다. 그러나 최근에는 50대 초에 손주를 보거나 60세에 환갑잔치를 하는 경우를 찾기 힘들다.

몇 살부터 노인이라 규정하느냐의 문제는 시대적 맥락에

따라 달라질 수밖에 없다. 몇 살까지는 '버릇없다'는 말을 들어도 되는지, 몇 살이 넘어서면 '버릇없다'는 말을 듣는 게 한 인간의 권리를 침해당하는 게 되는지는 시대에 따라, 사회에 따라 결정되어야 할 문제다.

현재 우리나라를 비롯한 많은 나라의 노인 연령 기준은 65세다. 65세라는 기준이 어떻게 등장하게 되었는지에 대해서는 학술적 합의가 존재하지 않는다. 어떤 학자는 오토 폰 비스마르크 수상이 연금 개시 연령을 65세로 정한 것을 그 시초로 본다. 또 다른 견해에 따르면, 1881년 비스마르크의 요청으로 당시 독일 황제 윌리엄 1세가 의회에 보낸 서한에서 시작되었다고 한다. 이후 1889년 노령연금법 설계 과정에서 70세를 표준 은퇴 연령으로 설정했다가 1916년에 이를 65세로 낮추었다는 것이다. 미국의 경우, 1935년 사회보장법을 제정하면서 65세를 은퇴 및 급여 지급 개시 연령으로 삼았다.[9] 그 후 1956년, UN이 65세부터 노인이라고 정한 이후 우리나라를 포함해 많은 국가에서 65세가 노인 연령 기준으로 사용되고 있다. 우리나라는 인구통계를 비롯한 각종 통계뿐 아니라 노인복지법의 경로연금, 경로우대, 건강진단 등 대상자를 선정하는 데 있어서도 만 65세를 기준으로 하고 있다.

하지만 UN은 2015년 새로운 연령 기준을 제안했다. 인류의 체질과 평균수명 등을 고려해 생애주기를 5단계로 나누었는데 이 기준에 따르면 0~17세는 '미성년자', 18~65세

는 '청년', 66~79세는 '중년', 80~99세 '노년', 100세 이후
는 '장수 노인'이다. 해외 국가들도 노인 연령의 기준을 변
경하고 있다. 초고령화사회인 일본에서는 연금, 건강보험,
노인 서비스 등을 중심으로 노인 연령 기준을 현 65세에서
70세로 점진 상향하는 방안이 추진되고 있다. 미국은 노령
연금 수급 개시 연령을 현 65세에서 67세로 연장하는 등 초
고령화사회에 대비하고 있고, 프랑스도 정년을 추가 연장하
는 등의 방안을 추진하고 있다.

우리나라의 기대수명은 1970년 62.3세에서 2023년 83.5세
로 약 21년 늘어났다. 한국인의 기대수명은 2010년을 전후
로 80세까지 높아지면서 선진국 수준에 도달했고 일본, 스
위스 등에 이어 기대수명이 긴 나라에 속한다.[10] 이렇게 기
대수명이 계속 증가하는데도 불구하고 노인 연령 기준이 그
대로 고정되어 있는 것은 문제다. 2018년 서울시 노인 실태
조사에 따르면, 65세 이상 고령자들이 생각하는 노인의 연
령 기준은 72.5세로 나타났다. 사람들은 평균 72.5세는 되
어야 노인으로 불릴 만하다고 생각하는 것이다. 연령 범주
별로 살펴보면 노인으로 불리기 적합한 연령으로 70~74세
를 꼽은 사람은 전체의 46.1%, 75~79세라는 응답은 22.2%,
그리고 80세 이상이 노인이라는 응답도 18%나 나왔다. 현
재 노인 연령 기준과 겹치는, 65~69세가 적합하다는 응답은
12.6%에 불과했다.

시대적 인식이 달라졌음에도 노인 연령 기준은 여전히 고

                    4장 일상에서 마주친 연령차별의 단상들

정되어 있다. 이는 그 기준이 단순한 숫자가 아니라, 사회와 경제 제도의 깊은 층위와 맞물려 있어 쉽게 흔들 수 없음을 말해 준다. 노인 연령은 자본주의의 산물이다. 전통사회에서 노인들은 죽기 전까지 지위를 누리며 노동 전선에서 물러나지 않았다. 즉, '퇴직'이라는 개념이 없었다. 그러다가 자본주의가 심화되면서 퇴직 개념이 등장했다. 자본가들은 나이 든 사람들을 퇴직시키고 젊은 사람을 고용해 더 많은 이윤을 추구하고자 했다. 또한 제2차 세계대전 이후 서구 국가들이 공적연금제도를 확립하자 퇴직 이후 생계수단이 확보되게 되었다. 65세가 공적연금 수급 개시연령이 되자 자연스럽게 65세가 노인 연령 기준으로 받아들여졌다.

이처럼 65세라는 연령 기준은 자본주의의 욕구에 맞춰서 획일적으로 정해졌다. 즉, 65세라는 노인 연령 기준은 생물학적 노화라기보다는 퇴직이라는 사회적 의미를 더 강하게 갖는다. 노인 연령 기준이 설정된 역사와 과정은, 노인이란 신체적 특징이 아니라 경제적, 제도적 필요에 따라 정해졌고 일단 설정된 노인 연령 기준은 노인에 대한 부정적 고정관념을 형성하는 데 일조했음을 보여 준다.[11] 65세라 하더라도 어떤 사람은 40대 같은 팔팔한 체력을 과시할 수 있는데도 불구하고 획일화된 노인 연령 기준 설정은 개인들의 삶을 재단하고 구속해 왔다.

2024년 제19대 대한노인회 회장으로 취임한 이중근 부영그룹 회장의 첫 일성은 '노인 연령 상향 조정'이었다. 이

회장은 "현재 노인 인구는 1000만 명이지만 2050년에는 2000만 명으로 증가하고, 2000만 노인복지에 치중하다 보면 생산인구가 부족하다는 염려가 있다"며 "국민의 인권 보장 차원에서 초고령화사회가 된 대한민국의 근본적인 노인 인구 관리를 위해 현재 65세 노인 연령을 연간 1년씩 단계적으로 상향 조정해 75세 정도로 올리자"고 했다.

노인 연령에 관한 대한노인회의 입장 표명은 이번이 처음이 아니었다. 노인 연령 상향에 대해 반대 입장을 고수해 오다가, 2015년 5월 노인 연령을 상향 조정하는 공론화 안건을 만장일치로 통과시켰으며 70세로 상향 조정하는 방안을 거론했다.[12] 2019년 1월 박능후 당시 보건복지부 장관도 노인 연령 기준을 70세로 단계적으로 높이는 방안에 대한 사회적 논의를 시작해야 한다고 밝혔다.

일부 중앙 부처와 지방자치단체들 역시 노인 연령 상향을 위해 발 빠르게 움직이고 있다.[13] 행정안전부는 2024년 10월 '공무직 등에 관한 운영규정'을 개정해 전국 정부 부처 청사에서 환경미화와 시설관리를 담당하는 공무직 2300명의 정년을 만 60세에서 최대 65세까지 단계적으로 늘릴 계획이라고 발표했다. 서울시는 2024년 6월 '인구정책 기본계획'을 발표했는데 노인 기준을 65세에서 70세로 올려서 노인복지 혜택을 적용하겠다는 내용이 포함되어 있다.

## 노인의 기준을 다시 정할 때

　노인 연령 기준 문제는 정년제, 사회복지 혜택, 지하철 무임승차 등 여러 제도와 얽혀 있다. 정년제는 일정 연령에 도달하면 개인을 일괄적으로 사회에서 퇴장시키는 중요한 경제 제도다. 또한 2022년 경주 불국사가 관람료 경로우대 기준을 65세에서 70세로 올리면서 논란이 일었다. 이처럼 노인 연령 기준은 우리 사회 전반에 걸쳐 큰 영향을 미친다. 우리나라의 경우, 노인 연령을 기준으로 하는 매우 포괄적인 노인 관련 급여 및 서비스가 존재한다. 철도, 항공, 각종 입장료 할인부터 기초생활보장제도, 노인장기요양사업, 노인성 질환 및 돌봄 관련 지원사업, 국민연금, 기초연금, 노인 일자리 지원사업, 노인 무료급식, 소득공제 등 그 종류가 매우 많다.[14]

　무엇보다 노인 연령을 어디에 두어야 하는가는 지하철 무임승차 연령과 연결되며 늘 뜨거운 논쟁을 불러일으킨다. 2023년 홍준표 전 대구시장은 지하철 재정적자가 심각하다면서 지하철 무임승차 연령을 현재 65세에서 70세로 상향하겠다고 밝혔다. 이준석 개혁신당 의원도 만 65세 이상 노년층에 대한 도시철도 무임승차제도를 폐지하고 일정 금액의 교통 이용권을 제공하는 내용의 노인복지법 개정안을 발의한 바 있다. 그는 급격한 고령화로 무임승차 비용이 2022년에 8159억 원으로 늘어 도시철도공사를 운영하는 지자체의 재정 부담도 커지고 있다고 주장했다.

그러나 한 가지 생각해 볼 것은, 나이를 제한으로 두는 모든 혜택이 과연 연령차별이므로 폐지되어야 하는가라는 점이다. 호주의 경우, 연령차별에 있어 예외 사항을 둔다.[15] 예를 들어 특정한 연령대의 사람들에 대한 '진정한 혜택*bona fide benefit*'의 경우는 차별이 아닌 것으로 간주한다. 미용사가 노인 카드를 가진 노인에게 할인 혜택을 준다면 이것은 선의의 혜택이므로 연령차별이 아니라는 것이다. 또한 일정한 연령대의 사람들에게 장학금제도를 운영하는 것도 비슷한 맥락에서 연령차별이 아니다. 특정한 연령대에 속한 사람들의 연령으로 인한 필요를 충족시키는 행위 역시 차별로 보지 않는다. 청년이 다른 연령대보다 더 많은 복지 서비스가 필요한 상황이라면 청년 노숙자를 위한 복지 서비스 제공은 차별이 아니라는 것이다.

우리 사회에 존재하는, 나이에 대한 제한을 모두 없애자는 것이 아니다. 이는 결코 좋은 해결책이 아니다. 중요한 것은 우리나라는 다른 어떤 나라보다 지나치게 나이에 얽매여 있는데 이렇게 나이를 묻는 사회는 한계를 가진다는 것이다. 이러한 사회적 현실을 인식하고 제도적 맥락마다 맞는 나이 기준에 대한 논의의 장을 갖는 것이 필요하다.

평균수명이 점점 늘어나고 있는데 노인 기준 연령을 그대로 65세에 고정하면 사람들의 노동기간은 짧아지고 퇴직 후 기간은 늘어나게 된다. 이는 단순히 지하철 무임승차 문제

　　　　4장 일상에서 마주친 연령차별의 단상들

만이 아니라 노동시장, 연금제도, 정년제, 교육제도 등 사회 전반의 조정이라는 거대한 변화를 동시에 요구한다. 여기에는 신중한 접근이 필요하다. 노인 빈곤 문제나 사회경제적 불평등이 더욱 악화하는 상황에서 막연하게 노인 연령과 복지 수급 연령만 높이면 안 된다. 노인 연령 상향 조정은 결국 연금 수급과 노인 의료비 지원 등 사회보장 혜택을 받는 연령의 상향 조정을 위한 초석이 되기 때문이다. 한국 사회에서 노인은 기본적으로 계급적 개념이라는 주장이 있다.[16] 정치인이나 재벌 등 경제적, 사회적 지위가 높은 사람들은 아무리 나이가 들어도 노인이라 불리지 않는다는 것이다. 우리나라는 '서민'에게만 노인이라는 칭호를 붙이고, 노인이 되는 것은 보통 사람들에게만 문제가 된다.

한국은 가난한 노인들의 나라다.[17] OECD가 2023년 발간한 '한눈에 보는 연금 2023' 보고서를 보면, 우리나라의 노인빈곤율은 40.4%로, 자료를 제출한 회원국 가운데 가장 높았다. 노인빈곤율이란 가처분소득이 전체 인구 기준 중위소득의 50%가 안 되는 노인들의 비율인데, OECD 평균은 14.2%였고 우리나라는 이보다 무려 약 26%나 높았다. 노인들을 위한 양질의 일자리는 부족한 상황에서 65세에 정년 퇴직을 해야 하는 노인들은 퇴직 후 불안정한 일자리를 전전하면서 노후를 보낸다. 그렇기에 《한겨레21》이 60대 안팎의 시민 6명과 인터뷰한 결과를 보면, 노인 연령 기준을 75세로 높이는 데 찬성하는 사람은 거의 없었다. 대부분이 노인 연령과 사회보장 혜택 연령을 높이는 데 반대했는데 그 이유는 끝나지 않는 돌봄 의무 때문이었다. 2024년 기준 60~64살(1960~1964년 출생)인 사람들은 '부모 봉양'이 아직 끝나지 않았는데, 거기다 '자녀 양육'도 진행 중이다. 30세가 훌쩍 넘은 자식은 아직 안정적인 직장에 취직하거나 결혼을 하지 않아 독립적인 가계를 꾸리지 않고 있는 데다, 부모는 90대 안팎으로 생존해 있어 돌봄 의무가 계속되는지라 일을 그만둘 수 없다. 이러한 상황에서 노인 연령 상향은 노인들의 안정적인 일자리와 소득 보장을 전제로만 가능한 것이 된다.

한 연구는 실증적 데이터를 활용해 노인 기준 연령을 65세에서 70세로 변경할 경우 어떤 일이 벌어질지를 구체적 수치로 보여 준다.[18] 이 연구에 따르면, 기준 연령을 70세로 변경하면 전체 노인 가구의 빈곤율은 약 1% 증가하는 데 반해 65~69세 노인의 빈곤율은 약 8.9%, 불평등은 13.1% 증가하였다. 전체 가구 중 약 1.26%인 24만 3851 가구가 65세 기준일 경우 비빈곤 가구였으나 기준을 70세로 변경하면 새롭게 빈곤층으로 진입한다. 역설적이게도 기준 연령을 조정하면, 노인인구 중 가장 높은 비중을 차지하는 65~69세 노인들의 빈곤 유입을 오히려 부추겨 복지 지출이 증가하고 그 결과 처음에 기대했던 재정 절감 효과를 거두기 어려울 수 있음을 보여 준다.

또한 기준 연령을 변경하면, 최소 소득 구간에 있는 노인

　　　　4장 일상에서 마주친 연령차별의 단상들

이 최고 소득 구간의 노인보다 약 22배 많은 소득 감소가 나타난다. 최고 소득 계층의 경우 기준 연령 변경에도 불구하고 소득 감소 비율은 0.3%에 불과한데, 저소득계층으로 갈수록 그 비율이 증가하는 결과가 보인다. 가장 소득이 낮은 1분위의 경우 6.51%의 소득 감소를 경험하게 된다. 이는 기준 연령 변경이 결국 가난한 노인을 더 가난하게 만듦으로써 노인들의 소득 양극화를 확대할 가능성을 시사한다.

결국 이 논의 역시 65세냐 또는 70세냐의 생물학적 기준이 무의미하다는 결론으로 귀결된다. 생물학적인 나이를 기준으로 노인을 정의하고, 복지 혜택 수급 연령을 일괄적으로 조정하는 것은 현재 우리가 처한 노인 문제를 전혀 해결해 주지 못한다. 많은 단순노무자가 노인 연령 기준이 상향되면 당장 사회보장 혜택을 받지 못하게 된다. 결국 나이로 '노인이냐 아니냐'를 구분하는 것보다 '부자 노인이냐 가난한 노인이냐'의 경제적인 계층 요인이 중요할 수밖에 없다. 나이라는 숫자에 집착하는 한국적 문화가 계층과 계급의 문제를 더욱 가리고 있다.

해외에서는 적절한 노인 연령 기준을 찾기 위해 새로운 연령 측정 방식이 논의된다. 그중 하나로 '알파-연령*alpha-age*'이 있다.[19] 경제학자 워런 샌더슨*Warren Sanderson*과 인구통계학자 세르게이 셰르보프*Sergei Scherbov*가 2016년에 제안한 개념인데, 개인의 특성이나 능력 수준을 실제 나이와는 다른 방식으로 표현한다. 두 사람이 같은 알파 연령이라면 그들은 5년 생존율, 자가 보고된 건강상태, 악력, 기대수명 등에서 동일한 수준을 가진다는 것을 뜻한다. 태어난 날부터 현재까지의 날을 계산한 연대기적 연령 대신에 다양한 특성들을 연령으로 표현함으로써 이전에는 비교하기 어려웠던 특성들을 공통의 척도로 비교할 수 있다는 장점이 있다. 물론 이 새로운 연령 측정 개념을 우리나라에 도입하기에는 평가의 객관성 논란, 한국 사회에 존재하는 연령주의 등 장애물이 있어 쉽지 않다.

그럼에도 우리는 여전히 묻지 않을 수 없다. 도대체 몇 살까지를 '버릇없다'고 규정할 수 있으며, 몇 살부터를 노인이라 불러야 하는가? 이 물음을 둘러싼 진지한 논의는 지금 바로 시작되어야 한다.

   4장 일상에서 마주친 연령차별의 단상들

# 황혼육아에서 박카스 할머니까지

## 여성에게 더 가혹한 나이

박막례, 밀라논나, 선우용여. 이 세 사람은 공통점이 있다. 첫째, 매우 인기 있는 유튜버들이다. 박막례 씨는 '코리아 그랜마*Korea Grandma*'로 알려진 유튜브 크리에이터로 114만 명의 구독자를 자랑한다. 밀라논나는 패션디자이너 장명숙 씨의 예명인데, 그는 '대한민국에서 가장 힙한 할머니'로 통하며 100만 유튜버로 활발히 활동하고 있다. 마지막으로 배우 선우용여는 '최고령 유튜버'라는 타이틀을 걸고 2025년 4월 채널을 개설했다. 〈순풍 선우용여〉라는 이름의 채널은 시작한 지 4개월 만에 35만 명의 구독자를 모았다.

이들의 두 번째 공통점은 '여성'이자 '노인'이라는 점이다. 세 명 모두 여성이고 70~80대의 노인들이다. 밀라논나 씨는 1952년생 73세로 셋 중 가장 어리고, 박막례 씨는 1947년생으로 78세, 선우용여 씨는 1945년생 80세로 가장 나이가 많다.

이들이 가진 또 다른 공통점은 나이가 많다고 대접을 받으려 한다거나 권위를 내세우지 않는다는 점이다. 활기 넘치는 생활을 보여 주는 콘텐츠를 만들고 이를 대중과 공유함으로써 노인의 삶도 '재미' 있다는 것을 몸소 증명한다. 젊은이들은 이들의 콘텐츠를 보면서 "나도 나이 들면 저렇게 되고 싶다"고 말한다. 생물학적 나이에 있어 노인이 되었다는 것은 그들을 구성하는 하나의 소소한 특성일 뿐이라는 것을 이들은 잘 보여 준다. 나도 나이가 더 들면 그들과 같은 여성 노인이 되고 싶다.

그런데 박막례, 밀라논나, 선우용여는 신데렐라들이다. 그들처럼 동화 속 주인공 같은 여성 노인을 현실에서는 찾기 어렵다. 우리나라 여성에게 나이는 남성과는 다른 의미를 가지며[20] 남성 노인들보다 여성 노인들이 더 차별받는다. 여러 연구는 이러한 실상을 탄탄한 증거로 보여 준다. 노인이 등장하는 광고들을 살펴본 한 연구는, 여성 노인이 등장하는 광고가 겨우 38%에 그치는 반면 남성 노인이 등장하는 광고는 무려 82%에 달해 광고에서도 젠더 차이가 있음을 발견했다. 노화를 묘사함에 있어서도 남녀 간의 이중적 잣대가 존재하는 것이다. 우리 사회는 여성의 늙음보다 남성의 늙음을 더 긍정적으로 받아들이는 경향이 있다. 여성의 노

   4장 일상에서 마주친 연령차별의 단상들

화는 여성으로서의 가치를 떨어뜨리는 것이지만, 남성의 노화는 남성을 더 강하게 만드는 것으로 보기 때문에 남성의 노화에 더 관용적이다.[21]

유사한 결론을 보여 주는 연구는 매우 많다. 또 다른 연구에서는 여성 노인이 남성 노인보다 주변화 현상을 더 많이 경험한다는 것을 보여 준다. 남녀 노인이 함께 등장하는 광고는 전체 광고의 41.3%로 가장 많고, 남성 노인만 등장하는 경우는 34.4%로 두 번째로 많은 비중을 차지했다. 그러나 여성 노인만 등장하는 경우는 24.3%로 가장 낮아, 여성 노인이 주변화되어 있음을 보여 준다. 또한 전체 광고물 중 어떤 형태로든지 남성이 등장하는 경우는 75.7%인 반면 여성이 등장하는 경우는 65.6%에 그쳐, 여성 노인의 존재감이 남성 노인보다 작았다. 이는 노인 집단 내에서도 여성 노인은 남성 노인보다 낮은 서열에 위치한다는 것을 암시한다.[22] 미디어는 각종 사회집단에게 '지위'를 제공해 주는데, 이렇게 여성 노인에게는 남성 노인보다 낮은 지위를 부여한다.

노인의 젠더화 현상은 경제적 능력과도 연관되어 나타난다. 광고에 등장하는 노인의 사회경제적 지위를 살펴보았더니, 여성 노인만 등장하는 광고 중에는 중산층 비율이 가장 낮고 빈곤층 비율이 가장 높게 나타났다. 반면에 남성 노인만 등장한 광고 중에는 중산층이 가장 많고 빈곤층은 가장 적었다. 여성 노인들이 빈곤층으로 재현되는 경우가 더 많다는 것이다. 독거노인으로 묘사되는 빈도도 여성 노인이 남성 노인보다 더 많아 젠더 고정관념이 발견된다. 미디어에서 남성 노인의 사회경제적 지위가 여성 노인보다 더 높은 것으로 의미화되어, 노인 빈곤은 주로 여성 노인의 문제로 인식되는 경향이 강화된다.[23] 이렇게 늙음의 현실은 성차별적이다.[24]

연령주의 사회에서는 나이 듦과 늙음이 같은 말로 간주되는데, 나이 듦과 늙음의 관련성은 성별에 따라 다르게 작동한다. 나이 듦이 곧 늙음을 의미하는 경우는 남성보다 여성에게 더 많이 해당된다. 그래서 우리 사회에서는 아직도 '진정한 여성은 어리고 예쁜 여성이다'라는 왜곡된 통념이 반복된다.[25] 여성 노인은 탈성화된desexualized 존재이자 할머니로만 간주된다. 여성 노인이라는 지칭 대신 할머니라는 가족 내 성역할 호칭으로 주로 불리는 것은 한국 사회에서 여성 노인의 위치를 잘 보여 준다.

경로 효친의 대상도 자세히 살펴보면 주로 노인 남성이 대표된다. 60세 이상 여성들은 경제활동을 하는 공적 존재성은 거의 없고 고부갈등의 당사자나 황혼육아를 떠맡는 대상이 된다. 노인 여성은 생산하는 존재가 아니라 재생산을 맡는 가정 내 존재로만 간주되는 것이다.[26]

노인을 바라보는 우리 사회의 시선에는 '이상적 조부모형'이 있다. 핵가족화와 저출생으로 노인과 손주가 함께 시간을 보내는 경우가 감소하고 있는데도 노인들을 '조부모'로 묘사하는 것은 노인들에 대한 또 하나의 편견이다. 노인들을 과거에 묶어 둔 채 완벽한 조부모 역할을 하는 것을 칭송함으로써 인생의 후반부를 자신에게 충실하기보다 손주에게 헌신적인 사랑을 베풀기를 요구한다.[27]

이런 분위기 속에서 우리 사회의 많은 조부모가 바쁜 부모들을 대신해 황혼육아를 담당한다. 그런데 '이상적 조부모형'은 남성 노인과 여성 노인 중에서 여성 노인에게 더 많이 요구된다. 여성의 역할이라 간주되는 육아와 돌봄이 젊은 여성뿐 아니라 노인 여성에게까지 연장된 것이다.[28] 이러한 여성의 현실을 '맘고리즘'이라는 신조어가 아주 잘 포착했다. '맘고리즘'은 맘*mom*과 알고리즘*algorism*의 합성어로, 생애주기별로 육아가 반복되면서 평생 육아에서 벗어나지 못하는 여성의 현실을 표현한다.

특히 여성 노인의 노동력은 가족 내에서 소비되고, 가족이라는 이름 아래 자식과 부모라는 관계 속에서 정당한 대가를 받지 못한다. 손자녀를 돌보는 역할을 거부하거나 돌봄 노동을 맡지만 그에 대한 적절한 보상을 요구하면 이기적인 노인이 된다.[29] 우리나라 여성 노인에게 부가된 황혼육아의 현실은 2025년 방송된 ENA 드라마 〈라이딩 인생〉에서 잘 그려졌다. 배우 전혜진이 연기한 이정은이라는 인물은 일도 육아도 모두 만점이고 싶은 열혈 워킹맘이다. 딸 서윤의 대치동 학원으로의 라이드를 친정 엄마에게 맡기면서 모녀의 갈등이 시작된다. 배우 조민수가 친정 엄마 윤지아 역을 맡았는데, 그는 아이들의 심리를 어루만지는 아동 미술 치료

사로 일하고 있음에도 불구하고 딸 정은의 부탁을 거절할 수 없어 손주 돌봄 세계에 뛰어든 초보 라이더다. 윤지아만이 아니다. 드라마에는 황혼육아를 하는 또 다른 여성 노인 캐릭터가 등장한다. 바로 딸을 대신해 손주를 돌보는 황혼육아 1년차인 장미춘이다. 젊은 여성이 커리어를 이어 가기 위해서는 또 다른 여성인 여성 노인의 희생이 필요한 게 우리나라의 현실이다. 나 역시 박사학위를 받고 아이를 출산하고 취직하는 과정에서 70세가 넘고 무릎이 아픈 친정 엄마의 도움을 많이 받았다. 이 문제를 국가와 사회가 적극적으로 해결해 주지 않는다면, 나 역시 더 나이가 들면 내 딸의 경력이 단절되지 않도록 손주를 돌보는 황혼육아를 떠맡게 될 것이다.

우리보다 고령화를 먼저 겪은 일본의 경우도 여성 노인의 황혼육아 문제가 심각하다. 조부모 행복도는 손주가 태어나면 당연히 높아진다고 생각하기 쉽지만, 직접적인 육아 부담이 생기는 경우엔 그렇지 않다고 한다.[30] 특히 친손주인지 외손주인지에 따라 조부모 행복도가 달라지는데, 외손주 돌봄 여성은 친손주 돌봄 여성에 비해 행복도가 13%가량 낮다는 결과가 나와서 흥미를 끌었다. 왜 여성 노인은 자기 딸이 낳은 아이들을 돌볼 때 스트레스가 더 커지는 것일까? 그런데 신기하게도 외손주와 친손주 육아에 따른 행복지수 격차는 남성에겐 나타나지 않았다. 이에 대해 전문가는 성별에 따른 가정 내 역할 분업이 뚜렷해 손주를 돌보는 일은 대개

  4장 일상에서 마주친 연령차별의 단상들

여성이 도맡기 때문에 여성 입장에서는 시어머니보다 친정어머니에게 육아를 부탁하기 쉽고, 딸의 커리어가 단절되는 것을 원하지 않는 고령 여성은 외손주 돌봄을 떠맡게 되어 육체적·경제적 부담이 늘면서 행복도가 낮아진다고 설명했다.

한국도 일본과 매우 유사하다. 한 연구는 우리에게 흥미로운 사실을 보여 준다. 처음에는 비슷한 우울 수준을 가진 여성 노인들이었지만 2년 넘게 손자녀를 돌본 이들은 그렇지 않은 이들보다 시간이 지날수록 더 큰 우울감을 경험했다.[31] 여성에게 육아·가사 부담이 남성보다 더 몰려 있기 때문이다. 우리나라 여성 노인들은 자식을 다 키운 후 손주까지 키워야 해서 그야말로 평생에 걸쳐 돌봄노동에 시달린다.

여성 노인들은 자신들이 차별을 받더라도 그 원인이 '나이'가 아니라 '여성'이기 때문이라 생각한다.[32] 그런데 여성 노인들은 '나이' 때문에, 그리고 '여성'이기 때문에 이중적으로 차별받는다. '교차성'이라는 개념은, 이렇게 다중적인 정체성 때문에 복합적으로 차별받는 소수자들의 상황을 잘 설명한다. 우리나라 여성 노인은 '성별'과 '나이'가 상호작용하여 편견과 차별이 더 강화되는 메커니즘의 한가운데에서 산다. 그들을 보면 가부장적이고 연령차별주의적인 한국 사회의 모습이 거울처럼 비친다.[33]

## 박카스 할아버지는 없지만 박카스 할머니는 있다

강남이나 성수 등 소위 '핫플'은 젊은이들이 찾는 곳, 종로나 동대문구 일대는 노인들이 찾는 곳. 우리나라는 이처럼 세대별로 모이는 장소가 구분돼 있다. 노인들이 많이 찾는 곳인 종로 종묘공원에는 '박카스 할머니'들이 있다. 박카스 할머니들은 서울의 모텔 근처 공원이나 광장에서 손님을 찾는, 중노년 연령대의 한국인 매춘부들을 가리킨다. 이들은 소일거리로 바둑을 두거나 이야기를 나누는 고령 남성들이 모여 있는 공원에서 자양강장제인 박카스를 팔면서 생계를 유지한다. 박카스 할머니들 가운데 절반가량은 젊은 시절 성매매 경력이 없는 평범한 삶을 살아온 이들이다. 이들이 성매매에 나서게 된 것은 노인 빈곤 문제 때문인데 특히 여성 노인의 빈곤 문제가 남성 노인보다 심각하다. 갈수록 악화되는 우리나라의 노인빈곤율은 OECD 회원국 중 가장 높고 회원국 평균보다 자그마치 3배나 높은 약 40%에 달한다. 그런데 노인빈곤율을 성별로 나눠 보면 또 다른 그림이 나타난다. 2023년 기준, 남성 노인의 빈곤율은 31.8%인 반면 여성 노인은 43.2%로 그 격차가 약 11%에 달했다. 여성 노인이 훨씬 더 빈곤하다.[34]

우리 사회에서 여성 노인의 주변화된 현실은 '박카스 할머니'라는 존재를 통해 가장 적나라하게 드러난다. 2016년 개봉한 한국 영화 〈죽여주는 여자〉는 파고다공원에서 노인

　4장 일상에서 마주친 연령차별의 단상들

들을 상대하는 65세의 박카스 할머니 소영(배우 윤여정 역)의
이야기를 그린다. 소영은 노인들 사이에서 '죽여주게 잘하
는' 여자로 입소문을 타며 인기를 얻는다. 어느 날 그녀는
자신의 단골 고객이자 뇌졸중으로 쓰러진 송 노인의 죽여
달라는 간절한 부탁을 받고 그에 대한 연민과 동정으로 그
를 진짜 죽여 주게 된다. 그 일을 계기로 죽고 싶은 남성 노
인들의 부탁이 이어진다. 소영은 남성 노인들을 죽여 준 대
가로 얻은 돈과 금반지를 대부분 헌금한 후 이웃들과 즐거
운 시간을 보내다가 체포되어 교도소에서 고독사하고 그녀
의 시신은 무연고 처리된다.

　여성 노인 소영은 남성 노인들의 성적 욕구를 충족시켜 주
기 때문에 성적으로 죽여준다는 평가를 받았고, 노인들의
죽여 달라는 요구를 모두 들어주기 때문에 목숨을 죽여 주
는 여자가 된다.[35] 〈죽여주는 여자〉라는 이중적인 의미를 가
진 영화 제목처럼, 여성 노인은 남성 노인의 모든 것을 다 충
족시켜 주고도 누구의 배려도 받지 못한 채 쓸쓸히 혼자 죽
는 비극적 현실을 맞이한다. 소영은 남성 노인들의 욕구를
충실히 만족시켜 주었을 뿐 아니라 트랜스젠더인 집주인 티
나, 장애를 가진 가난한 피규어 작가 도훈, 성병 치료차 들른
병원에서 만나 무작정 데려온 코피노('Korean+Filipino', 한국
인 아버지와 필리핀인 어머니 사이에서 태어난 아이를 이르는 말) 소
년 민호를 돌보며 함께 살아가는 따뜻한 마음씨의 인물이었
다. 이 영화는 감춰져 있던 노인들의 성적 욕구와 외로운 노

인이 많은 우리나라의 어두운 현실을 보여 주는 명작이다. 그러나 이 영화에서 충분히 주목받지 못한 부분은, 희생되고 타자화되는 여성 노인의 삶을 조명한다는 점이다. 영화는 생존과 죽음의 요구를 모두 여성 노인에게 떠넘기고 결국 그를 처벌하는 우리 사회의 민낯을 드러낸다.

여성에게 늙는다는 것은 성차별적인 것이다. 늙음의 범주에 남성보다 여성이 더 일찍 포함되고 더 일찍 연령차별주의의 해악에 노출되기 때문이다.[36] 나이 듦이 남성들에게는 경험과 경륜을 보여 주는 것으로 권위를 부여받지만, 여성의 나이 듦은 그렇지 않다.[37] 20대 초중반에는 '꽃다운 나이'로서 가장 아름다운 시기라며 여성성을 규정당하고, 그 나이대 이후로는 여자로서 한물간 사람으로 간주되어 '아줌마'라는 통칭으로 명명된다. 여성성을 상실한 나이 든 여성들은 같은 나이대의 남성에 비해 재미없고 별 볼 일 없는 사람이 되어 버린다. 특히 나이 든 여성들은 '가임기' '폐경기' 등으로 구분되고, 어머니나 할머니로만 살아가도록 규범화된다.[38]

시인 문정희의 시 〈촛불 한 개〉는 여성의 나이가 한국 사회에서 어떻게 인식되는지를 표현했다.

여자들은 서른 살 때부터 자신의 나이를 감추기 시작한다

사실은 스물아홉 살 때부터 서서히 부끄러워한다

돌 틈새에 끼인 엉겅퀴처럼 미안하게 서른을 산다

　　　　4장 일상에서 마주친 연령차별의 단상들

마흔이 되는 날, 촛불 한 개를 켜놓고 여성에서 해방되어

비로소 인간이 되는 첫 번째 생일을 맞으리라는 친구여

촛불을 불기 전에 생각해 보아라 그대 그날 비로소 인간이 되는 것

이 아니라

이제는 심지어 여자조차 아닌 아무짝에 쓸모없는 아줌마가 되는

것 뿐이로다

여자 나이 마흔 그리고 쉰 저 푸르고 넉넉한 목초지를 벌써 폐허로

내던져놓고

가죽장화 신은 도적떼들이 지나가고 있다.

　　　　　　_문정희, 〈촛불 한개〉, 《오라, 거짓 사랑아》, 민음사, 2001.


시가 노래하듯이, 우리나라에서 여성은 각 나이대마다 고정된 이미지와 역할 속에서 다르게 정의된다. 그렇기에 한국 여성의 나이는 사회문화적으로 의미화된 일종의 구성물이다.[39] 특히 여성의 나이 듦은 성숙이 아니라 쇠퇴로 간주된다. 여성 노인들은 황혼육아를 떠맡거나 매우 극단적인 형태인 박카스 할머니로 전락하는 존재다. 그렇기에 한국에서 나이는 여성에게 더 가혹하다.

# 더 이상 어리지 않은 여성의 한계

## 어리지 않다는 이유로 받는 차별

"불러 줘서 너무 고마워."

MBC 예능 프로그램 〈놀면 뭐하니〉의 프로젝트 그룹인 '환불원정대'에서 가수 이효리와 만난 가수 엄정화는 사뭇 진지한 투로 이렇게 말했다. 이처럼 우리나라 대표 예능 프로그램에서 시작한 새 프로젝트는 한국을 대표하는 독보적 여성 댄스 가수 엄정화가 자신을 불러 줘서 고맙다고 인사하는 것으로 시작했다.

1969년생으로 55세인 엄정화는 중장년 여성 가수다. 그는 "나는 스물일곱 스물여덟, 막 이때부터 이게 마지막이라고 계속 듣고 지나왔거든. 그때는 서른 넘은 (댄스) 여가수가 없었지"라고 말한 적이 있다. 우리나라에서 55세라는 나이는

   4장 일상에서 마주친 연령차별의 단상들

무엇인가 파격적인 일을 하기에는, 그리고 지상파 대표 예능 프로그램에 주인공으로 출연하기에는 맞지 않는다. 젊은 얼굴을 선호하는 방송가의 뿌리 깊은 연령주의에 더해 여성이라는 성차별이 가세해 이중고를 겪는다. 그러기에 엄정화는 "불러 줘서 너무 고맙다"고 말한 것이다. '더 이상 어리지 않은 여성'은 우리나라에서 차별받는 이중적 소수자다.[40]

'환불원정대'는 우리나라가 맞이할 초고령화사회의 미래를 어떤 모습으로 열어 가야 하는지 상징적으로 드러내 준 훌륭한 프로그램이다. 55세인 엄정화가 리드보컬, 46세인 이효리가 서브보컬과 메인댄서를, 36세인 제시가 메인래퍼, 29세인 화사가 메인보컬을 맡았다. 20대부터 50대의 가수들이 세대 차이를 극복하고 완성도 있는 무대를 만들어 가는 과정은 우리에게 영감을 주었다. 젊은 세대는 엄정화와 이효리라는 중장년 가수들을 보면서 오랜 기간 대중의 사랑을 받아 온 전설적인 가수의 능력과 존재감을 재확인하고, 중장년 가수는 20~30대 젊은 가수의 발랄함과 자신감을 통해 에너지를 얻었다.

한창때를 지나 늙어 가는 연령대로 간주되는 중년에게는 욕망도 함께 사라지는 것처럼 간주되곤 한다. 과거의 드라마나 예능에서 중장년층은 부모, 직장 상사 등 주로 중간 세대로서의 사회적 역할만 강조되었다. 그런데 요즘은 사랑이나 결혼에 실패한 경험을 가진 중장년이 새롭게 도전하는 모습 등 중년의 욕망을 과감하게 보여 주는 시도들이 보인다.[41] JTBC의 연애 리얼리티 프로그램 〈끝사랑〉은 50세 이상의 일반인 중년 남녀의 연애를 그린 프로그램으로 인기를 끌었다. 이제까지 연애 프로그램 하면 20~30대 청춘의 사랑과 이별에만 초점을 맞추었는데, 우리나라 최초로 중년의 사랑을 다뤄 큰 주목을 받았다. 일반인뿐 아니라 중년 연예인들의 욕망과 사랑도 이제 숨기지 않고 솔직하게 그려진다. TV조선의 〈공개연애-여배우의 사생활〉은 오윤아, 이수경, 예지원 등 40세를 넘긴 여배우 3명이 또래의 일반인 남성과 보통의 연애를 하며 사랑을 찾아 나가는 모습을 그렸다.

## 나이의 굴레를 넘어서

사랑과 결혼뿐 아니라 중년의 이혼도 솔직하게 그려진다. 이혼 결심 전 상담을 받거나 이혼 후 혼자가 된 사람들의 적응기를 다루는 예능인 〈이혼숙려캠프〉 〈이제 혼자다〉 등에서도 중장년이 주요 주인공으로 등장한다. 또한 육아는 20~30대 젊은 세대의 역할이라 여겨지던 관점에서 벗어나, 결혼과 출산 연령이 늦어지는 사회적 흐름을 반영해, 중년 연예인들의 육아를 다룬 〈아빠는 꽃중년〉이라는 프로그램도 제작됐다.

특히 한국의 중장년 여성들을 나이의 굴레에서 벗어나 신선한 시각으로 다룬 KBS 2TV 예능 프로그램 〈박원숙의 같

    4장 일상에서 마주친 연령차별의 단상들

이 삽시다〉는 매우 흥미롭다. 평균 나이 66세인 여자 연예인 넷이 모인 곳에는 자식 걱정하는 엄마도, 남편 고민을 털어놓는 아내도, 요리하는 주부도 없고 그냥 '여전히 배울 게 많은' 성장하는 여자들이 있을 뿐이다.[42] 혼자 사는 중년 여성들의 동거 생활을 통해 중장년층의 다양한 고민과 감정을 공유하는 이 프로그램은 한국의 가부장제 안에서 주어진 역할을 하는 '정상 여성'이 보이지 않는다. 가족에게 상처받았던 여성들은 전혀 다른 유형의 가족을 통해 서로 상처를 치유하고 감동을 자아낸다.

과연 우리 방송사들은 이런 프로그램들을 통해 연령주의의 틀에서 벗어나 깨어 있는 시각을 갖게 되었다고 말할 수 있을까? 아쉽게도 그렇다고 보기는 어렵다. 고령화로 인해 TV의 주 시청 연령대가 높아졌기 때문에 방송사 입장에서 이러한 변화는 새로운 시청자층을 끌어들이기 위한 전략에서 비롯된 것이다. 그럼에도도 불구하고 이런 콘텐츠들의 증가는 우리 사회에 뿌리내리고 있는 나이에 집착하는 문화를 해소하는 데 긍정적인 영향을 미칠 수 있다. 이런 프로그램을 보면서 중장년 세대는 희망과 자신감을 가질 수 있고, 젊은 세대는 중장년 세대에 대한 편견을 깨고 그들을 새롭게 이해할 수 있기 때문이다. 엄정화가 "불러 줘서 너무 고마워"라고 말하지 않아도 되는 사회, 중장년이라는 나이가 사회적 활동에 장애가 되지 않는 사회가 되는 데 미디어가 그 길을 밝히는 역할을 해 주기를 바란다.

# 28세 이상의 미스코리아를 꿈꾸며

## 아름다움이 멈춰 선 나이, 28세

"예전엔 못생겼었는데 많이 예뻐졌네. 미스코리아 나가도 되겠어."

현재 고등학생인 내 딸아이가 세 살이었을 즈음, 동네 아주머니께서 오랜만에 아이를 보고는 이렇게 말씀하셨다. 이 말씀을 어떻게 받아들여야 할지 남편과 한참 머리를 맞대고 얘기한 기억이 있다. "예전에 못생겼었다"는 말은 참 기분이 나빴지만 어찌 됐든 "미스코리아 나가도 되겠어"라고 덧붙였으니 우리는 이를 칭찬으로 받아들이기로 했다. 이처럼 "커서 미스코리아 나가도 되겠다"란 말은 여자아이에게 하는 최고의 칭찬이었다.

때문에 과거 여자아이들에게 커서 뭐가 되고 싶냐고 물으

    4장 일상에서 마주친 연령차별의 단상들

면 상위 순위에 '미스코리아'가 있었다. 미스코리아는 과거보다 퇴색되긴 했으나 현재에도 '지성과 교양, 미를 겸비한 대한민국 최고의 미인'을 의미하는 용어로 사용된다. '대한 여성의 진선미眞善美를 세계에 자랑할 미스코리아를 선발'한다는 취지로 1957년 처음 열린 제1회 미스코리아 선발 대회는 '만 18세 이상 26세까지 여성으로 지, 덕, 체의 모든 면에 진선미를 겸비한 사람' '직업의 유무는 불문하나 흥행단체 또는 접객업소에 종사한 일이 없는 미혼 여성'에게 지원 자격을 주었다.[43] 미스코리아 선발 대회를 통해 뛰어난 용모를 가진 여성들이 미모 대결을 펼쳤고, 이는 TV를 통해 전국으로 생중계되었다. 1989년에는 미스코리아 대회 시청률이 54%를 돌파했을 정도였다. 미스코리아 참가자들 역시 대중적 인기를 차지했고, 대회는 유명 연예인이 되는 등용문과 같은 역할을 했다.

미인 대회는 단순히 미인을 뽑는다는 의미를 넘어 여성의 신체를 바라보는 사회의 시선을 반영한다. 서구의 문화였던 것을 근대기에 받아들여 시작된 미스코리아 대회는 전통적인 미인상과는 다른 미인상을 제시하는 주요한 통로였다. 미인 대회를 통해 여성의 몸은 공적인 평가와 심사의 대상이 되었다.[44]

그런데 우리나라를 대표하는 미인을 선발하는 미스코리아 대회는 엄격한 연령제한이 있다. 2025년 미스코리아 대회 출전 자격은 "1997년 1월 1일부터 2007년 12월 31일까지

출생한 대한민국 국적의 미혼 여성"이다. 나이로 계산해 보면 만 18세에서 28세까지만 미스코리아 대회에 출전할 자격이 주어진다. 원래는 참가 연령 요건이 만 18~26세였는데 2021년부터 만 18~28세로 두 살을 더 올렸다. 단, 결혼 및 출산 경험이 없어야 한다는 제한은 여전히 유지되고 있다. 여기에도 나이를 중시하는 우리 사회의 연령주의 그림자가 짙게 깔려 있다.

우리나라에서 미의 기준은 사회에 존재하는, 나이에 따른 고정관념이 그대로 반영되어 있다. 우리 사회 전반적으로 나이 듦에 대한 두려움이 있기에, 미의 기준은 젊은 여성을 중심으로 구성되어 있다.[45] 28세를 넘기지 않은 '젊고 어린' 여성만이 아름답고, '나이 들고 늙은' 여성은 아름답지 않다는 것. 2014년 개봉한 한국 영화 〈수상한 그녀〉에서 배우 나문희가 연기한 70대의 오말순은 20대의 오두리(배우 심은경 역)로 변신한다. 오두리는 젊은 몸을 다시 갖게 되어 생기 있고 건강한 아름다움을 뽐낸다. 20대의 탱탱하고 탄력 있는 피부, 감출 수 없이 뿜어져 나오는 생기가 화면에 아름답게 표현된다. 오두리는 70대 오말순의 사고방식, 지혜, 경험 등을 그대로 유지하지만 이런 노인 여성의 덕목은 젊은 몸과 함께일 때만 가치가 있다.[46] 오말순은 손자를 살리기 위해 다시 노년으로 돌아와야 했는데 영화는 이를 슬픔과 고통으로 표현한다. 늙은 여자의 삶은 슬프고 고통스러운 것, 젊은 여자의 삶은 매력적이고 아름다운 것임을 웅변하면서

     4장 일상에서 마주친 연령차별의 단상들

영화는 젊음의 신화를 강화한다.

## '나이'의 유통기한을 폐기한 나라들

28세라는 나이 제한을 70여 년째 고수하고 있는 미스코리아 대회와는 달리, 세계 최대 미인 대회인 미스 유니버스 대회는 출전 자격에서 나이와 미혼 제한을 폐지했다. 미스 유니버스는 1958년부터 출전 자격 나이를 18~28세로 제한했으나 2024년 대회 이후 연령 상한 기준을 폐지하고 18세 이상으로 변경했다. 미스 유니버스 대회 운영권을 태국의 트렌스젠더 사업가 짜끄라퐁 짜끄라쭈타팁이 이끄는 JKN그룹이 인수한 후 연령 및 결혼 제한을 완전 철폐한 것이다. 그는 성전환을 한 여성으로, 태국의 미디어 그룹 창업자이자 두 아이의 엄마다.

연령제한이 없어지자 60대 여성과 아이를 낳은 중년 여성이 지역 대회 우승을 차지하는 '이변'이 발생했다. 아르헨티나의 60세 여성이 미스 유니버스 부에노스아이레스 예선 대회에서 우승해 세계적 화제를 모은 것이다. 우승자는 알레한드라 로드리게즈라는 여성으로 변호사이자 기자로 활동하고 있으며 미혼이다. 준우승자의 나이도 70대였다. 중미 도미니카에서도 피트니스 코치로 일하는 47세 여성 하이디 크루즈가 본선 대회 출전권을 따냈다. 미스 유니버스 USA 대회에선 71세인 마리사 테이요가 미국 역대 최고령 참가자로 이름을 알렸다.

먼 나라의 일만이 아니다. 우리나라에서도 나이 제한이 폐지된 이후 미인 대회 최고령 참가자 기록이 나왔다. 역대 최고령 참가자인 81세 최순화 씨가 미스 유니버스 코리아 대회에 참가해서 '베스트 드레서' 상을 받은 것이다. 그는 간병인으로 일하다가 우연히 환자의 권유로 70대에 모델 활동을 시작했다. 모델 아카데미 수업을 들었고, 교대 근무 시간에 병원 복도에서 런웨이 워킹을 연습했다. 그렇게 모델로서 자리를 잡은 최순화 씨는, 나이는 숫자에 불과하다는 것을 몸소 보여 주는 산증인이다.

다른 나라의 미인 대회에도 변화의 바람이 불고 있다. 미스 프랑스 선발 대회는 2022년 전까지만 해도 나이 상한을 24세로 뒀다. 하지만 2023년 대회부터 연령 요건이 폐지되면서 18세 이상 성인이면 누구나 참가할 수 있게 됐다. 이는 곧 '미인=젊은 여성'이라는 뿌리 깊은 등식을 깨뜨리고, 아름다움의 의미를 다시 물은 변화라 할 수 있다.

나이를 잣대로 아름다움을 평가하던 구시대적 발상은 이제 설 자리를 잃었다. 미스 유니버스 대회의 연령제한 폐지 결정이 바로 그 변화를 상징적으로 드러낸다. 나이 제한이 폐지된 덕분에 2024년 미스 유니버스 코리아 대회에는 1943년생과 2003년생이 참가해 60세의 나이 차이를 뛰어넘어 경쟁하기도 했고, 동반 출전한 모녀도 있었다. 진정으로 연령 다양성이 넘치는 대회가 된 것이다.

　미스 유니버스는 여성의 신체적 아름다움에만 집중하고 생물학적 나이에는 제한을 두는 것이 아닌, 여성이 가진 아름다움의 다양한 가치를 추구하는 무대를 열었다. 우리나라의 미인 대회도 이런 새로운 패러다임을 받아들여야 한다. 언제까지 아름다움에 나이라는 유통기한을 둘 것인가.

# 나이 들고 싶지 않은 사회의 저속노화 열풍

## 노화라는 종착역까지, 가능한 한 느리게

〈브라이언 존슨: 영원히 살고 싶은 남자〉는 2025년 1월 넷플릭스에서 공개된 다큐멘터리 제목이다. '영원히 살고 싶은 남자라니, 도대체 어떤 사람일까?' 하는 궁금함에 시청한 이 다큐멘터리는 인간의 나이 듦에 대해 다양한 사유를 이끌어 내는 작품이었다. 주인공 브라이언 존슨은 나이와 처절하게 싸우는 40대 억만장자 남자다. 그는 전자상거래 결제 시스템 기업인 '브레인트리Braintree'의 창립자로 많은 돈을 번 후 '프로젝트 블루프린트Project Blueprint'를 시작했다. 이 프로젝트는 노화를 방지하고 수명을 연장하는 것이 목표인데, 존슨의 마지막 꿈도 '노화를 무효화'하는 것이다. 그는 자기 신체를 최상의 상태로 유지하면서 영

　　　4장 일상에서 마주친 연령차별의 단상들

생을 꿈꾸는 실험에 연간 200만 달러를 쏟아붓는다. 의사와 과학자를 비롯한 전문가 군단을 고용해 매일 수십 개의 영양제와 약물을 삼키고 웨이트트레이닝을 하며 의학적으로 입증되지 않은 갖가지 트리트먼트를 받는다. 매일 이런 100여 가지 루틴을 통해 자신의 몸을 최대한 젊게 하려고 애쓴다.

"돈 다이*Don't Die*(죽지 않아)"를 외치는 그는 미국에서 'health Jesus(건강 예수 또는 건강 전도사)'라 불릴 정도로 많은 사람의 호응을 받고 있다. 그가 먹는 올리브오일과 영양제 등이 온라인에서 판매되는데 새 제품이 올라올 때마다 날개 돋친 듯이 팔리고, 오프라인 모임에는 수백 명이 몰려들어 그에게 환호한다. 존슨은 젊어지기 위해 다양한 시도를 하는데 그중 하나가 18세 아들의 혈장을 정기적으로 수여받는 것이다. 이를 통해 자신의 신체 나이를 만 18세로 되돌리겠다는 포부를 갖고 있다.

존슨의 실험은 성공할 수 있을까? 언뜻 그의 외모는 40대 중반의 나이로는 보이지 않는다. 근육질 몸매에 주름살이 적고 탱탱한 피부는 30대로 보인다. 실제로 그는 다른 사람들이 1년을 늙을 동안 자신은 0.6년만 늙는다는 검사 결과를 공개하기도 했다. 그러나 아무리 좋게 봐도 그가 목표로 삼는 18세의 나이로는 절대 보이지 않는다. 어떻게 해서라도 늙음을 막아 보려는 그의 시도는 젊음에 대한 지나친 집착과 나이 듦에 대한 두려움에서 비롯된다. 봄·여름·가을·겨

울이라는 사계절의 변화, 그리고 아침·점심·저녁·밤으로 이르는 하루의 변화를 인간의 힘으로 막을 수 없는 것처럼, 태어나서 나이를 먹는 노화의 흐름도 인간의 의지와 생각으로 막을 수 있는 것이 아닌 자연의 섭리일 텐데 말이다.

노화를 막으려는 시도는 우리나라에서도 '저속노화'라는 이름으로 인기다. 특히 2030 젊은 층을 중심으로 SNS에서 '저속노화 식단'을 공유하는 것이 유행이다. 노년내과 의사인 정희원 전 서울아산병원 교수가 엑스*X*(옛 트위터)에 렌틸콩과 귀리, 현미로 만든 밥을 저속노화 식사법이라 소개하면서 화제가 됐고, 정 교수가 만든 저속노화 식단 커뮤니티에는 두 달 새 2만 5000여 명이 참여하는 등 호응이 대단했다. 2025년 말 정 교수의 불미스러운 개인 문제로 저속노화 열풍이 한풀 꺾이나 했지만 그와 별개로 여전히 한국인들의 늙고 싶지 않은 욕망은 계속되고 있다.

젊은 세대가 주로 사용하는 엑스에는 저속노화 식단 커뮤니티 회원만 6만 명에 달하고 인스타그램 등 SNS에서도 저속노화 관련 게시물이 수만 개이며, 텔레비전과 유튜브에는 저속노화라는 이름을 단 콘텐츠들이 넘쳐난다. 젊은이들은 각자가 만든 저속노화 식단 사진을 찍고 이를 SNS에 올리는 등 저속노화가 2030의 힙한 문화로 자리를 잡았다. 배달 앱에서도 저속노화가 유행이다. 배달의민족 앱에서 저속노화 관련 키워드를 메뉴명으로 쓰는 가게는 지난 4년간 3배 가까이 증가했으며, 배민 장보기 서비스 B마트의 올해 '건강·식단관

    

리' 카테고리 매출 역시 전년 대비 약 30% 증가하였다.[47]

젊은 세대의 저속노화에 대한 높은 관심은 중장년층 못지않다. 2024년 엠브레인 트렌드모니터가 전국 19~69세 성인 남녀 1000명을 대상으로 건강 관련 인식을 조사한 결과, 2030세대 관심도가 중장년층 못지않은 수준으로 나왔다. 건강관리 노력 수준은 20대가 60대 다음으로 높았고, 저속노화에 시간과 비용을 투자할 의향을 묻는 질문에는 30대 응답 비율이 74%로 전 세대에서 가장 높게 나타났다.[48]

저속노화라는 말 그대로 노화라는 종착역에 최대한 느리게 도착하려는 이 움직임은 바람직하다. 적은 수면과 운동량, 자극적이고 매운맛을 즐기는 식습관, 심각한 디지털 미디어 중독과 높은 스트레스 지수 등은 우리를 매우 빠른 속도로 늙고 건강하지 못한 사람으로 만들었다. 따라서 많은 사람이 나서서 보다 건강한 삶을 살고자 한다면 이는 사회 전체로도, 그리고 개인들을 위해서도 좋은 일이다.

## 돌아가고 싶은 나이 '18세', 관리를 시작해야 하는 나이 '25세'

저속노화 열풍의 이면에는 그림자가 있다. 노화의 속도를 늦추자는 저속노화는 브라이언 존슨처럼 노화를 아예 막고 죽지 않는 영생을 추구하는 것까지는 아니지만, 노화에 대한 부정적인 생각에 기반을 두고 있기 때문이다. 죽음의 가치가 하락하고 죽음 이후에 대한 믿음이 사라진 시대에, 사람들은 과거보다 죽음에 대해 더 큰 공포를 가지게 되었다. 거기다 눈부시게 발전한 과학과 기술은 인간 복제, 줄기세포 기술 등이 금세라도 실현될 것 같은 세상을 만들었고 덕분에 사람들의 건강과 자기 관리에 대한 관심은 그 어느 때보다 강렬해졌다.

평균수명이 길어진 지금, 건강한 상태로 오랜 노년 기간을 누리자는 얘기에는 누구도 반대하지 않을 것이다. 그러나 젊음에 대한 지나친 집착은 저속노화를 실현하지 못한 노년층들에 대한 편견과 차별로 이어질 수 있다. 또한 저속노화는 궁극적으로 그 목적이 '동안'에 있는 것 아니냐는 의혹도 받는다. 피부 노화가 시작되기 전부터 미리 피부 관리에 나서자는 트렌드는 수많은 안티에이징 제품의 출시와 인기로 이어졌다. 예전에는 중장년층의 전유물처럼 여겨졌던 안티에이징 제품이 이제는 20~30대 젊은 층의 손에서 더 활발히 소비되고 있다. 우리나라 최대 규모의 뷰티숍인 CJ올리브영은 2023년 '슬로우에이징slow-aging' 스킨케어 육성 계획을 발표했다.[49] '건강한 아름다움을 유지하며 천천히 나이 들기'라는 새로운 뷰티 패러다임을 제시하겠다는 것인데 탄력, 모공, 안색, 흔적 등으로 안티에이징 영역을 세분화하고 각각을 위한 기능성 상품들을 선별할 계획이라고 밝혔다. 올리브영의 주요 고객층은 20~30대인데 안티에이징 화장품 매출은 해가 갈수록 증가 추세다. 2021년부터

 　　　　　4장 일상에서 마주친 연령차별의 단상들

2023년 8월까지 3년간 데이터를 분석해 봤더니, 슬로우에이징 카테고리에 해당하는 상품의 매출이 연평균 10%씩 증가했고 특히 20대의 탄력 케어 제품 구매율은 40대를 넘어서는 것으로 나타났다.

25세가 지나면 서서히 피부 노화가 시작되기 때문에 서둘러 탄력과 주름 케어에 나서야 한다고 부르짖는 뷰티업계와 이에 호응하는 대중들, 그 기저에는 나이에 지나치게 집착하는 사회적 편견이 존재한다. 우리 사회에서 나이와 젊음에 광적인 집착을 보이는 브라이언 존슨 같은 사람은 아직 나타나지 않았지만, 이보다 훨씬 전에 이미 동안에 과잉 집착하는 문화가 존재했다. 실제 연령대보다 어려 보이는 얼굴을 뜻하는 동안은 '아이 동童'에 '얼굴 안顔'이라는 한자를 결합한 것으로 아이처럼 어려 보이는 얼굴을 뜻한다. 그 반대말로 실제 나이보다 더 늙어 보인다는 뜻의 '노안'이 있다. 하지만 우리 사회에서 노안은 단순히 외모의 특징을 넘어 상대를 낮잡아 부르는 표현이고 때로는 욕설처럼 쓰이곤 한다.

동안이라는 용어는 1990년대까지 우리나라에서 많이 쓰이지 않다가 2000년대에 들어서 널리 퍼졌다. 최근에는 동안 중시 문화에 저속노화 열풍이 더해져 '나이보다 어린 얼굴로 느리게 늙는 것'을 소망하는 한국인이 많다. 동안이든 저속노화든 핵심은 늙어 감이 싫고 최대한 생물학적 노화를 늦추고 싶다는 바람을 담고 있다. 브라이언 존슨이 돌아가고 싶어 한 나이 '18세', 안티에이징 제품 광고들이 마치 겁주듯 서둘러 관리를 시작해야 하는 나이로 삼은 '25세', 이는 결국 숫자로 환산된 특정 생물학적 나이에 대한 사회적 선호를 드러낸다.

2025년 1월, 제82회 골든글로브 시상식에서 배우 데미 무어가 영화 〈서브스턴스〉로 뮤지컬·코미디 부문 여우주연상을 수상했다. 데미 무어가 연기한 엘리자베스는 한때 유명했지만 이제는 TV 에어로빅 쇼 진행자로 전락한 한물간 여배우다. 그는 50세가 되던 날, 프로듀서 하비(배우 데니스 퀘이드 역)로부터 '어리고 섹시하지 않다'는 이유로 해고당했다. 집으로 돌아가던 길에 차 사고로 병원에 실려 간 엘리자베스는 남성 간호사로부터 '서브스턴스'라는 약물을 권유받는다. 한 번의 주사로 젊고 아름다운 도플갱어 '수'를 만들어 낸다. 엘리자베스는 영원한 젊음을 얻기 위해 필사적으로 몸부림치지만 어떤 기쁨도, 만족도 찾지 못한 채 점점 더 황폐해져 가고, 젊음에 취해 회사에서 하지 말라는 금기까지 전부 어기다가 비참한 최후를 맞는다. 젊음 집착 및 외모 강박이라는 주제가 젊은 층의 공감을 끌어낸 것인지, 국내에서도 50만 명 이상의 관객을 동원하며 흥행에 성공했다. 이 영화는 늙음을 거부하고 혐오하는 현대사회를 노골적으로 비판하고 있으며, 저속노화 광풍에 휩싸인 한국 사회에도 조용한 울림을 던졌다.

저속노화 열풍에서도 엿보이듯이 한국 사회는 젊음에 대



4장 일상에서 마주친 연령차별의 단상들

한 집착이 강하다. 10년 전쯤 X세대가 40대에 접어들자 '영포티(젊음을 유지하는 40대)'라는 신조어가 등장했는데, 이제 이들이 50대가 되자 '영피프티(젊음을 유지하는 50대)'라는 말이 생겼다. 원래는 에너지 넘치고 활발하게 삶을 산다는 긍정적인 의미를 담은 신조어들인데, 앞에 젊다는 뜻의 '영'을 매번 붙인다. 그래서 2030세대는 이런 신조어를 두고 '젊지 않으면서 젊은 줄 착각하고, 자기들보다 윗세대는 늙었다고 무시하면서 아랫세대에게는 꼰대질하는 세대'라고 조롱한다.[50]

골든글로브 시상식 무대에 오른 데미 무어는 다음과 같은 수상 소감을 남겼다.

"여성뿐 아니라 인간으로서 우리가 모두 한 걸음 물러서서 자신의 가치를 인정하고, 어떤 단계에 있든 우리가 모두 소중한 존재라는 것을 알 수 있기를 바란다."

나이가 몇 살이든 정말 중요한 것은 '나는 가치 있는 사람'이라는 사실이다. 나이를 이유로 인간의 가치를 깎아내리는 사회라면, 그 사회는 이미 사람다움의 근본을 잃어버린 것이다.

# 금쪽이들에게도 정당한 권리가 있다

## 어리다는 말 뒤에 숨은 폭력

어린이에게 '대견하다'고 말하거나 어리다는 이유로 동등한 사회 구성원으로 인정하지 않는 연령주의적 문화는 어린이들의 권리에 대한 미약한 인식으로 이어진다. 오은영 박사는 소아정신과 의사로서의 전문성과 설득력 있는 목소리, 온화한 태도로 많은 사람의 사랑을 받는 대중적 인물이다. 그가 멘토 역할을 하며 아동 훈육에 대한 조언을 제공하는 포맷의 채널A 프로그램 〈요즘 육아 금쪽같은 내 새끼〉도 2020년부터 수년째 인기리에 방영되고 있고, 나도 매주 챙겨 본다. 그런데 이 프로그램을 시청하다 보면 '금쪽이'라 불리는 어린이를 향한 시선에서, 우리 사회가 얼마나 쉽게 연령차별적 태도를 드러내는지 적나라하게 발견할 수 있다.

성기 부분은 모자이크 처리되었지만 벌거벗은 채 목욕하는 모습, 부모에게 심한 욕설을 하거나 엄마의 머리채를 잡는 등 폭력을 행사하는 모습, 자신의 성기나 엄마의 가슴을 만지는 모습 등이 아무런 여과 없이 그대로 방영된다. 이 영상들은 일회성 방송으로 끝나는 것이 아니라 유튜브 등을 통해 재가공되어 계속 퍼지고 아이가 성인이 되어서도 검색만 하면 언제든 자신의 어릴 때 모습을 찾아볼 수 있게 된다.

어린이가 주인공으로 등장하는 리얼리티 프로그램은 우리나라에서 매우 인기다. KBS의 〈슈퍼맨이 돌아왔다〉가 대표적인데 그 외에도 MBC의 〈아빠 어디가〉, SBS 〈붕어빵〉 〈오 마이 베이비〉, ENA 〈내 아이의 사생활〉 등이 있다. 이 프로그램들은 성인이 주로 시청하는 저녁 시간대에 성인의 입장에서 소비된다. 즉, 아동은 어른의 엔터테인먼트를 위한 소비 대상이다. 이 아동 예능 프로그램들은 막대한 광고 수입을 벌어들일 수 있어서 어린이의 초상권, 인권침해 등 문제가 제기됨에도 불구하고 여전히 성황리에 방영되고 있다.

특히 〈요즘 육아 금쪽같은 내 새끼〉의 경우, 아동 예능의 가장 전형적인 형태다. 이 예능은 즐거움을 포장한 채 사실은 나이가 어리다는 이유로 아동을 일정한 틀에 가두는 연령차별적 행태를 가장 극명하게 보여 준다. 무엇보다 등장하는 어린이는 모두 말썽을 일으키는 존재고, 종종 어른은 말썽을 일으키는 아이로 인해 고통을 받는 입장으로 묘사된다. 아이들은 욕하고 떼쓰며 발길질하는, 악마화된 대상으로 그려진다. 그래서 한 후배는 이 프로그램을 보고 아이를 낳고 싶지 않다는 생각이 들었다고 털어놓았다. 프로그램 속에서 아동에게 문제가 드러나면 전문가가 '짜잔' 하고 등장해 '금쪽 처방'을 제시하는 식의 연출은, 제작 과정에서 아동의 초상권과 인권이 충분히 보호받지 못하고 있음을 보여 준다.

ADHD(주의력 결핍 과잉행동장애)를 앓고 있는 가수 이지현 씨의 초등학생 아들 편에서는 아동이 엄마에게 떼쓰고 욕하며 통제하지 못한 분노를 날것으로 표출하는 모습이 고스란히 방송되었다. 2021년 1월부터 시행된 방송통신위원회 방송 제작 가이드라인에 따르면, 아동·청소년 출연자와 보호자에게 기획 의도, 촬영 형식, 주요 내용, 출연으로 인해 예상되는 불이익 등을 미리 설명하고 동의를 구하게 되어 있다. 또한 아동·청소년이 방송 출연으로 인해 사이버 괴롭힘, 악성 댓글 등으로부터 피해를 받지 않도록 유의해야 한다는 내용도 있다.[51] 실명이 공개된 이지현 씨의 아들은 거친 말과 행동으로 인해 방송 후 '국민 금쪽이' '정신병자' '국민 ADHD'라 불리며 악플 세례에 시달렸다. 아이가 방송 출연에 동의했는지, 성장 후에 엄마에게 폭력을 행사하는 자신의 난폭한 어린 시절 모습을 어떻게 받아들일지는 아무도 모른다. 그리고 누구도 책임지지 않는다.

이 프로그램이 방송한 '통제하는 아빠와 숨 막히는 3남

    4장 일상에서 마주친 연령차별의 단상들

매'의 사연에서 '2호 금쪽이'로 불린 둘째가 촬영을 거부하는 모습이 그대로 전파를 탔다. 둘째는 엄마와 통화하면서 눈물을 글썽인 채 카메라를 가리고 "재혼 가정인 거 들키기 싫은데"라고 말했다. 19세인 아이의 사생활은 전혀 보호받지 못했다.[52]

시청자들은 이 '훈육 예능'을 통해 육아에 대한 정보를 얻고 어떤 부모가 되어야 할지 교훈을 얻는다. 이런 프로그램은 철저하게 성인과 부모에게 초점이 맞춰졌다. 이 프로그램은 부모에겐 유익할 수 있지만 대신 아이들의 잘못된 행동을 여과 없이 방영한다. 그것을 교정하는 솔루션을 제공한다는 명목으로, 아이들의 권리를 제대로 보장하지 않는 아이러니가 훈육 예능 프로그램에 있다. 아동은 문제아로 낙인찍히고 시청자들은 이를 오락으로 소비한다. 육아 예능 프로그램에 출연했던 아동과 청소년들은 금쪽 처방 덕에 개선된 모습을 보이기도 한다. 그런데 단기적 개선이 아니라 장기적으로도 개선된 모습이 유지되고 있는지, 방송 이후 아이가 성장해 어떤 삶을 살고 있는지는 알 수 없다.

리얼리티 훈육이나 교육 프로그램은 시청자의 가치관과 태도에 큰 영향을 미친다. 그러나 그것이 아동과 청소년을 대하는 사회의 연령차별적 편견을 오히려 강화할 수 있다는 점은 간과되기 쉽다. 아이들의 초상권을 비롯한 여러 권리는 언제부터 어떻게 보장되어야 하는가라는 질문은 여전히 답을 얻지 못한 채 남아 있다. 우리 사회가 이 문제를 제

대로 논의하지 않는 까닭은, 아동을 동등한 시민으로 바라
보지 못하는 뿌리 깊은 연령차별적 시선이 여전히 작동하고
있기 때문이다.

## 아동을 향한 나이 차별의 얼굴

육아 예능 프로그램뿐 아니다. 최근 부모들의 과도한 '셰
어런팅sharenting'이 문제가 되고 있다. '셰어런팅'은 부모
가 자녀의 일상을 SNS에 올리는 행위를 뜻하는데, 자녀의
동의 없이 자녀 사진을 공유했을 경우 아동의 자기결정권과
초상권을 침해할 수 있다는 지적이 이어지고 있다. 급속도
로 변화하는 디지털 환경 속에서 '잊힐 권리'에 대한 논의
가 뜨겁다. 잊힐 권리는 개인의 과거 실수나 잘못된 정보가
영구적으로 온라인에 남는 것을 방지한다. 시간이 지나면서
개인의 가치관이나 상황이 변했음에도 불구하고 과거의 기
록이 현재의 삶에 지속적으로 부정적인 영향을 미칠 수 있
다. 따라서 잊힐 권리의 보장은 개인의 인격권을 보호하는
중요한 수단이며, 과거의 부정적인 정보나 명예훼손적 내용
으로부터 개인을 보호하고 건강한 인격 발달을 도울 수 있
다. 하지만 나이를 절대적 기준으로 삼는 우리 사회에서는,
아이가 어리다는 이유만으로 이런 권리의 보장은 필요 없다
며 쉽게 치부해 버린다.

전설적인 록밴드 너바나의 명반 중 하나로 꼽히는 〈네버

　　　　　4장 일상에서 마주친 연령차별의 단상들

마인드〉는 1991년 발매 후 전 세계에서 3000만 장 이상 팔렸다. 이 음반은 낚싯바늘에 매달린 1달러짜리 지폐를 향해 헤엄치는 아기의 모습을 담은 표지로 유명한데, 빌보드가 선정한 '역대 50대 앨범 커버' 순위에서 7위에 오르는 등 호평을 받았다. 그런데 이 표지의 주인공인 아기가 성인이 된 후 소송을 제기했다. 당사자인 스펜서 엘든은 생후 4개월이었던 자신의 알몸 사진을 쓴 것이 아동 성 착취에 해당한다며 밴드의 리더 커트 코베인의 부인과 너바나 멤버 등 15명을 상대로 각각 15만 달러(약 2억 원)가량의 손해배상을 청구하였다. 이 앨범을 발표할 당시만 해도 거의 무명에 가까웠던 너바나는 엘든의 부모에게 사진 사용료로 200달러(약 26만 원)를 지불한 것으로 알려졌다.[53] 엘든은 벌거벗은 자기 모습을 담은 표지 사진은 아동 포르노에 해당하고 자신은 창피함 때문에 평생 피해를 봤다고 주장했다.

독립적인 인격체인 아동·청소년의 초상권을 나이가 어리다는 이유만으로 보호하지 않는 행태가 일반적인 한국 사회에서, 이 소송은 깊은 물음을 남기고 곱씹어야 할 시사점을 던진다. 우리나라의 훈육·교육 예능을 표방한 프로그램들을 보면서 아동·청소년의 잊힐 권리와 인격권 보장에 대해 생각해 보게 된다. 아무리 나이가 어려도 인간으로서의 권리는 존중받아야 하기 때문이다.

그렇다면 어린이가 정치 집회에 참석하는 것은 어떻게 봐야 할까? 어린이의 참정권 보장 측면에서 허용해야 하는가?

아니면 어른에 의한 동원이므로 도리어 어린이의 인격권이 침해된 것으로 봐야 하나?

2024년 12월, 전례 없는 불법 계엄 사태가 한국 사회를 흔든 뒤 정치적 격랑은 좀처럼 잦아들지 않았다. 그리고 2025년 3월, 윤석열 대통령이 석방되자 서울 용산구 한남동 대통령 관저 앞에 탄핵 반대를 외치는 군중이 모였다.[54] 그런데 그 집회 연단에 8세 초등학생이 서서 주목을 끌었다. 작은 몸집의 김 모 군은 연단에서 마이크를 잡고 이렇게 말했다.

"이재명만 없으면 된다, 우리나라를 방해하지 말라." "스톱 더 스틸*STOP THE STEAL*."

이어서 김 군은 군가인 〈충정가〉를 열창했다. 다음 날 집회에서는 다른 어린이가 '윤석열 대통령님 사랑합니다'란 문구가 적힌 팻말을 들고 있는 모습이 포착되었다. 특정 진영만의 문제는 아니었다. 대전 서구에서 열린 탄핵 찬성 집회에서는 부모와 함께 온 어린이가 '윤석열 OUT'이라고 적힌 포스터를 든 모습이 발견되었다. 혼란스러운 정치 상황 속에서 집회 현장뿐 아니라 유튜브에서도 어린이들의 정치 참여 영상들이 눈에 띄기 시작했다. 이 영상들은 어린이들이 탄핵 찬반 집회에 참여하거나 연단에서 발언하는 모습을 담고 있으며 종종 높은 조회수를 기록하기도 했다.

아동 학계는 미성년자의 집회 참여에 대해 시민교육 측면에선 의미가 있다고 보고 있다. 어렸을 때부터 정치에 관심

　　　　4장 일상에서 마주친 연령차별의 단상들

을 갖고 참여하다 보면, 정치에 대해 더 잘 알게 되고 따라서 정치 참여의 교육적 효과로 인해 더 나은 시민이 될 수 있다는 것이다. 그러나 한편으로는 어린 나이부터 정치에 참여하는 것이 바람직하지 않다는 의견도 많다. 어린이들은 가치판단 능력이 성숙하지 않았는데 선동적이고 자극적인 발언이 오가는 집회 현장에 참여하다 보면 합리적이고 균형 잡힌 정치적 의견을 정립하기보다는 극단적이고 편향적인 태도만 갖게 될 수 있다는 것이다. 또한 어린이들이 갖게 되는 정치적 견해가 과연 독립적이고 자율적인 판단에 의한 것인지, 아니면 부모 등 외부 영향에 따라 주입된 견해인지도 논란이 있다. 혹자는 정치적으로 분열된 상황에서 집회는 선전과 선동이 난무할 수 있는데 이런 집회에 부모가 아동을 데리고 참여하는 것은 아동을 부모의 의사 표현을 위한 도구로 이용하는 것이므로 아동학대가 될 수 있다고도 지적한다.

한국 사회를 커다란 혼돈으로 몰고 간 계엄 사태 중 어린이들의 정치 참여 행태를 어떻게 봐야 할까? 어떤 유튜브 영상에서는 이들을 '애국 초딩'이라고 이름 붙였는데, 애국심에 따른 정치 참여라면 나이가 어린 초등학생에게도 정치에 참여할 권리를 마음껏 부여해야 할까? 아니면 부모나 어른의 선동에 의한 정치 참여는 어린이의 인권을 침해하는 것일까? 집회에 참여하거나 연단에서 연설하는 것처럼 적극적인 정치 참여는 몇 살부터 가능하게 해야 하는지, 이 또

한 나이라는 잣대와 관련해 우리가 깊이 성찰해야 할 물음
이다.

 

# 노키즈존과 노시니어존, 다음은 누구?

## '노키즈존'이라는 이름의 연령차별

이 책의 대부분을 집 근처 카페에서 썼다. 카페가 제공하는 백색소음이 글쓰기에 도움이 되어서 하루에 2시간 정도는 노트북을 들고 꼭 카페에 가서 작업했다. 그 카페는 노트북 콘센트가 곳곳에 구비된, 소위 '카공족'을 타깃으로 한 카페였으나 종종 동네 엄마들이 어린아이를 동반하고 오기도 했다. 어떤 아이들은 책을 읽거나 작은 손으로 스마트폰을 잡고 열심히 온라인 세계에 빠져 있었고, 또 다른 아이들은 신나게 카페 안을 휘젓고 다니기도 했다. 그 카페는 '노키즈존*No Kids Zone*'이 아니었기에 엄마들은 이렇게 아이들과 동반해 입장할 수 있었다.

노키즈존은 말 그대로, 아이를 동반하고 입장할 수 없는 공간을 뜻한다. 이 용어는 2014년 즈음 처음 등장했고 이제는 흔히 사용된다. 주로 카페나 음식점 같은 곳에서 안전사고를 방지한다는 이유 등으로 아동의 출입을 제한한다. 아동의 출입제한이지만 이 기준이 정확히 몇 살인지는 정해진 바가 없다. 예를 들어 2016년 9월 제주도의 한 식당에서는 중학생 자녀 2명과 9세 자녀를 동반한 부모가 퇴장 요구를 받았다. 식당 측은 13세 이하 아동의 출입을 제한하는데 9세 자녀가 여기에 해당되어 퇴장을 요구한 것이다. 이 사건은 국가인권위원회에 진정되었는데, 인권위는 식당의 이용 대상에서 13세 아동을 일률적으로 배제하는 것은 나이를 이유로 한, 합리적인 이유 없는 차별행위에 해당한다면서 식당 측에 이러한 배제를 하지 말 것을 권고했다. 2023년에도 국가인권위원회는 백화점 휴게시설에 10세 미만 아동을 일률적으로 출입제한하는 것은 차별이므로, 나이에 따라 일률적으로 제한하지 않을 것을 권고하였다.

　카페나 음식점 등에서 소리를 지르고 뛰어노는 아이들과 이를 방치하는 부모들, 기저귀를 갈고 그대로 두고 간다거나 컵에 아이의 소변을 받는 일부 부모들의 비상식적인 행동들이 '노키즈존'이라는 이름의 배제를 탄생시켰다. 거기다 2011년 부산의 음식점에서 뜨거운 물을 들고 가던 종업원과 10세 아이가 부딪혀 아이가 화상을 입는 사건이 발생했는데, 부산지방법원이 종업원의 부주의와 식당 주인의 직원 안전 교육 미흡을 이유로 4100만 원 배상을 판결하였다. 뒤

　　　　　　4장 일상에서 마주친 연령차별의 단상들

이어 2012년 강원도 춘천의 한 음식점에서도 종업원이 찌개를 운반하던 중 유아차에 탄 아기에게 국물을 쏟아 아기 허벅지에 화상을 입히는 사건이 발생했는데, 의정부지방법원은 식당의 책임을 70%, 부모의 책임을 30%로 판결하였다. 업주에게 배상책임을 묻는 판결이 잇따라 나오면서 노키즈존을 도입한 영업점이 증가하게 되었다.

노키즈존의 확산은 우리나라만의 문제가 아니다. 영국, 미국 등에서도 노키즈존을 둘러싼 논란이 크다.[55] 영국에서는 1995년 아예 법을 개정해 부모가 아이를 동반할 경우 아이도 일종의 술집인 '펍'에 출입할 수 있도록 하였는데 이후 '소란스러운 아이들 때문에 펍 분위기를 즐길 수 없다' '펍은 어른들의 전유물로 남겨 둬야 한다'는 의견이 크게 대두하였다. 미국에서도 '노키즈존'을 표방하는 식당이 점차 늘고 있다. 그러나 이에 대해 어린아이의 출입을 막는 것은 곧 민권법에 어긋난다는 반대의 목소리도 함께 나오고 있다.

아이의 출입을 막는 것은 식당만이 아니다. 튀르키예 코레돈항공은 2023년 11월부터 일부 항공편에 노키즈존을 도입할 계획이라고 밝혔다. 전체 좌석 432석 중 102석을 노키즈존으로 운영해 만 16세 미만의 탑승을 제한하기로 했는데, 만약 만 16세 미만이 이 구역 좌석을 이용하려면 편도 기준 6만 5000원을 추가로 내야 한다. 싱가포르 스쿠트항공도 2013년부터 만 12세 미만 어린이 탑승을 제한했고, 말레이시아항공은 2012년부터 일부 좌석에 만 12세 미만 출입을 제한했다. 시끄럽게 떠드는 어린이 때문에 승객들의 불만이 많다는 이유였다.[56] 실제로 설문조사 결과, 93.1%에 이르는 대다수의 사람이 공공장소에서 소란을 피우거나 우는 아이로 인해 불편을 경험했다고 응답했다.[57] 아이들로 인해 불편을 느꼈던 장소로는 카페나 음식점이 가장 많았고 영화관·공연장, 쇼핑센터, 비행기가 그 뒤를 이었다.

노키즈존을 찬성하는 입장은 무엇보다 업주의 영업상 자유를 주장한다. 헌법 제15조는 직업 선택의 자유를 보장하고 있고, 사고가 발생했을 때 손해배상의 책임을 업주에게 묻기 때문에 영업 방침을 규제하는 것은 과도한 재산권 침해에 해당한다는 의견이다. 카페나 음식점 등은 공익성이 인정되는 장소도 아니고, 소비자 입장에서도 선택이 가능하므로 정부가 개입하는 것은 과도한 규제라는 것이다. 또 이 입장은 노키즈존이 아이들과 다른 고객들의 안전을 위해서도 필요하다고 본다. 뜨거운 화로, 불판, 깨질 위험이 있는 용기 등을 취급하는 곳은 주의력이 부족한 아이들로 인해 사고가 발생할 가능성이 크기 때문에, 아이들은 물론 다른 고객들의 안전에도 직접적인 영향을 끼치게 된다는 것이다.

노키즈존을 옹호하는 목소리에도 나름의 이유는 있다. 하지만 연령주의의 시선으로 바라보면 이는 분명 심각한 차별의 한 형태다. 특히 개인의 문제를 어린이 전체의 문제로 확장해 버리는 일반화의 오류가 가장 큰 문제로 지적된다. 나이에 상관없이 누구나 동등한 서비스를 누릴 권리가 있는

　　　4장 일상에서 마주친 연령차별의 단상들

데 만 5세, 만 10세 등 연령에 기반을 두어 어린이라는 특정 집단 전체를 잠재적 위험 집단으로 간주하고 사전 차단하기 때문에 기본권 침해가 발생할 소지가 있다. 나이가 아니라 '행동'을 대상으로 해야 하는데 그렇지 않았기 때문에 연령 차별이기도 하다. 흡연이나 음주라는 구체적인 행위를 규제하는 것처럼 '소란 금지' '뛰는 행동' 등 특정한 행동을 대상으로 규제를 하는 것이 보다 바람직하다.

노키즈존의 대상이 되는 아동의 연령도 분명히 규정되지 않아 사회적 혼란과 논란은 더욱 깊어지고 있다. 영아, 유아, 어린이, 아동, 키즈, 아이 등의 용어가 혼용되고 있고 각 용어의 법률상 나이도 제각각이다.[58] 영유아보육법에 따르면 '6세' 미만 취학 전 아동을 영유아라고 하며, 유아교육법은 '만 3세'부터 초등학교 취학 전 어린이를 유아라고 규정한다. 한편 아동복지법은 아동을 '18세' 미만의 사람으로 넓게 보고 있고, 어린이제품 안전특별법에 따르면 어린이는 '만 13세'를 기준으로 하고 있다. 사전적으로 영아는 젖을 먹는 어린아이, 유아는 생후 1년부터 만 6세까지의 어린이를 뜻한다. 아동은 대개 유치원에 다니는 나이부터 사춘기 전의 아이, 어린이는 대개 4~5세부터 초등학생까지의 아이를 지칭한다. 이처럼 다양한 범주 속에서, 노키즈존의 대상은 몇 살이 되어야 하는가?

어느 날 거실에서 유튜브를 보고 있던 딸아이가 "엄마, 와서 이것 좀 봐!" 하고 소리를 쳤다. 무슨 일인가 해서 나가

봤더니 아이는 컴퓨터 화면 속 영상을 가리켰다. 'South Korea is over(한국은 끝났다)'라는 자극적인 제목이 붙은 영상이었다. 업로드된 지 며칠 되지 않았지만 이미 수십만 명이 시청했는데, 알고 보니 이 영상은 2026년 2월 기준 구독자 2510만 명을 보유한 독일 유튜브 채널 쿠르츠게작트 *Kurzgesagt*가 공개한 것으로 이미 전 세계적인 화제가 되고 있었다. 도발적인 제목에 이끌려 시청한 영상의 내용은 충격적이었다. 영상은 한국의 저출산 문제와 관련해 암울한 미래를 확신에 찬 어조로 전망했다. 한국의 출산율은 인류 역사상 최악이며 세계에서 열 손가락 안에 들 정도로 큰 번영을 이룬 나라가 이 지경이 되도록 출산율을 방치한 것은 전례 없는 일이라고 지적했다. 2060년 한국의 인구는 지금보다 30% 감소할 것이고 한국인 2명 중 1명은 65세 이상인 '세계에서 가장 늙은 나라'가 될 것이며 그간 한국이 쌓아 올린 경제·사회·문화적 성과도 붕괴할 수 있다고 주장했다.

　2026년 4월 5일 기준, 자그마치 1513만 회의 조회수를 기록한 이 영상을 본 뒤 마음속 깊이 두려움이 일었다. 출산 기피로 인해 머지않아 소멸할 가능성이 세계에서 가장 큰 나라가 우리나라라는 사실은, 도무지 부정할 수 없는 냉혹한 현실이었다. 그런데 이런 나라에서 미래세대인 아동을 대상으로 한 차별이 '노키즈존'이란 이름으로 벌어지고 있다. 한 국가의 지속적인 성장 발전을 위해서는 미래세대 계승이 필수적이다. 따라서 어린이 한 명 한 명을 소중히 대하



4장 일상에서 마주친 연령차별의 단상들

고, 출산을 많이 한 사람들은 당연히 '애국자'로 불려야 한다. 2023년 5월 12일, 미국《워싱턴포스트》가 한국의 노키즈존 확산에 주목하는 기사를 실었다. 기사는 세계 최저 출산율을 기록하는 한국에서 어린이 출입제한 공간이 늘어나는 건 육아의 어려움을 더 강조하고 출산을 보다 꺼리게 만들 수 있다고 지적했다.《워싱턴포스트》는 용혜인 기본소득당 의원이 출산 후 아이를 데리고 카페에 들어가려다 노키즈존이라는 이유로 제지당한 사례를 소개하며, 한국에는 술집이나 나이트클럽 같은 어린이 출입 금지 구역 외에 아이 동반 입장이 금지된 노키즈존이 약 500곳에 이른다고 전했다.

유엔아동권리위원회는 노키즈존을 차별로 간주하고 대한민국 제5·6차 통합보고서에 대한 질의 목록에서 노키즈존 증가에 대해 어떠한 노력을 했는지 제시할 것을 요구한 바 있다.[59] 국내에서도 변화의 목소리가 이어졌다. 2023년 8월 열린 제20회 대한민국 아동총회에서 전국 17개 시도의 아동 대표 100명은 노키즈존 철폐를 요구했으며, 해당 의제는 최종 결의문에 담겼다.

노키즈존과 같은 어린이에 대한 연령차별을 묵인하는 것은, 아이가 문제 대상이라는 신호를 주는 것이다. 이런 사회에서 아이를 출산하길 원하는 사람이 많아질 리 만무하다. 아이들이 떠들고 우는 모습을 '민폐'라 규정하고, 한 개인의 행동이 아닌 '노키즈'라는 집단으로 묶어서 분류하고 배제하는 것이 연령주의가 아니면 무엇이란 말인가. 노키즈존은 어린이에 대한 혐오를 직설적으로 표현하고 출입을 금지하는 것을 넘어, 사회에서 배제하고 존재 자체를 부정하는 혐오 행위다.

아동은 우리 사회의 존립 원천이다. 아동이 건전한 사회 구성원으로 잘 성장할 수 있도록 지원하는 것은 우리의 중요한 책무다. 그러나 한국 사회는 오랫동안 아동을 적극적 권리의 주체로 보기보다 보호의 객체로만 인식해 왔다.[60] 1957년 제정된 대한민국 어린이헌장과 2016년 발표된 아동권리헌장은 아동의 건전한 성장과 발달을 보장할 것을 선언하였지만, 노키즈존의 확산은 우리 사회가 아이들의 권리를 넓히기보다 도리어 그 반대 방향으로 나아가고 있음을 보여준다.

노키즈존이 아동 차별 또는 연령차별로 간주되지 않는 사회에서 자란 어린이는 어릴 때부터 지속적으로 차별을 경험하며 자라게 된다. 연구에 따르면 아동의 차별 피해 경험은 신체적, 심리적 건강에 큰 영향을 미친다.[61] 차별의 경험은 장단기적으로 스트레스를 유발하고 이는 자아존중감, 우울 및 불안, 공격성에 영향을 미친다. 우리나라 아동과 청소년에게 물어봤더니 응답자 5명 중 1명이 일상 속에서 차별을 경험했다고 답했고 가장 큰 차별의 이유로 '연령'을 들었다.[62] 차별을 경험한 아동과 청소년이 이를 어떻게 받아들였는지 묻자 '짜증과 화가 난다'가 가장 많았고, '물건을 부수는 등의 공격적인 행동을 하고 싶다'는 응답이 그 뒤를 이

    4장 일상에서 마주친 연령차별의 단상들

었다.[63] 이처럼, 차별 속에 자란 아동은 훗날 스스로 차별을 행하는 가해자로 변하기도 한다.[64] 어린 시절의 상처가 고스란히 이어져 또 다른 차별의 고리를 만들어 내기 때문이다. 노키즈존에서 쫓겨난 경험은 아동에게 차별로 각인된다. 이런 상처는 사회적 약자에 대한 부정적 태도로 이어지고 결국 아동의 사회적 발달과 시민으로서의 역량을 위축시키게 된다.

물론 공공장소에서 자녀가 지켜야 할 예절을 가르치고 훈육하는 부모의 인식 개선도 필요하다. 동시에 지역 곳곳에 아이들이 마음껏 뛰어놀 수 있는 공간이 충분히 마련되어야 한다. 그래야 아이들이 어른들의 공간으로 밀려들어 올 필요가 없어지고, 아동을 동반한 가족들을 위한 공원 같은 장소가 늘어나게 될 것이다.

'노키즈존'이라는 말이 등장한 지도 어느덧 10여 년이 지났다. 우리는 이 허울 좋은 영어식 용어에 너무 익숙해져 어느새 아무렇지 않게 받아들이고 있는 것은 아닌지 되돌아봐야 한다. 본질적으로 노키즈존은 나이를 이유로 아동을 배제하는, 연령차별의 또 다른 이름일 뿐이다.

## '노시니어존' 다음은 누구?

노키즈존에서 끝나지 않았다. 다중이 이용하는 공간에서 특정 행위가 아닌 나이를 기준으로 일정한 인구 집단을 배제하는 것은 '노시니어존'으로 이어졌다. 2019년 6월, 관악구의 한 식당 출입문에 '49세 이상 (출입을) 정중히 거절합니다'라는 안내문이 붙었다. 2025년 6월에는 울산의 한 호프집에 이런 안내문이 붙었다.

'50대 60대 이상 한국인 중년 남성 출입 불가.'

젊은 층이 선호하는 메탈이나 록 음악을 신청받아 틀어 주는 곳인데 중장년층은 반말, 욕설, 고성방가, 실내 흡연, 담배 심부름 등의 몰상식한 행동 때문에 출입을 불가하는 결정을 내렸다는 것이다.

2023년 9월 서울의 한 프랜차이즈 카페를 이용하던 노년 고객에게 사장이 "고객님, 매장 이용 시간이 너무 깁니다. 젊은 고객님들은 아예 이쪽으로 안 오고 있어요"라고 적힌 쪽지를 건넸다. 쪽지 사진이 각종 온라인 커뮤니티에 빠르게 퍼지며 크게 논란이 벌어졌다. 숙박업소에서도 노시니어존이 등장했는데, 제주도 일부 게스트하우스는 연령 상한선을 35~39세로 두어 40대 이상 이용객을 받지 않았다. 한 인터넷 숙박 예약 사이트에서 '제주도 게스트하우스'를 검색하니 10군데 이상의 숙소에서 나이 제한을 두고 있었는데 상한선은 대부분 35~39세였다. 나이 제한에 대해 업주들은 "나이 많은 손님이 젊은 손님에게 잔소리해 분위기가 불편해진다"고 답한다. 게스트하우스의 공용 공간에서 투숙객끼리 대화를 나누는 경우가 있는데, 이때 세대 차이 때문에 젊은 손님들이 불편하다는 불만을 제기한다는 것이다.[65]

2021년 서울의 한 캠핑장도 40대 이상 커플의 예약을 받지 않는다고 공지하여 연령차별 논란을 불러일으켰다.

노시니어존에 대해 업주들은 주로 카페나 헬스장 등에서 노인들이 자리를 쭉 차지하고 있으면 젊은 사람들이 안 온다는 논리를 동원한다. 거기다가 최근에는 안전사고 예방이 노시니어존의 새로운 논리로 등장했다.[66] 2024년 10월 국가인권위원회는 안전사고를 막는다는 이유로 65세 이상의 회원 가입을 막은 헬스장에 대해 차별 시정 권고를 한 바 있다. 인권위는 "안전사고 발생률이 반드시 나이에 비례한다고 볼 수 없다"면서 65세 이상에 대한 일률적인 이용 제한은 고령자가 다른 사람에게 피해를 준다는 부정적 인식을 확산시킬 수 있다고 지적했다. 2025년 7월에는 70세 이상 고령층에게 회원권 판매를 거부한 회원제 골프장에 대한 인권위의 차별 시정 권고가 나오기도 했다. 70대인 진정인은 경기도에 있는 골프장의 회원권을 사려고 했지만 "70세 이상은 입회할 수 없다"는 회칙을 근거로 거부당하자 인권위에 진정을 냈다. 인권위는 기존 회원의 경우 70세가 넘어도 자격이 소멸하거나 중단되지 않는다면서 고령 이용자의 안전사고를 이유로 입회를 불허하는 것은 합리적이지 않다고 판단했다.

노○○존 중 가장 일반적인 형태인 노키즈존을 우리 사회가 어느 정도 용인하면서 다른 배제 구역도 거침없이 등장하게 되었는데 그 선발 주자가 노시니어존이다. '연금충' '틀딱충' 등 멸칭으로 불리는 노인들에 대한 혐오가 자연스럽게 공간에서의 배제로 이어진 것이다. '노키즈존' '노시니어존'은 사람을 나이에 따라 구별 짓고 그 구별에 따라 인간의 권리를 제한하는 행위다. 특히 여러 연령대 중에서 사회적 약자이자 소수자인 아동과 노인에게 쉽게 혐오와 차별의 화살이 향했다.

노키즈존에 이어 노시니어존도 슬그머니 사회적으로 수용된다면 다음은 어떤 연령대의 사람들이 배제의 대상이 될까? 2024년 인천의 한 헬스장에서 '아줌마 출입 금지' 안내문을 내걸었다. 업주는 "나이를 떠나 공짜 좋아하면 어딜 가나 욕먹는데 왜 욕먹는지 본인만 모르면, 대중교통 임산부 배려석에 앉으면, 음식물 쓰레기를 공중화장실 변기에 버리면, 판단력 흐려져 한 말 또 하면" 여자가 아니라 아줌마라고 규정하면서 "교양 있고 우아한 여성만 출입 가능"하다고 주장했다. 업주가 주장하는 '진상 행동'을 하는 고객에 대해 출입을 제한하면 되었을 것을, 아줌마라는 30대 후반의 나이 든 여성 전체를 대상으로 나이 차별과 성차별을 동시에 저질렀다. 아동, 노인, 아줌마, 그다음은 우리 중 또 누군가를 향할 것이다.

나이에 따른 혐오와 차별은 단순한 구분을 넘어, 갈래갈래로 세분화되어 우리의 일상 속에 스며들고 있다. 나이 차별은 온라인과 오프라인을 넘나들며 모습을 드러낸다. 온라인에서 장난처럼 소비되던 나이 멸칭은 이제 현실로 흘러나와 노키즈존과 노시니어존이라는 이름으로 우리 앞에 서 있다.

    4장 일상에서 마주친 연령차별의 단상들

나이가 어려서 또는 나이가 많아서라는 이유를 들어 누군가는 공간적 권력에서 배제되고 연령차별은 점점 확장된다. 이처럼 나이 차별은 점점 더 범위를 넓혀 서서히 사회 전반으로 확대되는 속성이 있다. 식당이나 카페 등 사적으로 소유된 공간에서 벌어지는 연령주의는 얼핏 사소한 것처럼 보일 수도 있으나, 사실 이들 공간을 통해 우리 사회의 사회정치적, 문화적 특징이 투영되고 구성된다.[67] 그렇기에 노키즈존이나 노시니어존의 확산을 사적 소유 공간에서 벌어지는 하나의 해프닝으로 치부해서는 안 된다. 점점 더 다양해지는 한국 사회의 연령차별이 이들 공간 곳곳에 흐르고 있다.

차별은 우리 모두를 건강하지 않게 만든다. 차별과 건강 상태가 관련성이 있다는 연구가 많은데 이들 연구들은 차별의 사회적 스트레스 요인*social stressor* 이론을 제시한다.[68] 차별 경험은 우울증, 고혈압과 심혈관계 질환, 비만, 흡연과 과다 음주 같은 건강 행태에 영향을 미친다. 구체적으로, 부당하다는 취급을 받았을 경우 그렇지 않은 경우에 비해 고혈압 위험이 4.4배 증가한다.[69] 통계청이 발간한 '한국의 안전보고서 2023'에 따르면, 우리나라는 2020년 기준 인구 10만 명당 자살률이 24.1명으로 OECD 평균인 10.7명의 2배 이상 웃돌며 1위를 기록했다. 주관적 건강상태, 즉 스스로 건강하다고 생각하는 사람의 비율 역시 2024년 53.8%로 나타났는데 이는 OECD 국가들 중 거의 최하위권 수준이다. 한국보다 기대수명이 약 8세 적은 멕시코도 건강하다고 생각하는 국민이 우리보다 약 12% 높은 65.5%에 이른다.[70] 한국인의 객관적 건강상태는 서구 선진국 수준에 도달했지만 주관적 건강상태는 매우 낮은데 이는 한국 사회에 팽배한 연령차별과 직간접적으로 관련이 있다.

'자기 연령주의*self-ageism*'라는 용어가 있다. 이는 나이차별을 겪은 이들이 그 부정적 시선을 고스란히 자기 안에 새겨 넣고, 그로 인해 현실에서 움츠러들며 침체된 삶을 살아가게 되는 것을 말한다. 한국 사회의 연령차별은 많은 사람을 자기 연령주의에 빠지게 하는데, 위축되고 불안한 삶은 건강하지 못한 몸과 마음으로 이어진다.

사람들은 자신도 한때 아이였다는 사실을, 그리고 반드시 노인이 된다는 사실을 잊는다. 노키즈존이나 노시니어존은 우리보다 먼저, 혹은 늦게 태어난 사람들을 배려해야 한다는 세대 간 근본적 약속을 깨는 것이자 지극히 연령차별적인 행위이다.

# 5장

## 나이 묻지 않는 사회로 나아가기

# 서로 다른 나이를 살지만
# 하나의 삶을 공유하다

## 쌍둥이부터 이승환, 아랫목까지: 나이라는 잣대

"누가 형(언니/누나)이에요?"

우리는 쌍둥이를 보면 이렇게 묻곤 한다. 우리나라는 같은 날 불과 몇 분 차이로 태어난 쌍둥이에게도 서열을 매기고 싶어 한다. 사실 우리나라는 쌍둥이 대국이다. 2021년 출생아 100명 중 5명은 다태아(쌍둥이)였는데, 통계 작성 이후 가장 높은 다태아 출생 비율이었다. 통계청 출생 통계에 따르면 2021년 태어난 다태아는 1만 4000명으로 전체 출생아 26만 400명의 5.4%에 달했다. 전체 출생아 중 다태아 비중이 5%를 넘긴 것은 이번이 처음이다. 1990년대 1%대에 불과했던 다태아 비중은 2002년 2%, 2012년 3%를 각각 넘어선 후 지난 2018년 4.2%를 기록하며 4%대로 올라섰다.[1] 이들 쌍둥이들에게 우리는 태어나자마자 세상에 나온 순서에 따라 먼저 태어난 아가에게는 형·언니·누나를, 나중에 태어난 아가에게는 동생이라는 서열 지위를 안긴다. 쌍둥이에는 일란성과 이란성이 있다. 하나의 수정란에서 분리된 일란성 쌍둥이와, 두 개의 난자와 정자가 동시에 수정된 이란성 쌍둥이에게 정확한 서열을 묻는 것은 본질적으로 아무런 의미가 없다. 그것은 존재의 가치를 시간 차이로 재단하려는 헛된 시도일 뿐이다.

〈영 셸든〉은 내가 좋아하는 넷플릭스 드라마 중 하나다. 이 작품의 주인공인 남자아이 '셸든'은 '미시'와 이란성 쌍둥이다. 셸든과 미시는 서로 아웅다웅 싸우면서도 가끔 진한 남매애를 보여 준다. 서로 간의 호칭도 미국식으로 이름 그대로 부르며 동등한 관계다. 우리나라였다면 어른들이 나서서 먼저 세상에 태어난 아이에게 오빠나 누나라는 호칭을 붙여 주고 서열 관계를 명확히 했을 텐데 말이다.

"이승환 씨도 나이가 60이다. … 시민 분열에 대해 좀 생각해야 하는 것 아닌가. … 인생을 살 만큼 산 분이고 그렇기 때문에 충분히 예견할 수 있는 일들임에도 이런 것을 했다는 것은 도저히 이해할 수 없다."

2024년 12월 김장호 경북 구미시장이 가수 이승환 씨의 구미 문화예술회관 콘서트를 취소하며 한 말이다. 12·3 불법 계엄 사태 후 이승환이 국회의사당 앞에서 개최된 윤석열 탄핵 촛불 문화제에 출연했는데, 이에 대해 보수 단체는 구

     5장 나이 묻지 않는 사회로 나아가기

미시청 앞에서 이승환 공연 개최를 반대하는 현수막을 걸고 집회를 열었다. 구미시는 이승환 측에 '정치적 언행을 하지 않겠다'는 내용의 서약서 서명을 요구했으나 이승환은 이를 거부했고 결국 구미시 측은 콘서트 대관 취소 결정을 내렸다. 정치적 입장, 진영 간 갈등, 표현의 자유 등 여러 이슈가 얽혀 있는 이 사건에서 내 이목을 끌었던 것은 구미시장이 이승환의 '나이'를 언급했다는 점이다. 60이 된 이승환은 인생을 살 만큼 살았고 그러니까 이제 시민 분열에 대해 생각할 나이라는 것이다. 이처럼 우리나라에서는 여러 사회적 이슈 속에서, 엉뚱하게도 나이라는 잣대가 불쑥 끼어드는 경우가 많다.

60세는 '환갑' 또는 '회갑'이 되는 나이로, 논어에서 공자는 60세를 귀가 순해서 어떤 말이든 편하게 받아들일 수 있게 되는 '이순耳順'이라 하였다. 우리나라 전통적인 문화에서는 만 60세 생일을 축하하는 잔치를 크게 열었다. 평균수명이 짧아 환갑을 맞이하는 것이 장수를 의미하는 중요한 행사로 여겨졌기 때문이다. 하지만 이제는 평균수명이 늘어 환갑의 의미도 변화해 60세가 되었다고 온 가족과 친지가 모여 성대한 잔치를 여는 사람은 거의 없다. 60세가 갖는 의미가 이렇게 변한 마당에, 연령과 전혀 관련 없는 콘서트 개최 문제에서 나이를 들어 비판하다니 우리 사회의 뿌리 깊은 연령차별주의를 엿볼 수 있는 해프닝이다.

미국과 한국의 이중국적을 가진 의사 출신 인요한 전 국민의힘 의원은 종종 자신을 "아랫목에서 도덕을 배운 사람"이라고 칭했다. 조상이 미국인이어서 '푸른 눈의 한국인'이라 불리는 그는 전남 순천에서 자랐는데, 어릴 적 아랫목에 앉아 집안 어르신들이 하는 이야기를 경청하며 도덕에 대한 개념이 생겼다고 고백했다. 그의 말처럼 우리나라에는 아랫목, 윗목 서열문화가 존재한다. 전통적인 온돌방에서 유래된 자리 배치의 서열을 의미하는데, 일반적으로 아랫목은 방의 아궁이에 가까운 따뜻한 자리, 윗목은 상대적으로 차가운 자리다. 아랫목은 손윗사람이나 귀한 손님에게 양보하는 자리였으며, 윗목은 아랫사람이나 비교적 낮은 지위에 있는 사람이 앉는 자리였다.

사회의 강력한 위계질서와 서열을 상징하는 이 관습은 세대 간 소통의 단절과 접점 부재를 반영한다. 나이 든 사람은 아랫목, 나이 어린 사람은 윗목으로 가야 하므로 서로 만나서 대화하는 소통이 이루어지지 않아 자연스레 타자로 여겨지고 배척된다. 이 온돌방 문화가 상징하는 것처럼, 한국 사회는 세대 간에 서로를 이해할 교육제도나 환경이 충분하지 않았다. 그렇기에 연령주의는 심화되고 나이 자체가 정체성의 우선적 범주가 되며 개인의 의식, 태도, 행동을 규정하게 되었다.

2015년 발표된 일본 소설 《70세 사망법안, 가결》은 70세가 되는 생일부터 30일 안에 죽어야 한다는 '70세 사망법안'이 가결되는 다소 비현실적인 설정을 바탕으로 한다. 이 소설

     5장 나이 묻지 않는 사회로 나아가기

은 저출생, 고령화, 그로 인한 국가의 생산성 저하와 부채 증가, 청년 취업난까지 일본이 직면한 문제를 생생하게 그려 냈다. 일본 사회를 배경으로 했지만, 한국이 빠른 속도로 일본의 고령화를 따라가는 점을 감안할 때 딴 나라 얘기만은 아니다. 책은 거동이 어려운 시어머니를 10여 년째 수발하고 있는 도요코와 그녀의 가족의 모습을 그린다. 조기 퇴직 후 자신의 인생을 찾는다며 아내를 외면하고 여행을 떠나는 남편 시즈오, 도와달라는 엄마의 요청을 거절하고 집을 떠난 딸 모모카, 재취업이 되지 않자 집에 틀어박혀 생활하는 아들 마사키. 고작 2년밖에 남지 않은 70세 사망법안의 시행을 기다릴 수 없을 정도로 정신적, 육체적으로 너무나 지쳐버린 도요코는 끝내 집을 떠나기에 이른다. 가족들은 떠난 도요코의 일을 자신들이 떠맡고 나서야 조금씩 변화하며 서로를 이해하기 시작한다. 정부가 70세 사망법안이라는 극단적인 방법을 제시하자 비로소 사람들이 함께 살아가는 방법에 대해 고민하기 시작한 것처럼, 결국 서로에 대한 이해와 공감이 최선의 해결책이라는 것을 보여 준다.

나이를 묻지 않고 나이와 상관없이 어우러져 사는 사회야말로 우리가 나아가야 할 길이다. 무엇보다 노인 혐오, 중년 혐오, 청년 혐오, 아동 혐오 등 나이에 따른 편견과 차별을 개인적 문제가 아니라 정책화가 필요한 사안으로 진지하게 받아들여야 한다. 그런 사회를 우리 사회 구성원들도 원하고 있다.

시청률과 화제성을 모두 잡은 TV 프로그램들이 있는데, 이들은 여러 세대가 어우러지는 모습을 잘 보여 준다. 많은 사람이 세대 간 소통과 조화를 원하므로 이런 프로그램들의 인기도 높은 것이 아닐까?

몇 가지 예를 들어 보자. SBS 드라마 〈감사합니다〉와 tvN 드라마 〈굿파트너〉는 기성세대와 청년세대가 서로를 이해하고 함께 성장하는 이야기를 그려 대중의 호응을 얻었다. 두 드라마 모두 뛰어난 능력을 가진 중년 상사와 이상을 추구하는 젊은 신입과의 관계를 그린다. 건설회사 감사팀을 배경으로 하는 〈감사합니다〉에서 배우 신하균이 맡은 신차일은 사람을 잘 믿지 않는다. 〈굿파트너〉에서 배우 장나라가 연기한 차은경 역시 스타 변호사로, 의뢰인과 회사에 가장 이득이 되는 선택을 최우선한다. 반면에 젊은 신입인 〈감사합니다〉의 이정하(구한수 역)와 〈굿파트너〉의 남지현(한유리 역)은 사람을 신뢰하고 정의와 진심을 추구한다. 드라마에서 젊은 신입과 중년 상사는 서로 간의 불신을 깨고 공감하며 함께 성장한다.

예능에서도 세대 간 소통과 공감을 그린 프로그램이 인기다. 중년 배우인 염정아와 박준면이 2030세대인 안은진, 덱스와 함께 어촌에서 생활하는 tvN 예능 〈언니네 산지직송〉도 높은 시청률을 보였다. 출연진들이 세대를 아우르며 함께 살아가는 모습이 시청자들에게 감동을 주었기 때문이다.[2] JTBC 예능 프로그램 〈대결 팽봉팽봉〉은 중견 코미디언 팽현숙과 이봉원이 각각 '팽식당'과 '봉식당'이라는 이름의 식당을 열어 맛 대결을 펼치는 프로그램인데, 나이를 떠난 협력과 관계 맺기를 보여 준다. 팽식당은 팽현숙, 최양락, 유승호가, 봉식당은 이봉원, 이은지, 곽동연이 출연했다. 이봉원의 아들과 알바생인 곽동연은 1997년생 동갑이고, 최양락과 팽현숙의 아들은 1994년생으로 알바생인 유승호와 한 살 차이다. 이들은 나이와 세대를 뛰어넘는 훌륭한 케미를 보여 줬다.

영화에서도 '나이를 묻지 않는 사회'로의 길을 엿볼 수 있다. 2017년 개봉한 한국 영화 〈아이 캔 스피크〉는 온 동네를 다 참견하고 다니며 8000건에 달하는 민원을 넣어 '도깨비할매'라고 불리는 '옥분(배우 나문희 역)'과 원칙주의 9급 공무원 '민재(배우 이제훈 역)' 간의 갈등으로 시작된다. 옥분은 민원 접수만큼이나 열심히 공부하던 영어가 좀처럼 늘지 않아 의기소침했는데, 원어민 수준의 영어를 구사하는 민재를 본 후 선생님이 되어 달라고 부탁한다. 우여곡절 끝에 절대 어울릴 것 같지 않았던 80대 할머니와 20대 청년의 영어 수업이 시작되고, 함께하는 시간이 계속될수록 서로 이해하고 소통하게 된다. 옥분이 영어 공부에 매달리는 이유는 위안부 피해자였던 자신과 친구의 과거를 영어로 세상에 알리고 일본의 사과를 받기 위해서였다. 민재에게 영어를 배운 옥분은 결국 미국 하원 청문회 증언을 위해 워싱턴으로 향하고 영어 연설을 훌륭하게 마친다. 알고 보니 민재는 불우한 가정사 때문에 중학교에 다니는 동생 영재를 돌보고 있었는데 그 영재가 옥분에게 자주 밥을 얻어먹었던 사연도 밝혀진다. 결국 10대 청소년 영재, 20대 청년 민재, 80대 노인 옥분, 이 세 사람은 나이라는 경계를 넘어 서로를 돕고 다독이며 살아가는 동반자였다. 우리 사회가 풀어야 할 중요한 과제인 위안부 문제도 나이를 넘어선 협력과 공존 속에서 해결의 단서를 발견하게 된다.

이 영화를 보면서 나이를 따지지 않고 세대가 서로 어울려 조화롭게 살아갈 수 있다는, 작은 희망을 보았다. 여성 노인 옥분은 시혜와 보살핌의 대상인 수동적 존재가 아니라 적극적으로 자신의 인생을 찾는 존재로 그려져 긍정적 노년의 이미지를 보여 줬고, 영화 초반에 보였던 고집 세고 소외된 노인의 모습은 청년 민재와의 교감을 통해 사라지게 되었다. 결국 이 영화는 사람과 세대가 나이라는 경계를 넘고 서로에게 다가가 소통하는 것의 소중함을 조용히 일러 준다.

나이를 묻는 사회에서는 만나는 사람들 사이에 나이를 기반으로 한 구별 짓기가 발생하고, 금세 위아래 관계가 형성된다. 이렇게 나이는 만나는 사람들 사이를 가르고 경계선을 만들어 낸다.[3] 따라서 나이를 묻는 사회는 나이에 따른 여러 긴장을 발생시킨다. '효'와 '경로'라는 규범하에 가족이 노인을 부양했던 시대에서 국가가 부양하는 시대로의 전환이 신속하게 되지 않으면서, 젊은 세대는 노년을 불행하고 후대에게 부담이 되는 세대로 보게 되었다. 노년층에 대한 갖가지 멸칭이 널리 사용되는 이유가 여기에 있다. 젊은이들은 노인들에게 "저러니까 늙으면 죽어야 된다는 소리를 듣지"라 하고, 노인들은 젊은이들에게 "쯧쯧, 누가 엠지 아니랄까 봐"라며 혀를 찬다.

유아든 청년이든, 장년이든 노년이든, 사람은 각자의 경험을 통해 저마다 삶의 의미를 추구하는 존재다. 나이는 그 자체로 매우 제한된 의미만 지니는 변수이다.[4] 그럼에도 불구하고 여태껏 우리 사회는 왜 그토록 나이를 묻는지에 대한 질문을 제대로 던지지 않았다. 장유유서의 수직주의적 교류 문화는 이제 서로를 하나의 인격체로서 존중하는 수평적 문화로 바뀌어야 한다. 결국은 앞에서 예로 든 프로그램들처럼 현실에서도 다양한 나이대의 사람들 간 접촉이 중요하다. 많은 연구에서 노인과 의미 있는 접촉을 하고 자주 상호작용하는 청년일수록 노인에 대해 긍정적인 태도를 갖게 된다는 것을 발견했다.[5] 예를 들어 노인 관련 봉사나 돌봄 활동을 한 경험은 노인에 대한 긍정적 인식을 불러일으킨다. 따라서 미디어에서만이 아니라 실제로도 세대 간 교류를 유도하는 프로그램들이 만들어져야 한다.

세대 간 교류를 이끌어 내는 방법은 생각보다 다양하다. '한 지붕 세대 공감'이라는 서울시 주거 공유 프로그램이 있다. 주거 공간에 여유가 있는 고령층과 주거 공간을 찾고 있는 청년들을 연결해 주거를 공유하도록 하는 사업이다. 노인은 소정의 임대료를 받고 청년은 저렴한 주거 공간을 얻어 양 세대 모두가 윈윈*win-win*하는 프로그램이다. 네덜란드의 '후마니타스'도 세대 혼합 주거 모델로 대학생과 노인이 함께 거주하며 소통한다. 후마니타스 요양원에는 젊은이들이 무료로 머무르면서 함께 사는 노인들과 좋은 이웃으로 생활한다. 그 대신 학생들은 두 가지 조건을 지켜야 한다. 첫째는 한 달에 30시간 정도를 정보기술(IT) 기기 사용법 교육, 장보기, 함께 축구 경기 보기, 맥주 마시기 등 노인들에게 할애하는 것이다. 둘째, 야간 고성방가 등으로 함께 사는 노인들에게 피해를 주지 않는 것이다. 대학생들은 이곳에서 살며 노인들로부터 삶의 지혜를 배울 수 있고 나이는 단점이 아닌 강점임을 깨달았다며 긍정적으로 평가한다. 노인들도 학생들과 같이 살면서 조용하던 요양원에 생기가 넘쳐 좋다고 한다.[6] 프랑스도 유사하게 'one roof, two generations(한 지붕, 두 세대)'라는 정책을 실시한 적이 있는데, 세대 간 상호작용을 증진할 수 있는 유용한 프로그램이었다.[7]

한국인들의 주요 주거 형태인 아파트는 경로당, 어린이집, 청소년들을 위한 독서실, 키즈카페 등이 서로 다른 건물에 나뉘어 운영되는 경우가 많다. 커뮤니티 센터에 각 연령별, 세대별 공간을 함께 구성해 다양한 연령 집단이 마주칠 기회를 더 늘리고 친밀감을 느끼게 할 필요가 있다. 예를 들어 어린이집과 노인복지시설이 함께 있는 세대통합 돌봄센터라면 아이들의 웃음소리가 고령층의 외로움을 덜어 주고, 고령층의 돌봄이 아이들에게 따뜻한 울타리가 되어 줄 것이다.

학교와 지방정부가 협력해 여러 세대가 함께 무대에 올라 노래하거나 연극을 꾸미는 경험, 세대 간 멘토링 프로그램, 환경을 가꾸고 봉사에 참여하는 프로그램 등을 실시한다면 다른 나이대의 사람들끼리 자연스럽게 어울리는 기회가 될 수 있다. 싱가포르에서는 노년층과 청년층이 두 달 동안 총 여섯 차례에 걸쳐 짝을 이루어 비디오게임을 함께하는 프로젝트를 시작했는데 그 결과가 놀라웠다.[8] 평균연령 76세의 노년층 참여자는 지역사회 활동센터에서, 평균연령 17세의 청년층 참여자는 지역 학교에서 모집되었다. 프로젝트 결과, 비디오게임을 함께한 노년층과 청년층 참여자 모두, 게임을 함께하지 않은 대조군에 비해 상대 집단과 상호작용할 때 덜 어색하고 덜 위축되었으며 더 자신감을 느꼈다. 또한 '어리석다-현명하다' '지루하다-흥미롭다' '비활동적이다-활동적이다'와 같은 태도 차원에서 보다 긍정적인 평가가 나타났다. 우리나라 정부도 2009년부터 '아름다운 이야기 할머니'라는 사업을 하고 있는데, 이는 일정한 교육과정을 이수한 여성 노인들이 어린이집 및 유치원을 직접 방문해 재미있는 우리 옛이야기를 들려주는 사업이다. 노인층과 어린이들 간의 교류를 통해 세대 간 소통을 도모하는 활동인 것이다. 왜 여성 노인만 대상으로 하느냐 의문을 품을 수 있는데, 마침 2025년 정부는 '전통나눔 할아버지 사업'을 시작했다. 이 사업은 일정한 교육과정을 이수한 남성 노인들이 유아교육기관과 초등학교 늘봄교실 등을 방문해 전통놀이 및 전통 예절 등 체험 프로그램을 직접 운영하는 것을 골자로 한다.

세대 간 협력과 교류는 사회 영역을 넘어 경제·비즈니스 분야에서도 적극적으로 시도되어야 한다. 이탈리아 명품 브랜드 구찌는 매출액이 떨어지는 위기를 극복하기 위해 리버스 멘토링*reverse mentoring*을 도입했다.[9] 100년 전통의 고령 기업이 젊은 소비자층을 주고객으로 사로잡기 위해 젊은 직원으로 구성된 '그림자위원회*shadow board*'를 운영하였다. 이 위원회 멤버들은 시니어 경영진과 주기적으로 만나 의견을 전달했다. 보통 고령층과 젊은 층 간에 이뤄지는 멘토*mentor*와 멘티*mentee* 관계의 방향이 바뀐 것이다. 그 결과 구찌의 매출은 크게 증가했다. 다른 나이대 간 생각의 격차가 커진 오늘날, 서로에 대한 이해와 협업은 기업의 성공을 가져온다.

     5장 나이 묻지 않는 사회로 나아가기

또 다른 예로, 프랑스의 세계 최대 화장품 회사인 로레알이 있다. 로레알은 '모든 세대를 위한 로레알*L'Oréal For All Generations* 프로그램'을 운영하는데, 매년 '세대 간의 날*Generation Days*' 행사를 개최해 이벤트, 워크숍 등을 통해 세대 간 다양성과 포용성을 고취하려고 노력한다. 아울러 전 직원이 참여하는 e-러닝 교육을 운영하며 세대 간의 벽을 허물고 나이에 기반한 편견과 고정관념을 개선해 나가고 있다. 또한 'Age Perfect' 캠페인은 매체 내 50대 이상 여성의 노출을 늘리고 많은 나라에서 여전히 금기시되는 완경(갱년기) 이슈를 공론화함으로써 노화에 대한 긍정적인 담론을 형성하고 있다.

우리나라는 해외와 비교하면 아직 초보적인 단계에 머물러 있다. 그럼에도 불구하고 2025년 2월 우리나라에서도 '할로마켓'이라는 국내 최초의 세대 통합형 카페가 문을 열었다. 할로마켓은 '헬로*Hello*'라는 영어 단어에 '할'머니와 '할'아버지가 운영하는 마켓이라는 의미를 담았다고 한다. 고령자들은 매장 운영과 관리를 담당하고 청년들은 소셜미디어 등을 활용해 상품 홍보 역할을 맡았다.

이처럼 같이하는 순간들이 모이면, 결국 우리는 서로 다른 나이를 살아가지만 그럼에도 하나의 삶을 공유한다는 사실을 확인할 수 있다.

# 나이보다 중요한 가치들을 위하여

## 변화의 열쇠, 미디어와 교육

요즘 한국 사회는 마치 '나 혼자 산다'는 문장이 일상의 풍경이 된 듯하다. 혼밥, 혼영 같은 말들이 자연스러워진 자리에서, 함께 웃고 떠들던 시간은 조금씩 자취를 감추고 있다. 세대를 잇던 따뜻한 손길과 눈빛의 교류마저 점점 줄어, 우리는 어느새 고요하지만 쓸쓸한 고립의 길 위에 서 있는지 모른다. 이러한 상황에서 자기와 다른 나이대의 사람들은 주로 미디어를 통해 간접적으로 접할 수밖에 없다. 그렇기에 미디어의 역할이 더 중요하다.

현재 우리나라 미디어 속에서 노인들의 존재감은 미약하다. 광고에 등장하는 노인은 극소수인데, 이는 노인들 스스로도 광고에 많이 등장하는 것을 선호하지 않고 젊은 층도 광고에서 노인을 보기 싫어해 '상징적 소멸 현상'이 발생하기 때문이다. 연구들은 자동차 광고에서 노인이 거의 전무하다는 사실을 발견했는데 보청기, 성인용 기저귀, 약품 등과 같은 상품군 광고에는 노인이 많이 등장한다는 것과 대비된다. 자동차 광고뿐 아니라 미용, 화장품, 의류 영역에서도 노인은 거의 보이지 않는다. 신체적 활동, 이동 능력, 경제적 여유, 그리고 관리됨을 강조하는 광고 속에도 노인의 모습은 잘 보이지 않는다. 그 결과 노인은 활발함, 청결함, 아름다움과는 동떨어진 존재라는 인식이 자리 잡게 된다.[10]

일반인들은 종종 미디어에 등장하는 인물을 역할 모델로 생각하고 등장인물이 처한 상황을 실제인 것으로 간주하려는 경향이 있다.[11] 따라서 미디어에서 노인이 소외되는 것은 그 자체로, 노인들은 중요한 존재가 아니라는 메시지를 주게 된다. 어린이에 대한 멸칭들도 미디어에 자주 등장한다. '헬린이' '요린이' '골린이'와 같은 용어가 공영방송 자막에 등장하고 유튜브나 인터넷 커뮤니티에서 '잼민이'라는 표현을 손쉽게 접할 수 있다.

미디어는 아동, 청년, 노인 문제 등을 다룰 때 더욱 신중함을 가져야 한다. 미디어가 집단 간 편견과 혐오를 누그러뜨릴 수 있다는 흥미로운 연구가 여럿 있다.[12] 몇 가지를 소개하자면, 르완다의 후투족과 투치족에게 서로 간의 사랑을 그린 라디오 드라마를 계속 보여 줬더니 약 1년이 지난 후 상대 민족에 대해 더 긍정적인 태도를 가지는 것을 발견했다.[13] 또 다른 예로, 독일인과 중국인이 긍정적인 상호작용을 하고 있는 비디오 영상을 지속적으로 본 독일인 대학생들이 실제로 중국인과 상호작용하게 되었을 때 더 긍정적인 행동을 보였다.[14] 연구들은 두 집단이 오래도록 반목했더라도 미디어를 매개로 한 간접적 접촉만으로 빠르게 신뢰와 공감을 회복할 수 있음을 증명해 보였다.

미디어뿐 아니라 학교 교과서에도 나이에 대한 새로운 관점이 필요하다. 퇴행, 기능저하처럼 부정적인 용어를 사용하는 대신 노년기에도 새로운 발달이 시작될 수 있고, 인간은 일생 동안 생애 단계마다 중요한 발달 과정을 거친다는 것을 시사하는 내용으로 전환되어야 한다. 한국 노인들의 빈곤률과 자살률이 세계 1위고 치매 문제가 심각하며 초고령화로 인해 연금제도가 붕괴할 위기를 맞았음을 앞다투어 다루는 행태는, 노인이 사회에 부담이 되는 존재이며 노인 '개인'의 잘못으로 인해 문제가 비롯되었다는 인식을 불어넣을 수 있다.

결국 타인의 고통에서 우리 자신을 발견할 수 있는 공감이 중요하다. 이 공감은 교육과 소통에서 나온다. 어떤 종류의 차별이든지 간에, 교육은 편견을 해소하는 데 가장 중요한 역할을 한다. 내 직업은 대학에서 학생들을 가르치는 것이어서 교육의 역할이 얼마나 중요한지 더 실감한다. 성차별, 인종차별에 대해서는 대략 알고 있으면서도 연령차별에 대해서는 처음 들어 보는 대학생이 많다. 수업 시간에 연령차

   5장 나이 묻지 않는 사회로 나아가기

별에 대한 얘기를 하면 그런 것을 차별이라고 할 수 있는지 몰랐다는 학생들을 종종 만난다.

지식과 연령차별은 관련성이 있다. 한 연구는 노인에 대한 지식과 연령주의가 음의 상관관계를 가진다는 것을 밝혔다.[15] 즉, 노인에 대한 지식이 많을수록 노인을 대하는 태도가 긍정적으로 변하고 연령주의가 낮아졌다. 우리가 일상에서 저지르는 많은 연령차별은 그것이 차별임을 깨닫기도 전에 무심히 행해진다. 그렇기에 이를 알아차리고 성찰하며 연령주의에 대한 올바른 인식과 교육을 통해 바꾸어 나가는 노력이 필요하다.

우리나라 학교 교육과정은 연령차별주의를 직접적으로 다루고 있지 않다. 노인과 연령 문제 관련해 고령화 현상과 이로 인한 여러 이슈를 중점적으로 다룬다.[16] 자라나는 미래 세대들이 고령화 현상을 탐구하고 해결책을 모색하게 한다는 점에서 교육적 의의가 있지만, 중학교 사회 교과서의 내용을 분석해 봤더니 고령화에 대해 주로 노인 부양 문제로 사회적 부담이 커지고 노인 소외 현상이 발생하며 질병과 빈곤으로 고통받는 노인이 증가한다는 등 부정적 기술이 많았다.[17]

우리나라 청소년을 대상으로 한 연구 결과, 사회과 수업에서 미디어를 통해 건강하고 활동적인 노인과 접촉하거나 노인과 젊은이 간의 우정을 관찰한 학생일수록 노인에 대해 부정적 고정관념이 감소하는 것으로 나타났다. 또 교사가 연령차별의 문제점을 지적하고 설명하는 것만으로도 학생들의 부정적 고정관념은 감소했다.[18] 이는 학교에서 연령에 따른 차별 문제를 더 적극적으로 교육해야 함을 보여 준다.

영국의 한 연구팀은 IT 기술 강국인 우리나라가 참고할 만한 흥미로운 교육 방법을 제안한다. 노인에 대한 대학생들의 공감을 키우기 위해 세 가지 가상현실 활동을 이용했다. 첫 번째 활동에서 학생들은 애플리케이션으로 노인이 된 자신의 시각적 이미지를 만들었다. 두 번째 활동에서는 학생들이 가상현실 헤드셋을 착용하고 다른 사람들과의 상호작용에서 소외되는 저녁 식사를 경험했다. 이를 통해 많은 노인이 경험하는 사회적 배제와 고립을 시뮬레이션할 수 있었다. 세 번째 활동에서 학생들은 노쇠한 노인의 집에서 뜨거운 음료 만들기나 초인종이 울리면 문 열어 주기 등 몇 가지 일상 업무를 수행하는 몰입형 경험을 했다. 참가자들은 가상현실을 통해 움직임과 반응 속도가 느려지고 청각이 둔해지며 시력이 나빠진 상태를 경험했다. 이후 학생들은 노인의 경험에 대한 인식과 공감, 존중이 증가했다고 보고했다.[19]

가상현실 기술을 사용한 교육은 노인이 청소년의 현실을, 청소년이 아동의 현실을 경험하는 식으로 여러 나이대별로 교차적으로 실시될 수 있을 것이다. 또 이를 통해 다른 연령대에 대한 추상적인 이해를 넘어 실질적인 공감을 이끌어 낼 수 있다.

 5장 나이 묻지 않는 사회로 나아가기

지속적인 평생교육 역시 필요하다. 특히 고령층이 새로운 기술과 지식을 습득해 능력을 발휘할 수 있도록 지원해야 한다. 이는 노인 스스로의 자긍심을 키우고, 노인에 대한 젊은 층의 긍정적 이미지 제고에 도움이 되며, 나이에 제한되지 않고 생을 마감할 때까지 사회적으로 기여하는 존재가 되도록 도울 수 있다. 연령 친화 대학*Age-Friendly University*을 표방하는 미국의 퀴니피액 대학교*Quinnipiac University*의 사례는 우리에게 의미 있는 시사점을 제공한다. 일반 학부 수업에 지역사회 고령자들이 학생들과 함께 참여하는 프로그램을 운영하는데, 고령자들은 청강생이 아닌 공동 학습자로 참여해 토론하고 과제를 수행한다. 이러한 교육 방식을 통해 청년들은 고령자의 삶의 지혜를 배우고, 고령자들은 청년들의 최신 시각을 접하며 서로에 대한 편견을 해소해 나간다. 젊은 세대와 고령 세대가 지적 공간을 공유하며 서로의 가치를 인정하는 교육을, 대학이 앞장서서 하는 것이다. 우리나라에서도 이런 연령 친화적 대학들이 나오길 바란다.

## 연령주의를 자각할 시간

법제도적인 개선도 필요하다. 우리나라에도 연령차별을 금지하는 법이 존재하지만, 실제 현장과 집행에는 괴리가 있다. 인기 있는 채용 웹사이트를 살펴보면 여전히 채용 공고에 '젊은, 패기, 에너지' 같은 연령을 암시하는 표현들을 쉽게 찾을 수 있다. 법 조항에서 연령차별 금지를 규정했지만 채용 공고에 어떤 표현이 연령차별인지 세부 가이드를 정리한 행정지침이 존재하지 않기 때문이다. 예를 들어, 영국 정부는 채용 공고에 'recent graduates(최근 졸업자)'나 'highly experienced(고도의 실무 경험을 갖춘)' 같은 표현은 젊은 지원자 또는 고령 지원자에게 불리하므로 간접적 연령차별에 해당할 수 있다고 안내한다.[20] 핀란드 정부 역시, 연령차별의 실제 사례와 세부적 표현 예시 등을 정리해 공개하고 있다. 법상 포괄적 금지는 있어도 공공행정 차원에서 일관된 행정지침 체계가 마련되어 있지 않은 우리나라와 비교된다.

또한 세대 간 통합을 전담하는 정부 기구를 설치하거나 정부가 민간단체 활동을 적극적으로 지원하는 제도도 필요하다. 스코틀랜드의 'Generations Working Together(GWT)'는 세대 간 통합과 연령차별 해소를 목적으로 활동하는 민간기관인데, 스코틀랜드 정부의 전략적 파트너로서 지원을 받으며 정책 수립에 관여하고 있다. 우리나라도 정부 산하 공공기관, 국제기구 한국 지부, 그리고 지자체별 복지관이 여러 활동을 하지만 아직은 다른 연령대의 사람들을 통합한다기보다 '노령층'에 대한 차별 해소를 위한 활동에만 집중하고 있는 상황이다.

우리 정부는 노인, 중장년, 청년, 아동 등 다양한 연령층이 각각 고통받고 있는 문제를 해결하기 위해 여러 방안을 강구해 왔다. 연금, 취업, 병원비 및 주택 보조 등 각종 사회복지 프로그램을 통해 생애주기에 따라 경제적, 사회적 지원을 하고 있다. 그럼에도 불구하고 노인 문제, 청년 문제, 아동 문제 등은 심각해지기만 한다. 물질적, 경제적 지원만으로는 충분하지 않기 때문이다. 결국 연령주의가 사회 전반을 지배하는 기본 이데올로기로 남아 있는 한, 우리는 나이라는 굴레에서 자유로울 수 없고 진정한 편안함을 누릴 수도 없다.

연령대마다 따라붙는 편견과 차별은 언제나 부정적인 모습만을 부각시킨다. 그래서 우리는 누구나 맞이하게 될 인생의 여러 단계를 설렘이 아니라 두려움과 불행으로 받아들이게 된다. 한국이 행복하지 않은 나라에 꼽히는 것도 이런 나이에 대한 차별이 한 측면을 담당하고 있다. 나이에 대한 부정적이고 왜곡된 전제가 해소될 때 우리는 생애주기별로 행복한 미래를 그릴 수 있다. 아이는 미성숙하고, 청년은 노력과 열정이 부족하며, 중년은 꼰대처럼 꽉 막혀 있고, 노년은 퇴화의 시기로 보기만 하면 우리는 삶에 대한 창조적 해석이 불가능하게 된다. 어린 시절은 어린 시절대로, 청년은 청년대로, 그리고 중년 및 노년은 그 나름의 아름다움이 있음을 알고 이를 바탕으로 사회제도를 만들어 나갈 때 모두가 행복한 사회가 가능할 것이다. 이제 인생에서 각 연령대별로 어떤 긍정적인 의미가 있는지를 우리 사회가 제시해야 한다.

우선 생애 단계에 따라 제도가 구성된 연령분절적 시스템은 이제 한계에 다다랐음을 인정해야 한다. 모든 정책과 사회구조 전반에 있어 연령 블라인드*age-blind* 사회로 가야 한다. 연령주류화*mainstreaming ageing*는 취약 계층인 노인의 관점으로 사회를 평가하고 그들의 시각을 정책에 반영하는 과정을 지칭하는데, 노인뿐 아니라 각 연령대별로 편견과 차별이 존재하는 우리 사회에서는 포괄적인 연령주류화가 필요하다. 국가 어젠다와 정책에 연령 관점을 적용해 정책 추진 과정에 있어 각 연령 집단의 요구를 균형적으로 충족시키는 노력이 있어야 한다. 이 책에서 다룬 나이별 멸칭과 연령 관련 이슈들은 각 연령 집단이 처한 상황을 정확히 파악하는 데 도움이 될 것이다. 각 연령 집단의 차별적 상황을 제대로 알아야 연령주의 해소를 위한 실질적인 제도 마련도 가능할 것이기 때문이다.

마지막으로 연령차별에 대한 민감성이 더 높아져야 한다. 연령민감성이란 일상에서 각 연령층이 겪는 차이를 세심하게 감지하고 그 속에 숨어 있는 불평등을 비판적으로 바라볼 수 있는 눈을 갖는 것이다. 연령차별은 한국인들 개인의 삶과 사회 전반에 큰 영향력을 미치지만 가시적으로 잘 드러나지 않는다. 그 자체로는 거의 무의미한 변인인 나이[21]이지만 우리나라에서는 절대적인 변수임을 사람들은 잘 못 느끼고 살아간다.

한국인들이 무심히 답습해 온 연령주의적 담론은 일상의

구석구석에서 우리의 삶을 규정하고 세대 간의 갈등을 불러온다. 우리는 이 은폐된 현실을 더 예민하게 마주해야 한다. 이 책이 우리 사회의 연령주의에 대한 민감성을 일깨우고, 서로를 더 깊이 이해하는 길에 작은 등불이 되어 주기를 소망한다.

# 참고문헌

강갑생 (2020),《강갑생의 바퀴와 날개》, 팜파스.

김남숙 & 사상 (2019),〈한일중의 고령시대 노인부양에 대한 효문화적 분석〉,《일본근대학연구》66, 173-194.

김도균 & 유보배 (2016),〈노키즈존 확산, 어떻게 볼 것인가?〉,《경기연구원 이슈 & 진단》221, 1-25.

김명식 (2019),〈웰에이징과 나이위계〉,《생명연구》51, 81-99.

김명식 (2020),〈정년제, 연령차별주의, 웰에이징〉,《생명연구》58, 25-45.

김명식 (2023),〈연령차별주의와 노인운전면허〉,《초등도덕교육》85, 189-212.

김성욱 (2024),〈노인 기준연령 변경의 정책효과 추정 연구〉,《한국사회복지행정학》26(1), 1-23.

김수정 (2020),〈일상에서의 차별 피해 경험이 아동의 우울 및 불안과 공격성에 미치는 영향〉,《보건사회연구》40(3), 392-428.

김아름 (2023),〈노키즈존 운영 실태와 향후 과제〉,《육아정책포럼》78, 19-35.

김애란 (2011),《두근두근 내 인생》, 창비.

김영미 (2022),〈유교의 효제윤리와 경로사상, 그리고 노인복지〉,《동양문화연구》37, 169-192.

김영숙 (2002),〈중·고등학생의 노인 이미지에 대한 도시와 농촌의 비교 연구〉,《한국노년학》21(3), 75-89.

김욱 (2002),〈억압의 한 형태로서의 노인차별주의(Ageism): 사회복지적 대응과 함의〉,《사회복지정책》14, 97-118.

김욱 (2003),〈노인차별의 실태 및 관련요인에 관한 탐색적 조사연구〉,《한국노년학》23(2), 21-35.

김정수 (2020),〈아동의 기본권 보장에 대한 헌법적 과제: '노 키즈존(no kids zone)' 관련 정당성 논의를 중심으로〉,《법학논총》37(4), 27-57.

김정화 (2001),《담배이야기 TOBACCO》, 지호.

김지혜 (2014),〈미스 조선, 근대기 미인대회와 미인 이미지〉,《미술사논단》38, 211-236.

김종훈 (2010),〈효친·경로사상의 민족사적 의의에 관한 해석적 연구〉,《현상해석학적 교육연구》7(3), 71-95.

김주현, 오혜인, & 주경희 (2020),〈노인차별 경험과 자기연령주의〉,《한국노년학》

40(4), 659-689.

김해진 & 이동훈 (2021), 〈한국인의 세대별 문화성향 차이와 대인간 의사소통능력의 특성〉,《사회과학연구》60(3), 455-480.

곽윤복, 이은희, & 오미숙 (2024), 〈간호 대학생의 노인에 대한 지식, 휴머니즘, 연령주의가 노인 간호의도에 미치는 영향〉,《한국산학기술학회 논문지》25(1), 440-449.

곽효문 (2000), 〈조선조 노인복지정책의 현대적 의의〉,《한국행정사학지》9(1), 77-104.

노다 마사아키 (2000),《전쟁과 인간: 군국주의 일본의 정신분석》, 서혜영 옮김, 도서출판 길.

문찬기 & 한규석 (2013), 〈서열적 교류의 사회심리: 공손성과 서열관계 스트레스〉,《한국심리학회지:사회 및 성격》27(4), 1-28.

방하남, 어수봉, 유구창, 이상민 & 하갑래 (2012), 〈기업의 정년실태와 퇴직관리에 관한 연구〉, 한국노동연구원.

백민정 (2012), 〈丁若鏞 철학에서 '孝弟' 관념이 갖는 公的 의미〉,《한국실학연구》23, 252-316.

심너울 (2020),《나는 절대 저렇게 추하게 늙지 말아야지》, 아작.

송미령 & 이재연 (2017), 〈아동에 대한 연령차별 평가척도 개발 연구〉,《아동과 권리》21(2), 245-268.

석민애 (2017), 〈노인과의 일상적 접촉과 아동의 연령차별적 태도: 명시적 태도와 암묵적 태도의 비교〉(석사학위논문, 서울대학교 대학원)

소영현 (2013), 〈젊음, 늙음, 죽음〉,《감정의 인문학》, 봄아필, 151-163.

손화희 (2007), 〈노인공경 문화의 사상적 원류에 대한 소고: 한국의 경 사상을 중심으로〉,《한국전문대학교육연구학회 논문집》8(1), 51-59.

송창길 (2025), 〈2025년 노령 정책 예산 분석〉, 한국보건사회연구원.

양정혜 (2011), 〈TV 광고가 재현하는 고령화 시대의 노인〉,《커뮤니케이션 이론》7(1), 72-106.

에밀 뒤르켐 (2020),《종교생활의 원초적 형태》, 민혜숙, 노치준 옮김, 한길사.

이다미 (2024), 〈고령화와 연금 관련 시민 인식에 대한 10개국 비교〉,《보건복지포럼》, 4-17.

이동옥 (2014), 〈노인여성의 몸과 미의 기준〉,《여성학연구》24(2), 123-157.

이상이 (2020), 〈노인연령 상향 조정이 필요한 이유〉,《복지동향》, 5-13.

이신숙 (2017), 〈노인운전자의 운전능력과 운전이동성이 사고위험에 미치는 영향〉,《Korean Journal of Family Welfare》22(4), 653-673.

이수연 (2023), 〈초고령 사회와 연령차별주의에 따른 고용상 연령차별:「연령차별금지법」 체계와 정년제도를 중심으로〉,《노동법논총》59, 469-504.

이승연 (2010), 〈유가(儒家)에 있어서 '노인(老人)'-늙음에 대한 인식과 대처〉,《유교사상문화연구》42, 209-238.

이인수 (2000), 〈농촌지역 대학생의 노인에 대한 인식도 연구〉,《한국노년학》20(2), 123-135.

이윤경 (2007), 〈비노인층이 갖는 노인 이미지 연구〉,《한국인구학》30(2), 1-22.

이재모 (2009), 〈한·일 대학생의 노인에 대한 지식과 태도에 관한 연구〉,《노인복지연구》45, 117-140.

이정현 (2022), 〈엄마, 제 초상권도 보호해 주세요〉,《방송문화진흥회 비평상 수상작 모음집》, 50-59.

이준일 (2008), 〈연령차별금지의 법제와 법적 문제: 미국·네덜란드·호주의 연령차별금지법을 중심으로〉,《미국헌법연구》19(1), 105-143.

이하배 (2007), 〈나이의 일상예문화: 나뉘는 나이 나누는 나이〉,《한국학》30(4), 309-334.

이현지 (2010), 〈동양사상의 관점에서 본 한국 노인복지의 현주소〉,《한국사회학회 사회학대회 논문집》, 1165-1179.

오근재 (2014),《퇴적공간》, 민음인.

오세현 & 강현아 (2018), 〈지역아동센터 이용아동의 차별 피해 경험이 차별 가해 행동에 미치는 영향: 사회적 위축과 공격성의 이중매개효과〉,《아동과 권리》22(4), 611-637.

오승환 & 김광혁 (2017), 〈아동이 경험한 차별이 아동발달에 미친 영향: 지역아동센터 이용 아동을 중심으로〉,《학교사회복지》39, 49-67.

이제오마 올루오 (2019),《인종 토크》, 노지양 옮김, 책과함께.

우에노 치즈코 (2016),《누구나 혼자인 시대의 죽음》, 송경원 옮김, 어른의 시간.

양정은 (2019), 〈한국적 집단주의(우리성, we-ness)가 대인 커뮤니케이션에 미치는 영향에 대한 연구〉,《한국콘텐츠학회 논문지》19(5), 1-14.

원영희, 최혜지, 김주현, 김성호, & 김지혜 (2017), 〈노인인권종합보고서 작성을 위한 실태 조사〉, 국가인권위원회.

장영란 (2009), 〈늙음과 죽음의 윤리〉,《서양고전학연구》35, 119-147.

조옥라 (2005), 〈한국 사회에서 나이듦, 그리고 여성의 나이〉,《여성의 몸 여성의 나이》제16호, 또하나의 문화, 21-32.

주명애 (2011), 〈유교 문화와 한국어〉,《한중인문학연구》32, 181-206.

전희경 (2013), 〈1960~80년대 젠더-나이체제와 '여성' 범주의 생산〉,《한국여성학》29(3), 41-79.

정경옥 (2005), 〈한국어에 있어서의 "우리"의 사용에 대하여〉, 《한국어교육》 16(3), 403-422.

정규형 (2016), 〈청소년의 차별피해경험이 차별가해경험에 미치는 영향: 인권교육의 조절효과를 중심으로〉, 《한국아동복지학》 55, 31-55.

정문성, 김경모, 박기범, 설규주, & 전영은 (2019), 〈중학교 사회 교과서에 나타난 저출산·고령화 내용 분석〉, 《시민교육연구》 51(1), 239-273.

정진웅 (2001), 〈미국문화의 개인주의적 인간관과 정체성 위기〉, 《민족학연구》 5, 105-122.

정진웅 (2012), 《노년의 문화인류학》, 한울.

정진웅 (2014), 〈반연령주의적 문화 실천으로서의 노년 연구: 고령화시대의 노년 연구에 관한 제언〉, 《보건사회연구》 34(3), 452-476.

정태연 (2010), 〈한국사회의 집단주의적 성격에 대한 역사·문화적 분석〉, 《한국심리학회지:사회 및 성격》 24(3), 53-76.

전희경 (2012), 〈'젠더-나이체제'와 여성의 나이: 시간의 서사성을 통해 본 나이경험의 정치적 함의에 관한 연구〉 (박사학위논문, 이화여자대학교 대학원)

정희진 (2003), 〈나이 듦, 늙음 그리고 성별〉, 《당대비평》 22, 338-351.

조지 리처 (2017), 《맥도날드 그리고 맥도날드화》, 김종덕, 김보영, 허남혁 옮김, 풀빛.

지은정 (2018), 〈우리나라 연령주의 실태에 관한 조사연구: 노동시장을 중심으로〉, 한국노인인력개발원.

최기숙 (2013), 〈죽음의 무도, 또는 나이 들기를 응시하기〉, 《감정의 인문학》, 봄아필, 151-163.

최미정 (2018), 〈여성의 나이, 나이 듦의 의미와 주체 회복: 문정희 시를 중심으로〉, 《한국문학과 예술》 26, 125-163.

최미향 & 오혜은 (2022), 〈손자녀 돌봄이 조모의 우울에 미치는 영향: 성향점수매칭과 이중차분법의 활용〉, 《여성연구》 115(4), 277-305.

최문정, 오학준, & 서이종 (2018), 〈노년기 운전중단 결정 인식과 태도에 관한 연구〉, 《한국노년학》 38(3), 593-605.

최봉영 (2003), 〈한국에서 차별과 억압의 문화요소〉, 《2003년도 한국사회학회 전기사회학대회 논문집》, 583-595.

최상진 (1997), 〈한국인의 심리특성〉, 《현대 심리학의 이해》 한국심리학회 편, 학문사, 695-766.

최상진 & 김기범 (2000), 〈체면(體面)의 심리적 구조〉, 《한국심리학회지:사회 및 성격》 14(1), 185-202.

최상진, 김의철, 홍성윤, 박영숙, & 유승엽 (2000), 〈권위에 관한 한국인의 의식체계〉,

《한국심리학회지:문화 및 사회문제》6(1), 69-84.

최상진 & 최인재 (1999), 〈정(情), 체면(體面)이 스트레스에 미치는 영향〉, 《한국심리학회지:건강》4(1), 41-56.

최왕규 & 곽종형 (2016), 〈동북아시아 국가의 효 문화 실태에 관한 연구-한국·일본·중국, 싱가포르를 중심으로〉, 《사회복지경영연구》3(1), 263-277.

최유석 (2014), 〈세대간 연대의식의 기반: 가족주의 연대〉, 《한국인구학》37(4), 61-87.

최유석, 오유진, & 문유진 (2015), 〈대학생의 노인세대 인식: 세대갈등, 노인의 기여, 노인복지정책 인식을 중심으로〉, 《한국콘텐츠학회논문지》15(5), 228-241.

최호근 (2024), 〈'충(蟲)'이 넘쳐나는 사회: 자기 파괴의 징후로서 언어 변화〉, 《지식의 지평》(36), 46-60.

채상원 & 임진희 (2024), 〈변주하는 공간적 권력: '노키즈존'의 확산 및 '맘충' 담론을 사례로〉, 《공간과 사회》34(2), 184-220.

채영희 (2012), 〈노인 어휘망에 나타난 '늙음'의 사회 인문학적 분석〉, 《인문사회과학연구》13(1), 27-57.

토머스 쿤 (2013), 《과학혁명의 구조》, 김명자, 홍성욱 옮김, 까치.

하라다 히카 (2025), 《노인 호텔》, 이소담 옮김, 알에이치코리아.

하홍규 (2022), 〈배제된 죽음, 가치 상실, 노인 혐오〉, 《사회이론》, 107-136.

홍린 (2022), 〈현대 한국인의 "예의(禮儀)" 인식과 선진시기 예(禮)의 정치적 함의〉, 《공자학》47, 243-278.

황미영 (2019), 〈매개 접촉을 활용한 청소년의 연령차별주의 개선 연구〉, 《시민교육연구》51(3), 151-183.

황여정, 변정현, & 전현정 (2016), 〈청소년의 세대통합역량 증진을 위한 지원 방안 연구〉, 《한국청소년정책연구원 연구보고서》, 1-396.

황수영 (2018), 〈충효사상의 한계와 비판적 재구성〉, 《한국사상과 문화》94, 207-229.

황아리영 & 정익중 (2020), 〈초등학생의 차별피해경험이 차별가해경험에 미치는 영향: 사회자본은 매개효과인가, 조절효과인가?〉, 《학교사회복지》51, 237-262.

황옥경 (2012), 〈한·일 다문화가정 청소년의 개인적 특성, 민족 정체감, 차별경험, 자아존중감과 문제행동 간의 관계〉, 《한국가족복지학》17(2), 49-71.

Cernat, V. (2011). Extended contact effects: Is exposure to positive outgroup exemplars sufficient or is interaction with ingroup members necessary?. The Journal of Social Psychology, 151(6), 737-753.

Jansen, D. A., & Morse, W. A. (2004). Positively influencing student nurse attitudes toward caring for elders. Gerontology & Geriatrics Education, 25(2), 1-14.

Gonzales, E., Morrow-Howell, N., & Gilbert, P. (2010). Changing medical students' attitudes toward older adults. Gerontology & Geriatrics Education, 31(3), 220-234.

Kite, M. E., Deaux, K., & Miele, M. (1991). Stereotypes of young and old: Does age outweigh gender?. Psychology and aging, 6(1), 19-27.

Krieger, N. (1990). Racial and gender discrimination: Risk factors for high blood pressure? Social Science and Medicine, 30(12), 1273-1281.

Lee, I. S. (2000). Perception of rural area college students on the aged. Journal of the Korea Gerontological Society, 20(2), 123-135.

Mazziotta, A., Mummendey, A., & Wright, S. C. (2011). Vicarious intergroup contact effects: Applying social-cognitive theory to intergroup contact research. Group Processes & Intergroup Relations, 14(2), 255-274.

Myles, J., & Pierson, P. (2001). The comparative political economy of pension reform. The new politics of the welfare state, 305, 322-323.

Neugarten, B. L. (1968). Adult personality: Towards a psychology of the life cycle. In E. Vinacke (Ed.), Reading in general psychology. New York: American Book Co.

Nguyen, E., Chen, T. F., & O'Reilly, C. L. (2012). Evaluating the impact of direct and indirect contact on the mental health stigma of pharmacy students. Social psychiatry and psychiatric epidemiology, 47, 1087-1098.

OECD. (2011). OECD Ministerial Meeting on Social Policy: Session 3 Paying for the Past. Providing for the Future: Intergenerational Solidarity.

Palmore, E. B. (1999). Ageism: Negative and positive. Springer Publishing Company.

Paluck, E. L. (2009). Reducing intergroup prejudice and conflict using the media: A field experiment in Rwanda. Journal of personality and social psychology, 96(3), 574-587.

Park, K. R., & Yi, Y. S. (2002). A study on perceptions of successful aging in later life. Journal of the Korea Gerontological Society, 22(3), 53-66.

Pearlim. (1999). Stress and mental health: A conceptual overview. In A. V. Horwitz & T. L. Scheid (Eds.), A handbook for the study of mental health: Social context, theories, and systems (pp. 161-175). Cambridge University Press.

Sanderson, W., & Scherbov, S. (2016). A unifying framework for the study of population aging. Vienna Yearbook of Population Research, 14, 7-40.

Schiappa, E., Gregg, P. B., & Hewes, D. E. (2005). The parasocial contact hypothesis. Communication Monographs, 72(1), 92-115.

World Health Organization. (2021). Global report on ageism.

**들어가는 말**

1 Neugarten, B. L., 1968, Adult personality: towards a psychology of the life cycle. In E. Vinacke(Ed.), Reading in general psychology. New York: American Book Co.

2 Erdman B. Palmore, 1999, Ageism: Negative and Positive, Springer Publishing Company.

3 김명식 (2020), 〈정년제, 연령차별주의, 웰에이징〉,《생명연구》58, 29.

**1장 한국 사회를 집어삼킨 나이 멸칭 문화**

1 이하배 (2007), 〈나이의 일상예문화: 나뉘는 나이, 나누는 나이〉,《정신문화연구》30권 4호, 314.

2 김승욱, 〈"연하 사장 반말" 염산 투척 40대 구속〉,《연합뉴스》, 2011년 10월 13일 자, https://www.yna.co.kr/view/AKR20111013217800004

3 이수연 (2023), 〈초고령 사회와 연령차별주의에 따른 고용상 연령차별-「연령차별금지법」 체계와 정년제도를 중심으로〉,《노동법논총》59, 476-477.

4 정진웅 (2014), 〈반연령주의적 문화 실천으로서의 노년 연구: 고령화시대의 노년 연구에 관한 제언〉,《보건사회연구》34(3), 459-460.

5 최호근 (2024), 〈'충(蟲)'이 넘쳐나는 사회: 자기 파괴의 징후로서 언어 변화〉,《대우재단 학술사업 지식의 지평》36호(https://www.daewooacademia.com/horizon-of-knowledge/145/244).

6 이윤경 (2007), 〈비노인층이 갖는 노인 이미지 연구〉,《한국인구학》30(2), 8.

7 박민욱, 〈틀니 사용자가 알아야 할 '3·3·7 법칙'〉,《메디파나 뉴스》, 2022년 4월 4일 자. http://mdon.co.kr/news/article.html?no=28196; 편집부 기자, 〈'폴리덴트', 틀니 사용 실버세대 응원하는 공익광고 캠페인 시작〉,《메디컬 뉴스》, 2020년 6월 29일 자. https://mdon.co.kr/mobile/article.html?no=28196

8 윤득영, 〈틀니는 정말 노화의 상징일까?〉, 서울시50플러스포털 https://50plus.or.kr/detail.do?id=179203

9 김경록, 〈'틀니의 날', 당신의 틀니는 안녕하십니까?〉,《치과신문》, 2025년 6월 17일 자. https://www.dentalnews.or.kr/news/article.html?no=44467

10 질병관리청 국가건강정보포털 검색일 2025년 2월 12일 https://health.kdca.go.kr/

healthinfo/biz/health/gnrlzHealthInfo/gnrlzHealthInfo/gnrlzHealthInfoView.
do?cntnts_sn=5489

**11** Kite, Deaux & Miele, 1991, "Stereotypes of young and old: Does age outweigh gender?" Psychology and Aging 6, 19-27.

**12** 안선희, 〈기초연금 40만원 시대〉,《한겨레》, 2024년 9월 11일 자. https://www.hani.co.kr/arti/opinion/column/1157857.html

**13** 송창길 (2025), 〈2025년 노령 정책 예산 분석〉, 한국보건사회연구원.

**14** 최유석 (2014), 〈세대간 연대의식의 기반: 가족주의 연대〉,《한국인구학》37⑷, 75.

**15** 이다미 (2024), 〈고령화와 연금 관련 시민 인식에 대한 10개국 비교〉,《한국보건사회연구원 보건복지포럼》, 4-17.

**16** 오진송, 〈작년 노인학대 7천건 넘었다…가정 내 학대가 대부분〉,《연합뉴스》, 2024년 6월 14일 자. https://www.yna.co.kr/view/AKR20240614016400530

**17** 김욱 (2002), 〈억압의 한 형태로서의 노인차별주의(Ageism): 사회복지적 대응과 함의〉,《사회복지정책》14, 109-110.

**18** 이승연 (2010), 〈유가에 있어서 '노인'-늙음에 대한 인식과 대처〉,《유교사상문화연구》42, 212.

**19** 김욱 (2003), 〈노인차별의 실태 및 관련요인에 관한 탐색적 조사연구〉,《한국노년학》23⑵, 28.

**20** 석민애 (2017), 〈노인과의 일상적 접촉과 아동의 연령차별적 태도: 명시적 태도와 암묵적 태도의 비교〉, 서울대학교 대학원 석사학위논문, 2-3.

**21** 김주현·오혜인·주경희 (2020), 〈노인차별 경험과 자기연령주의〉,《한국노년학》40⑷, 674-675.

**22** 이지혜, 〈온·오프라인 공간 속 노인을 향한 혐오의 시선들〉,《이투데이》, 2022년 7월 1일 자. https://bravo.etoday.co.kr/view/atc_view/13677

**23** 송윤정, 〈'꼰대' 직장상사, 너 때문에 회사 못다니겠다!〉,《아시아경제》, 2017년 8월 2일 자. https://cm.asiae.co.kr/article/2017080214350254981?idxno=2017080214350254981

**24** 송윤정, 〈'꼰대' 직장상사, 너 때문에 회사 못다니겠다!〉,《아시아경제》, 2017년 8월 2일 자. https://cm.asiae.co.kr/article/2017080214350254981?idxno=2017080214350254981

**25** 남정호, 〈꼰대가 넘치는 시대, 그들은 누구인가〉,《투데이신문》, 2016년 4월 1일 자. https://www.ntoday.co.kr/news/articleView.html?idxno=42824

**26** 이현우, 〈'꼰대'라는 말이, 프랑스어에서 왔다고?〉,《아시아경제》, 2016년 9월 19일 자. https://www.asiae.co.kr/article/2016091907043359383

27 서울아산병원 질환백과 '노화된 얼굴' https://www.amc.seoul.kr/asan/healthinfo/disease/diseaseDetail.do?contentId=31766

28 한국민족문화대백과사전 '담뱃대' https://encykorea.aks.ac.kr/Article/E0013785

29 김정화 (2001),《담배이야기》, 지호. https://ncms.nculture.org/farming/story/3170 지역N문화 "〈우리나라 농업의 역사〉 주요한 역사적 사건"

30 서호철 (2016), 〈우리에게도 '백작', '남작'이 있었다?〉, 국립민속박물관 웹진《민속소식》310호. https://webzine.nfm.go.kr/2016/02/24/%EC%A1%B0%EC%84%A0%EC%97%90%EB%8F%84-%EB%B0%B1%EC%9E%91-%EB%82%A8%EC%9E%91-%EC%9E%91%EC%9C%84%EA%B0%80-%EC%9E%88%EC%97%88%EB%8B%A4/

31 창의리더십센터 보고서, 'How to Be the Boss without Being the B-word(Bossy)'

32 손남훈, 〈'아재'의 상대어는 '아줌마'가 아니다〉,《부산대언론사》, 2016년 9월 12일 자. https://channelpnu.pusan.ac.kr/news/articleView.html?idxno=5628

33 손남훈, 〈'아재'의 상대어는 '아줌마'가 아니다〉,《부산대언론사》 2016년 9월 12일 자. https://channelpnu.pusan.ac.kr/news/articleView.html?idxno=5628

34 정윤주·최원정, 〈586과 MZ에 낀 피터팬? …'영포티'는 어떻게 멸칭이 됐나〉,《연합뉴스》, 2025년 9월 21일 자, https://www.yna.co.kr/view/AKR20250916158800004

35 송한나 (2022), 〈MZ세대를 통해 바라본 한국 사회의 세대 구분〉, 한국리서치 보고서《여론속의 여론》. https://hrcopinion.co.kr/archives/21422

36 김소연, 〈'쿨해서 미장 투자?' …'대학 은사' 이창용 총재 직격한 슈카〉,《한국경제신문》, 2025년 12월 1일 자. https://www.hankyung.com/article/2025120147737

37 황보연, 〈'삼포세대'는 어쩌다 민지(MZ)가 되었나〉,《한겨레》, 2023년 4월 30일 자. https://www.hani.co.kr/arti/opinion/column/1089952.html

38 송한나 (2022), 〈MZ세대를 통해 바라본 한국 사회의 세대 구분〉, 한국리서치 보고서《여론속의 여론》https://hrcopinion.co.kr/archives/21422

39 남정훈, 〈MZ세대로 통칭되는 '요즘 것들'…M세대와 Z세대는 다르다?〉,《세계일보》, 2021년 9월 19일 자. https://news.nate.com/view/20210919n07206

40 김태완, 〈무상급식 3년 무엇이 달라졌나?〉,《월간조선》, 2014년 1월호, https://monthly.chosun.com/client/news/viw.asp?ctcd=&nNewsNumb=201401100038

41 이명희, 〈중2병〉,《쿠키뉴스》, 2013년 3월 14일 자. https://web.archive.org/web/20141008231538/http://news.kukinews.com/article/view.asp?page=1&gCode=kmi&arcid=0006986844&cp=nv

42 이제오마 올루오 (2019),《인종토크》, 노지양 옮김, 책과함께.

43 한국민족문화대백과 사전 참조(https://encykorea.aks.ac.kr/Article/E0021783)

44 '잼민이'에 대한 설명의 일부는 다음의 기사를 참고했다. 이은선 (2022년 10월 14일 자), 교육공동체 벗. https://communebut.com/Article/?bmode=view&idx=13165177

45 서정민, 〈잼민이〉, 《중앙일보》, 2022년 5월 5일 자. https://www.joongang.co.kr/article/25068892

46 송미령·이재연 (2017), 〈아동에 대한 연령차별 평가척도 개발 연구〉, 《아동과 권리》 21(2), 255.

47 정진웅 (2014), 〈반연령주의적 문화 실천으로서의 노년 연구: 고령화시대의 노년 연구에 관한 제언〉, 《보건사회연구》 34(3), 460.

48 정순둘, 〈'꼰대' '틀딱' '연금충'… 부정적 존재로 낙인찍고, 조롱하고〉, 《신동아》, 2022년 1월 4일 자. https://shindonga.donga.com/society/article/all/13/3114586/1

49 이슬기, 홍민성, 〈"연금 더 받고 정년도 늘린다고?"…청년 분노 부르는 '올드보이' ['영포티' 세대전쟁]〉, 《한국경제신문》, 2025년 12월 22일 자. https://www.hankyung.com/article/2025121932727

50 신상목, 〈[신상목의 스시 한 조각] [160] '노해(老害)'와 '약해(若害)'〉, 《조선일보》, 2024년 3월 14일 자. https://www.chosun.com/opinion/specialist_column/2024/01/05/F32ZBXT3JFHMPHT46IJZOCNVII/

51 신상목, 〈[신상목의 스시 한 조각] [160] '노해(老害)'와 '약해(若害)'〉, 《조선일보》, 2024년 3월 14일 자. https://www.chosun.com/opinion/specialist_column/2024/01/05/F32ZBXT3JFHMPHT46IJZOCNVII/

## 2장 우리는 왜 나이에 집착하는가

1 손화희 (2007), 〈노인공경 문화의 사상적 원류에 대한 소고-한국의 경 사상을 중심으로〉, 《한국전문대학교육연구학회 논문집》 8(1), 51-52.

2 최왕규, 곽종형 (2016), 〈동북아시아 국가의 효문화 실태에 관한 연구-한국, 일본, 중국, 싱가포르를 중심으로〉, 《사회복지경영연구》 3권 1호, 263-277.

3 백민정 (2012), 〈丁若鏞 철학에서 '孝弟' 관념이 갖는 公的 의미〉, 《한국실학연구》 23, 256.

4 김종훈 (2010), 〈경로·효친 사상의 민족사적 의의에 관한 해석적 연구〉, 《현상·해석학적 교육연구》 7권 3호, 73.

5 황수영 (2018), 〈충효사상의 한계와 비판적 재구성〉, 《한국사상과 문화》 94, 213-214.

6 최봉영 (2003), 〈한국에서 차별과 억압의 문화요소〉, 《2003년도 한국사회학회 전기

사회학대회 논문집》, 590.

**7** 김영미 (2022), 〈유교의 효제윤리와 경로사상, 그리고 노인복지〉, 《동양문화연구》 37, 170.

**8** 곽효문 (2000), 〈조선조 노인복지정책의 현대적 의의〉, 《한국행정사학지》 9권 1호, 82-83.

**9** 최상진, 김기범 (2000), 〈체면의 심리적 구조〉, 《한국심리학회지》 14권 1호, 186-187.

**10** 최상진, 김의철, 홍성윤, 박영숙, 유승엽 (2000), 〈권위에 대한 한국인의 의식체계: 권위, 권위주의와 체면의 구조에 대한 토착심리학적 접근〉, 《한국심리학회지》 6권 1호, 77-78.

**11** 홍린 (2022), 〈현대 한국인의 "예의(禮儀)" 인식과 선진시기 예(禮)의 정치적 함의〉, 《공자학》 47, 271-272.

**12** 김해진, 이동훈 (2021), 〈한국인의 세대별 문화성향 차이와 대인간 의사소통능력의 특성〉, 《사회과학연구》 60(3), 459-460.

**13** 이하배 (2007), 〈나이의 일상예문화: 나뉘는 나이, 나누는 나이〉, 《정신문화연구》 30권 4호, 323.

**14** 최상진, 최인재 (1999), 〈정, 체면이 스트레스에 미치는 영향〉, 《한국심리학회지》 4(1), 41.

**15** 최상진, 최인재 (1999), 〈정, 체면이 스트레스에 미치는 영향〉, 《한국심리학회지》 4(1), 42.

**16** 최기성, 〈'그놈의 정' 때문에 1년에 20억개 팔린다…가슴으로 먹는 초코파이 '情'〉, 《매일경제》, 2022년 2월 7일 자. https://www.mk.co.kr/news/business/10208930

**17** 최상진 (1997), 〈한국인의 심리특성〉, 《현대 심리학의 이해 한국심리학회 편》, 학문사, 695-766.

**18** 정경옥 (2005), 〈한국어에 있어서의 "우리"의 사용에 대하여〉, 《한국어교육》 16(3), 403-422.

**19** 〈마트 막말녀' 어머니뻘 직원에 "말을 해 XXX야!〉, 《YTN》, 2015년 3월 19일 자. https://www.ytn.co.kr/_ln/0103_201503190924078495

**20** 주명애 (2011), 〈유교 문화와 한국어〉, 《한중인문학연구》 32, 186-187.

**21** 문찬기, 한규석 (2013), 〈서열적 교류의 사회심리: 공손성과 서열관계 스트레스〉, 《한국심리학회지》 27권 4호, 5.

**22** 문찬기, 한규석 (2013), 〈서열적 교류의 사회심리: 공손성과 서열관계 스트레스〉, 《한국심리학회지》 27권 4호, 5.

**23** 양정은 (2019), 〈한국적 집단주의(우리성, we-ness)가 대인 커뮤니케이션에 미치는 영

향에 대한 연구〉,《한국콘텐츠학회 논문지》19(5), 4.

24 전희경 (2013), 〈1960~80년대 젠더-나이체제와 '여성' 범주의 생산〉,《한국여성학》 29(3), 52-53.

25 이현지 (2010), 〈동양사상의 관점에서 본 한국 노인복지의 현주소〉,《한국사회학회 사회학대회 논문집》, 1175.

26 황수영 (2018), 〈충효사상의 한계와 비판적 재구성〉,《한국사상과 문화》94, 214- 215.

27 정태연 (2010), 〈한국사회의 집단주의적 성격에 대한 역사·문화적 분석〉,《한국심리 학회지》24권 3호, 62-66.

28 문찬기, 한규석 (2013), 〈서열적 교류의 사회심리: 공손성과 서열관계 스트레스〉, 《한국심리학회지》27권 4호, 3.

29 윤병선 (1988), 〈민족민주교육 이념의 정립을 위하여〉,《민족과 교육》, 남녘출판사, 57.

30 김남숙, 사상 (2019), 〈한일중의 고령시대 노인부양에 대한 효문화적 분석〉,《일본근 대학연구》66, 180.

31 전희경 (2013), 〈1960~80년대 젠더-나이체제와 '여성' 범주의 생산〉,《한국여성학》 29(3), 57-58.

32 정진웅 (2012),《노년의 문화인류학》, 한울.

33 정진웅 (2014), 〈반연령주의적 문화 실천으로서의 노년 연구: 고령화시대의 노년 연 구에 관한 제언〉,《보건사회연구》34(3), 457.

34 최하얀, 〈20년 뒤엔 생산인구 3명이 노인 2명 부양…저출산·고령화의 그늘〉,《한겨 레》, 2024년 4월 11일 자. https://www.hani.co.kr/arti/economy/economy_ general/1136210.html

35 전희경 (2013), 〈1960~80년대 젠더-나이체제와 '여성' 범주의 생산〉,《한국여성학》 29(3), 54, 60.

36 전희경 (2013), 〈1960~80년대 젠더-나이체제와 '여성' 범주의 생산〉,《한국여성학》 29(3), 54.

37 이승연 (2010), 〈유가에 있어서 '노인'-늙음에 대한 인식과 대처〉,《유교사상문화연 구》42, 228-231.

38 이승연 (2010), 〈유가에 있어서 '노인'-늙음에 대한 인식과 대처〉,《유교사상문화연 구》42, 233-234.

39 이승연 (2010), 〈유가에 있어서 '노인'-늙음에 대한 인식과 대처〉,《유교사상문화연 구》42, 219.

40 채영희 (2012), 〈노인 어휘망에 나타난 '늙음'의 사회 인문학적 분석〉,《인문사회과

학연구》13권 1호, 41-44.

**41** 소영현 (2013), 〈젊음, 늙음, 죽음〉,《감정의 인문학》, 봄아필, 161.

**42** 정윤경, 〈공포 안고 건넌다⋯8차선 횡단보도에 갇힌 노인들〉,《시사저널》, 2023년 8월 29일 자. https://www.sisajournal.com/news/articleView.html?idxno=271126&utm_source=chatgpt.com

**43** 정윤경, 〈공포 안고 건넌다⋯8차선 횡단보도에 갇힌 노인들〉,《시사저널》, 2023년 8월 29일 자. https://www.sisajournal.com/news/articleView.html?idxno=271126&utm_source=chatgpt.com

**44** 황여정, 변정현 (2016), 〈청소년의 세대통합역량 증진을 위한 지원 방안 연구〉, 한국청소년정책연구원.

**45** 이재모 (2009), 〈한일 대학생의 노인에 대한 지식과 태도에 관한 연구〉,《노인복지연구》45, 117-140.

**46** 이인수 (2000), 〈농촌지역 대학생의 노인에 대한 인식도 연구〉,《한국노년학》20(2), 123-135.

**47** 김영숙 (2002), 〈중고등학생의 노인 이미지에 대한 도시와 농촌의 비교 연구〉,《한국노년학》21(3), 75-89.

**48** 김욱 (2002), 〈억압의 한 형태로서의 노인차별주의(Ageism): 사회복지적 대응과 함의〉,《사회복지정책》14, 104.

**49** 김욱 (2002), 〈억압의 한 형태로서의 노인차별주의(Ageism): 사회복지적 대응과 함의〉,《사회복지정책》14, 104.

**50** 신정선, 〈75세 되셨다고요, 국가가 죽여드립니다, 영화 '플랜75'〉,《조선일보》, 2024년 2월 2일 자. https://www.chosun.com/culture-life/culture_general/2024/02/02/22UQ3EKF7ZAE5G2X6PJYIPQKJQ/

**51** 김명식 (2019), 〈웰에이징과 나이위계〉,《생명연구》51집, 85.

**52** 에밀 뒤르켐 (2020),《종교생활의 원초적 형태》, 민혜숙, 노치준 옮김, 한길사. 하홍규 (2022), 〈배제된 죽음, 가치 상실, 노인 혐오〉,《사회이론》62, 110-111에서 재인용.

**53** 우에노 치즈코 (2016),《누구나 혼자인 시대의 죽음》, 송경원 옮김, 어른의 시간.

**54** 최기숙 (2013), 〈죽음의 무도, 또는 나이 들기를 응시하기〉,《감정의 인문학》, 봄아필, 126-127.

**55** 최기숙 (2013), 〈죽음의 무도, 또는 나이 들기를 응시하기〉,《감정의 인문학》, 봄아필, 128-129.

**56** 조지 리처 (2017),《맥도날드 그리고 맥도날드화》, 김종덕, 김보영, 허남혁 옮김, 풀빛.

**57** 하홍규 (2022), 〈배제된 죽음, 가치 상실, 노인 혐오〉,《사회이론》62, 116.

58 장영란 (2009), 〈늙음과 죽음의 윤리〉, 《서양고전학연구》 35, 125.

59 채영희 (2012), 〈노인 어휘망에 나타난 '늙음'의 사회 인문학적 분석〉, 《인문사회과학연구》 13권 1호, 31-32.

60 김종훈 (2010), 〈경로·효친 사상의 민족사적 의의에 관한 해석적 연구〉, 《현상·해석학적 교육연구》 7권 3호, 81.

61 황미영 (2019), 〈매개 접촉을 활용한 청소년의 연령차별주의 개선 연구〉, 《시민교육연구》 51(3), 154.

62 김주현, 오혜인, 주경희 (2020), 〈노인차별 경험과 자기연령주의〉, 《한국노년학》 40(4), 670-671.

63 김주현, 오혜인, 주경희 (2020), 〈노인차별 경험과 자기연령주의〉, 《한국노년학》 40(4), 670. 이 연구는 70대 이상 노인을 대상으로 조사를 했는데, 면접조사에 참여한 사람의 응답이다.

64 정진웅 (2014), 〈반연령주의적 문화 실천으로서의 노년 연구: 고령화시대의 노년 연구에 관한 제언〉, 《보건사회연구》 34(3), 470.

65 이현욱, 〈'세계 1위 성형공화국'은 대한민국…1000명당 9명꼴 수술 받아〉, 《문화일보》, 2024년 1월 22일 자. https://www.munhwa.com/article/11408250

66 2024년 2학기 명지대학교 정치외교학과 대학원 수업 '한국정치문화와 정치사회화 연구'에서 학생들은 노인이 자기 관리가 안 되기 때문에 멸시받는다는 의견을 제시했고, 우리는 이에 대해 열띤 토론을 벌였다. 학생들과의 토론은 자기 관리 관련 부분을 저술하는 데 큰 영감을 주었다.

67 채영희 (2012), 〈노인 어휘망에 나타난 '늙음'의 사회 인문학적 분석〉, 《인문사회과학연구》 13권 1호, 30-31.

68 장영란 (2009), 〈늙음과 죽음의 윤리〉, 《서양고전학연구》 35, 146.

69 《주간조선》, 〈피부는 살아있는 생태계… 뷰티 업계의 대전환이 필요하다〉, 2025년 3월 17일-23일, 2850호, 49.

70 이현지 (2010), 〈동양사상의 관점에서 본 한국 노인복지의 현주소〉, 《한국사회학회 사회학대회 논문집》, 1174.

71 최기숙 (2013), 〈죽음의 무도, 또는 나이 들기를 응시하기〉, 《감정의 인문학》, 봄아필, 116-117.

72 정진웅 (2001), 〈미국문화의 개인주의적 인간관과 정체성 위기〉, 《민족학연구》 5집, 115-116.

73 오근재 (2014), 《퇴적공간》, 민음인.

74 김민정, 〈올 상반기 베스트셀러 휩쓴 자기계발서… 3040이 조언에 가장 목말랐다〉, 《조선일보》, 2023년 8월 4일 자. https://www.chosun.com/culture-life/culture_

general/2023/08/04/VGAGIVCTLRAWBB2XJBZVH5Q4HI/

75 김욱 (2002), 〈억압의 한 형태로서의 노인차별주의(Ageism): 사회복지적 대응과 함의〉,《사회복지정책》14, 107.

76 정진웅 (2001), 〈미국문화의 개인주의적 인간관과 정체성 위기〉,《민족학연구》5집, 114-115.

## 3장 정치사회 이슈로 떠오른 연령차별 문제들

1 이성주, 〈『나이드신 분을 「어르신」으로』…사회복지協 호칭공모〉,《동아일보》, 1998년 9월 28일 자. https://www.donga.com/news/Society/article/all/19980928/7381953/1; 김신의, 〈하이패밀리, '노인' 호칭 설문조사 실시… '장청년'이 82%〉,《크리스천투데이》, 2023년 10월 30일 자. https://www.christiantoday.co.kr/news/357800

2 이율, 〈서울시, '노인' 명칭 '어르신'으로 대체〉,《연합뉴스》, 2012년 9월 10일 자. https://www.yna.co.kr/view/AKR20120908033400004

3 김명식 (2019), 〈웰에이징과 나이위계〉,《생명연구》, 51집, 94.

4 이호영, 〈'노인' 용어 싫다면 '어르신'으로 표기하자〉,《백세시대》, 2012년 2월 24일 자. https://www.100ssd.co.kr/news/articleView.html?idxno=19391; 정상혁, 〈선생님·어르신 호칭도 떨떠름… '노인'으로 불리기 싫은 노인들〉,《조선일보》, 2023년 12월 9일 자. https://www.chosun.com/national/weekend/2023/12/09/JFZE53WETVGSJEFINJBG7E4VEE/

5 고건, 〈"노인 아니죠 선배시민 맞습니다" 경기도, 전국 첫 조례 공포〉,《경인일보》, 2023년 11월 27일 자. https://www.kyeongin.com/article/1666111

6 채영희 (2012), 〈노인 어휘망에 나타난 '늙음'의 사회 인문학적 분석〉,《인문사회과학연구》13권 1호, 39-40.

7 이수연 (2023), 〈초고령 사회와 연령차별주의에 따른 고용상 연령차별-「연령차별금지법」 체계와 정년제도를 중심으로〉,《노동법논총》59, 471-472.

8 김덕성,《리걸 타임즈》, 〈현대캐피탈 정년연장형 임금피크제 유효〉, 2025년 4월 16일 자. https://www.legaltimes.co.kr/news/articleView.html?idxno=85821

9 미국에서 정년퇴직제 폐지의 예외는 첫째, 65세 이상으로 경영간부직이나 사업주로부터 연간 4만 4000달러 이상의 퇴직연금을 수급할 수 있을 때, 둘째, 경찰과 소방 공무원, 항공관제사, 셋째, 업무가 특정 연령 이상의 근로자 대부분이 효율적으로 수행할 수 없는 업무라고 사업주가 입증할 수 있을 때이다. 즉, 특수한 경우를 제외하고는 정년제 자체는 폐지되었다.

10 이수연 (2023), 〈초고령 사회와 연령차별주의에 따른 고용상 연령차별-「연령차별 금지법」 체계와 정년제도를 중심으로〉, 《노동법논총》 59, 490.

11 김명식 (2023), 〈연령차별주의와 노인운전면허〉, 《초등도덕교육》 85집, 197-198.

12 이 외에도 정년제에 찬성하는 입장은 정년제가 직업의 안정성을 보장해 준다고 지적한다. 정년제는 정년의 나이까지는 고용이 보장된다는 장점이 있어, 정년제가 폐지된 미국은 고용안정성이 없지만 정년제가 유지되는 우리나라는 고용안정성이 보장된다는 것이다.

13 지은정 (2018), 〈우리나라 연령주의 실태에 관한 조사연구: 노동시장을 중심으로〉, 한국노인인력개발원. 방하남 외 (2012), 〈기업의 정년실태와 퇴직관리에 관한 연구〉, 한국노동연구원.

14 《경향신문》의 조정진 씨 인터뷰를 참고하였다. 이하늬, 〈호루라기 불었다고 해고된 '임계장'을 아시나요〉, 《경향신문》, 2020년 4월 26일 자. https://www.khan.co.kr/article/202004260941001

15 노인기에도 열심히 일할 기회를 줘야 한다는 주장에 대해 이는 인간을 항상 바쁘게 일해야 하는 존재로 간주하며 끊임없이 사람들을 노동 현장으로 내몰고, 국가의 복지 책임에 면죄부를 준다는 비판이 있을 수 있다. 프랑스에서 노동조합이 정년 연장과 그에 따른 연금 개시 연한의 연기를 거부했던 것도 이러한 비판과 맥을 같이한다. 나의 주장은 퇴직 후에도 일하기를 원한다면 그런 사람들에게는 충분한 기회를 주어야 한다는 것이지, 퇴직 후 더 이상 노동을 원하지 않는 사람도 무작정 노동하게 해야 한다는 것은 아니다.

16 김명식 (2020), 〈정년제, 연령차별주의, 웰에이징〉, 《생명연구》 58, 27-28.

17 OECD, 2011, "Paying for the past, providing for the future: intergenerational solidarity", Background Document OECD ministerial Meeting on Social Policy, OECD, Paris.

18 황경주, 〈대통령이 되기엔 늙었다?…미 '노인 정치' 논란〉, 《KBS 뉴스》, 2023년 9월 18일 자. https://news.kbs.co.kr/news/pc/view/view.do?ncd=7776212; 크리스틴 로, 〈77세 트럼프, 81세 바이든…고령 정치인, 걱정해야 할 문제일까?〉, 《BBC 뉴스 코리아》, 2024년 7월 3일 자. https://www.bbc.com/korean/articles/cxe2vp147emo

19 매슈 사이드 (2022), 《다이버시티 파워》, 문직섭 옮김, 위즈덤하우스.

20 김서희, 〈'고령 운전' 우려 커지는데… '운전면허 반납'만이 과연 답일까?〉, 《헬스조선》, 2025년 3월 18일 자. https://m.health.chosun.com/svc/news_view.html?contid=2025031803018

21 강갑생, 〈'백발' 기사가 도로 달린다…전국 개인택시 절반이 '65세 이상'〉, 《중앙일보》, 2025년 4월 3일 자. https://www.joongang.co.kr/article/25325778

22 김송이, 강한들, 배시은, 〈서울 시청역 차량 돌진 68세 운전자…'고령 운전' 자격 논란 재점화〉, 《경향신문》, 2024년 7월 2일 자. https://www.khan.co.kr/article/202407020745001

23 김명식 (2023), 〈연령차별주의와 노인운전면허〉, 《초등도덕교육》 85집, 191.

24 최문정, 오학준, 서이종 (2018), 〈노년기 운전중단 결정 인식과 태도에 관한 연구〉, 《한국노년학》, 38(3), 593.

25 리차드 킴, 〈'안전권' vs '이동권' 고령운전 논란 계속되는 이유〉, 《BBC뉴스 코리아》, 2024년 7월 2일 자. https://www.bbc.com/korean/articles/czq6llq4wvlo

26 김명식 (2023), 〈연령차별주의와 노인운전면허〉, 《초등도덕교육》 85집, 191.

27 김명식 (2023), 〈연령차별주의와 노인운전면허〉, 《초등도덕교육》 85집, 191-192.

28 이신숙 (2017), 〈노인운전자의 운전능력과 운전이동성이 사고위험에 미치는 영향〉, 《Korean Journal of Family Welfare》 22(4), 662.

29 〈조합장 선거 개표 끝…당선자 99.3%가 남성〉, 《농민신문》, 2019년 3월 13일 자. https://www.nongmin.com/article/20190314308735

30 김해대, 〈'현직 파워' 거세 … 당선인 62.4% 재신임 받았다〉, 《농민신문》, 2023년 3월 12일 자. https://www.nongmin.com/article/20230310500477

31 https://rule2.swu.ac.kr/lmxsrv/law/joHistoryContent.do?SEQ=36&SEQ_CONTENTS=124142&DATE_START=20060213&DATE_END=20230131

32 https://rule.sookmyung.ac.kr/lmxsrv/law/joHistory.do?SEQ=45&SEQ_HISTORY=2383&SEQ_CONTENTS=139760

33 https://www.konkuk.ac.kr/bbs/gse/1097/1140081/artclView.do

34 https://gse.hanyang.ac.kr/front/association/notice/view?id=241&page=4#:~:text=%EC%A0%9C%2063%EB%8C%80%20%EC%9B%90%EC%9A%B0%ED%9A%8C%EC%9E%A5%2C%2%EB%B6%80%ED%9A%8C%EC%9E%A5%EC%9D%84%20%EC%95%8C%EB%A0%A4%EB%93%9C%EB%A6%BD%EB%8B%88%EB%8B%A4.%20%EC%9B%90%EC%

35 https://faculty.jejunu.ac.kr/faculty/community/notice.htm?act=view&page=2&seq=20120

36 https://www.law.go.kr/schlPubRulInfoP.do?preview=Y&schlPubRulSeq=2200000084769

37 고용노동부, 노사협의회 운영매뉴얼, 2022.12.

38 https://m.molit.go.kr/viewer/skin/doc.html?fn=541dd02c49484f4f096525cd19abeffc&rs=/viewer/result/20220622

39 https://cjfc.familynet.or.kr/download.do?uuid=0ed082da-a1f2-45bd-8434-

0dd5b201fd2a.hwp

40 https://www.gongjucf.or.kr/download/BASIC_ATTACH?storageNo=2368

41 https://kmcpoll.or.kr/law/basic

42 https://kbhiksuni.org/society/#tab-id-3-active

43 이창우, 〈'표수 같아 연장자 당선'…나주서 기초의원 당락 엇갈려〉, 《뉴시스》, 2022년 6월 2일 자. https://www.newsis.com/view/?id=NISX20220602_0001894328&cID=10320&pID=12000

44 정세영, 〈동수 득표시 '연장자' 당선…6·1 지방선거도 나올까〉, 《남도일보》, 2022년 4월 13일 자. https://www.namdonews.com/news/articleView.html?idxno=679048

45 이진성, 〈대한민국 '2030' 대통령 출마를 허하라〉, 《KBS 뉴스》, 2021년 6월 3일 자. https://news.kbs.co.kr/news/pc/view/view.do?ncd=5200630

46 최유석, 오유진, 문유진 (2015), 〈대학생의 노인세대 인식: 세대갈등, 노인의 기여, 노인복지정책 인식을 중심으로〉, 《한국콘텐츠학회논문지》 15(5), 229-230.

47 김남희, 〈'나이차별' 노인뿐만 아니라 청년도 느낀다〉, 《뉴시스》, 2021년 5월 8일 자. https://m.news.nate.com/view/20210508n02008?list=recent&cpcd=ns&date=

48 홍범교 (2024), 〈지속가능한 사회를 위한 고찰: 양극화 완화를 위한 조세정책에서 정치철학까지〉, 한국조세재정연구원.

49 조유정, 〈"1인가구는 닭장 살아라?"…'임대주택 10평' 면적 논란〉, 《쿠키뉴스》, 2024년 4월 20일 자. https://m.kukinews.com/article/view/kuk202404190154#_digitalcamp

50 김종민, 〈20대 94.8% "내 집 마련 필요"…내 집 마련 예상 나이 '평균 36.8세'〉, 《뉴시스》, 2020년 10월 5일 자. https://www.newsis.com/view/NISX20201005_0001185909

51 청소년인권운동연대 '지음' 웹사이트 참고(https://yhrjieum.kr/campaignbase/?bmode=view&idx=10824613)

52 김영화, 〈'대견하다' 칭찬 말고 '대응'으로 답하라〉, 《시사인》, 2021년 1월 14일 자 695호. https://www.sisain.co.kr/news/articleView.html?idxno=43665

53 이유리, 〈'대견하다'는 말은 하지 않기로〉, 《시사인》, 2024년 12월 31일 자 902호. https://www.sisain.co.kr/news/articleView.html?idxno=54638

**4장 일상에서 마주친 연령차별의 단상들**

1 진경진, 〈노약자·임산부석… 누구를 위한 자리인가요?〉, 《머니투데이》, 2016년 4월 15일 자. https://news.mt.co.kr/mtview.php?no=2016041411100828677

2 윤소예, 〈교통약자석〉, 《기호일보》, 2023년 7월 25일 자. https://www.kihoilbo.

co.kr/news/articleView.html?idxno=1041757

**3** 유병돈, 차민영, 〈"70살도 안 된 것이" 갈등 끊이질 않는 지하철 교통약자석〉, 《아시아경제》, 2019년 4월 1일 자. https://www.asiae.co.kr/article/2019040111500448891

**4** 유병돈, 차민영, 〈"70살도 안 된 것이" 갈등 끊이질 않는 지하철 교통약자석〉, 《아시아경제》, 2019년 4월 1일 자. https://www.asiae.co.kr/article/2019040111500448891

**5** https://www.clien.net/service/board/park/8047082

**6** 박희원, 〈'3명 중 1명' 교통약자 역대 최대⋯'교통약자석' 태부족〉, 《아주경제》, 2024년 11월 5일 자. https://www.ajunews.com/view/20241105101957251

**7** 마이크로밀엠브레인 (2022), 〈대중교통 이용 및 교통약자석(임산부 배려석 등) 관련 인식 조사〉.

**8** 강갑생 (2020), 《강갑생의 바퀴와 날개》, 팜파스.

**9** 김성욱 (2024), 〈노인 기준연령 변경의 정책효과 추정 연구〉, 《한국사회복지행정학》 26(1), 7-8.

**10** 통계청 지표누리 참고(https://www.index.go.kr/unify/idx-info.do?idxCd=8016)

**11** 김성욱 (2024), 〈노인 기준연령 변경의 정책효과 추정 연구〉, 《한국사회복지행정학》 26(1), 8.

**12** 이상이 (2020), 〈노인연령 상향 조정이 필요한 이유〉, 《복지동향》 9.

**13** 이재호, 〈노인 연령 75살 상향? '복지 사다리' 제 발로 걷어찬 대한노인회〉, 《한겨레21》 1538호. https://h21.hani.co.kr/arti/society/society_general/56358.html

**14** 김성욱 (2024), 〈노인 기준연령 변경의 정책효과 추정 연구〉, 《한국사회복지행정학》 26(1), 3.

**15** 이준일 (2008), 〈연령차별금지의 법제와 법적 문제-미국·네덜란드·호주의 연령차별금지법을 중심으로〉, 《미국헌법연구》 19(1), 122-123.

**16** 정희진 (2003), 〈나이 듦, 늙음 그리고 성별〉, 《당대비평》 22, 340-341.

**17** 이재호, 〈노인 연령 75살 상향? '복지 사다리' 제발로 걷어찬 대한노인회〉, 《한겨레21》 1538호. https://h21.hani.co.kr/arti/society/society_general/56358.html

**18** 김성욱 (2024), 〈노인 기준연령 변경의 정책효과 추정 연구〉, 《한국사회복지행정학》 26(1), 1-23.

**19** 김성욱 (2024), 〈노인 기준연령 변경의 정책효과 추정 연구〉, 《한국사회복지행정학》 26(1), 6.

**20** 최미정 (2018), 〈여성의 나이, 나이 듦의 의미와 주체 회복-문정희 시를 중심으로〉, 《한국문학과 예술》 26, 128.

**21** 양정혜 (2011), 〈TV 광고가 재현하는 고령화 시대의 노인〉, 《커뮤니케이션 이론》 7권 1호, 80.

22 양정혜 (2011), 〈TV 광고가 재현하는 고령화 시대의 노인〉,《커뮤니케이션 이론》
    7권 1호, 88-89.

23 양정혜 (2011), 〈TV 광고가 재현하는 고령화 시대의 노인〉,《커뮤니케이션 이론》
    7권 1호, 89-90, 95.

24 전희경 (2013), 〈1960~80년대 젠더-나이체제와 '여성' 범주의 생산〉,《한국여성학》
    29(3), 44.

25 정희진 (2003), 〈나이 듦, 늙음 그리고 성별〉,《당대비평》22, 345, 347.

26 전희경 (2013), 〈1960~80년대 젠더-나이체제와 '여성' 범주의 생산〉,《한국여성학》
    29(3), 70.

27 양정혜 (2011), 〈TV 광고가 재현하는 고령화 시대의 노인〉,《커뮤니케이션 이론》
    7권 1호, 97.

28 양정혜 (2011), 〈TV 광고가 재현하는 고령화 시대의 노인〉,《커뮤니케이션 이론》
    7권 1호, 99.

29 김욱 (2002), 〈억압의 한 형태로서의 노인차별주의(Ageism): 사회복지적 대응과 함
    의〉,《사회복지정책》14, 103.

30 이경은, 〈"결혼한 딸 AS는 언제까지…" 황혼육아에 발목잡힌 노후〉,《조선일보》,
    2024년 10월 2일 자. https://www.chosun.com/economy/money/2023/07/17/6HL
    QPHQ5YJGXTNXGSCN2RPWURE/

31 최미향, 오혜은 (2022), 〈손자녀 돌봄이 조모의 우울에 미치는 영향: 성향점수매칭
    과 이중차분법의 활용〉,《여성연구》115(4), 277-305.

32 황미영 (2019), 〈매개 접촉을 활용한 청소년의 연령차별주의 개선 연구〉,《시민교육
    연구》51(3), 155-156.

33 여성이라는 규범의 구속력은 나이와 분리되어 초시간적으로 설명될 수 없다고 주
    장하며, 젠더-나이 체제(regime)라는 개념틀이 주장되었다. 이는 특정 시공간의 제
    도 속에 나타나는 젠더의 배열과 구성 방식을 나타내는 개념이다. '나이'는 성별화
    된 위계에 따라 배열되는데, 예를 들어 여성은 단순히 '여성'이 아니라 나이에 따라
    '소녀' '아가씨' '아줌마' '할머니' 등 특정 나이의 여성으로 호명되며 성역할과 행위
    규범도 나이에 따라 다르게 할당된다. [전희경 (2013), 〈1960~80년대 젠더-나이체
    제와 '여성' 범주의 생산〉,《한국여성학》29(3), 48-49.]

34 서한기, 〈노인 10명 중 4명 빈곤층 '2년 연속 악화'…男보다 女가 더 심각〉,《연합뉴
    스》, 2025년 2월 3일 자. https://www.yna.co.kr/view/AKR20250131056800530

35 서곡숙, 〈'죽여주는 여자': 성적 욕구와 죽음의 요구에 대한 부응과 딜레마〉,《르몽
    드 디폴로마티크 한국판》, 2022년 7월 4일 자. https://www.ilemonde.com/news/
    articleView.html?idxno=15870

**36** 전희경 (2012), 〈'젠더-나이체제'와 여성의 나이: 시간의 서사성을 통해 본 나이경험의 정치적 함의에 관한 연구〉, 이화여자대학교 대학원 박사학위논문, 9-11.

**37** 조옥라 (2005), 〈한국 사회에서 나이듦, 그리고 여성의 나이〉, 《여성의 몸 여성의 나이》또 하나의 문화 제16호, 도서출판 또 하나의 문화, 22.

**38** 조옥라 (2005), 〈한국 사회에서 나이듦, 그리고 여성의 나이〉, 《여성의 몸 여성의 나이》, 또 하나의 문화 제16호, 도서출판 또 하나의 문화, 22.

**39** 최미정 (2018), 〈여성의 나이, 나이 듦의 의미와 주체 회복-문정희 시를 중심으로〉, 《한국문학과 예술》26, 156.

**40** 이승한, 〈언니들이 보여줬어, 나이 먹고도 즐겁게 살 수 있구나!〉, 《한겨레》, 2020년 8월 30일 자. https://www.hani.co.kr/arti/culture/culture_general/959873.html

**41** 정진영, 〈고령화 시대의 TV…이혼·중년 소재 늘고 다양화〉, 《국민일보》, 2024년 9월 2일 자. https://www.kmib.co.kr/article/view.asp?arcid=0020483399

**42** 이유진, 〈'박원숙의 같이 삽시다'…TV 속 중년 여성의 '쓰임'을 뒤집다〉, 《경향신문》, 2020년 7월 13일 자. https://www.khan.co.kr/article/202007131435001

**43** 김지혜 (2014), 〈미스조선, 근대기 미인대회와 미인 이미지〉, 《미술사논단》38, 211-212.

**44** 김지혜 (2014), 〈미스조선, 근대기 미인대회와 미인 이미지〉, 《미술사논단》38, 212.

**45** 이동욱 (2014), 〈노인여성의 몸과 미의 기준〉, 《여성학연구》제24권 제2호, 123.

**46** 이동욱 (2014), 〈노인여성의 몸과 미의 기준〉, 《여성학연구》제24권 제2호, 147.

**47** 나건웅, 문지민, 정수민, 〈"나는 천천히 늙고 싶다" 2030 '저속노화' 열풍〉, 《매일경제》, 2025년 4월 15일 자. https://www.mk.co.kr/news/economy/11291516

**48** 나건웅, 문지민, 정수민, 〈"나는 천천히 늙고 싶다" 2030 '저속노화' 열풍〉, 《매일경제》, 2025년 4월 15일 자. https://www.mk.co.kr/news/economy/11291516

**49** 심재영, 〈"하루라도 젊을 때 예방하자"…'얼리 안티에이징' 열풍〉, 《Cosmetic Mania News》, 2024년 2월 27일 자. https://www.cmn.kr/mobile/sub_view.asp?news_idx=43537

**50** 문소영, 〈늙음을 증오하는 우리, 정상인가〉, 《중앙일보》, 2025년 1월 10일 자. https://www.joongang.co.kr/article/25306512

**51** 장수정, 〈SNS·예능으로 공유하는 '아이 일상', 이대로 괜찮을까〉, 《데일리안》, 2022년 5월 9일 자. https://www.dailian.co.kr/news/view/1111452/?sc=Naver

**52** 이정현 (2022), 〈엄마, 제 초상권도 보호해 주세요〉, 《방송문화진흥회 비평상 수상작 모음집》, 50.

**53** 이지영, 〈끝난 줄 알았는데…너바나 앨범 '알몸 아기' 소송 재개된 이유〉, 《중앙일보》, 2023년 12월 24일 자. https://www.joongang.co.kr/article/25217151

54 이아미, 〈초등생이 연단서 "尹 사랑" "尹 OUT"⋯미성년 집회 참여 논란〉,《중앙일보》, 2025년 3월 10일 자. https://www.joongang.co.kr/article/25319576. 정치 집회에 참여하는 초등학생 관련 일부 내용은 이 기사를 참고하여 작성했다.

55 김도균, 유보배 (2016), 〈노키즈존 확산, 어떻게 볼 것인가?〉,《경기연구원 이슈 & 진단》221호, 3-4.

56 이영규, 〈"영유아·어린이는 이용할 수 없습니다" 비행기에도 '노키즈존' 생긴다는데⋯〉,《어린이 조선일보》, 2023년 9월 7일 자. https://www.chosun.com/kid/kid_literacy/kid_sisanews/2023/09/08/WIARKDLZHETBVJUA3GOREJWQWU/

57 김도균, 유보배 (2016), 〈노키즈존 확산, 어떻게 볼 것인가?〉,《경기연구원 이슈 & 진단》221호, 5.

58 김정수 (2020), 〈아동의 기본권 보장에 대한 헌법적 과제-'노 키즈존(no kids zone)' 관련 정당성 논의를 중심으로〉,《법학논총》37(4), 34-35.

59 김아름 (2023), 〈노키즈존 운영 실태와 향후 과제〉,《육아정책포럼》78호, 20.

60 김정수 (2020), 〈아동의 기본권 보장에 대한 헌법적 과제-'노 키즈존(no kids zone)' 관련 정당성 논의를 중심으로〉,《법학논총》37(4), 29.

61 김수정 (2020), 〈일상에서의 차별 피해 경험이 아동의 우울 및 불안과 공격성에 미치는 영향〉,《보건사회연구》40(3), 392-428; 오승환, 김광혁 (2017), 〈아동이 경험한 차별이 아동발달에 미친 영향-지역아동센터 이용 아동을 중심으로〉,《학교사회복지》39, 49-67.

62 2012년 서울시 여성가족재단이 조사한 '서울시 아동 인권실태' 결과이다.

63 황옥경 (2012), 〈한·일 다문화가정 청소년의 개인적 특성, 민족 정체감, 차별경험, 자아존중감과 문제행동간의 관계〉,《한국가족복지학》17(2), 49-71.

64 황아리영, 정익중 (2020), 〈초등학생의 차별피해경험이 차별가해경험에 미치는 영향: 사회자본은 매개효과인가, 조절효과인가?〉,《학교사회복지》51, 237-262; 정규형 (2016), 〈청소년의 차별피해경험이 차별가해경험에 미치는 영향-인권교육의 조절효과를 중심으로〉,《한국아동복지학》55, 31-55; 오세현, 강현아 (2018), 〈지역아동센터 이용아동의 차별 피해 경험이 차별 가해 행동에 미치는 영향:사회적 위축과 공격성의 이중매개효과〉,《아동과 권리》22(4), 611-637.

65 장윤서, 박건, 〈"우리랑 컨셉 전혀 안맞아요"⋯40대는 오지말라는 '노중년존'〉,《중앙일보》, 2021년 12월 5일 자. https://www.joongang.co.kr/article/25029402

66 최재석, 〈노인 1천만명 시대 '노시니어존'〉,《연합뉴스》, 2025년 7월 3일 자. https://www.yna.co.kr/view/AKR20250702141400546

67 채상원, 임진희 (2024), 〈변주하는 공간적 권력: '노키즈존'의 확산 및 '맘충' 담론을 사례로〉,《공간과 사회》34(2), 211.

**68** Pearlim, 1999, Stress and mental health: a conceptual overview. In A. V. Horwitz & T. L. Scheid (Eds.), A handbook for the study of mental health: social context, theories, and systems, London: Cambridge University Press, 163.

**69** Krieger, N., 1990, "Racial and gender discrimination: Risk factors for high blood pressure?", Social Science and Medicine 30(12), 1273-1281.

**70** 통계청 국가발전지표 참고(https://www.index.go.kr/unity/potal/indicator/IndexInfo.do?idxCd=4235)

## 5장 나이 묻지 않는 사회로 나아가기

**1** 이창준, 〈'쌍둥이 대국' 된 한국…출산 연령과 상관있나〉, 《경향신문》, 2022년 8월 29일 자. https://www.khan.co.kr/article/202208291545001

**2** 정진영, 〈고령화 시대의 TV…이혼·중년 소재 늘고 다양화〉, 《국민일보》, 2024년 9월 2일 자. https://www.kmib.co.kr/article/view.asp?arcid=0020483399

**3** 이하배 (2007), 〈나이의 일상예문화: 나뉘는 나이, 나누는 나이〉, 《정신문화연구》 30권 4호, 318-319.

**4** 정진웅 (2014), 〈반연령주의적 문화 실천으로서의 노년 연구: 고령화시대의 노년 연구에 관한 제언〉, 《보건사회연구》 34(3), 473.

**5** Jansen, D.A. & Morse, W.A. 2004. Positively influencing student nurse attitudes toward caring for elders. Gerontology & Geriatrics Education 25(2), 1-14; Gonzales, E., Morrow-Howell, N., & Gilbert, P. 2010. Changing medical students' attitudes toward older adults. Gerontology & Geriatrics Education 31(3), 220-234; Lee, I. S. 2000. Perception of rural area college students on the aged. Journal of the Korea Gerontological Society 20(2), 123-135; Park, K. R., & Yi, Y.S. 2002. A study on perception of successful aging in later life. Journal of the Korea Gerontological Society 22(3), 53-66.

**6** 위은지, 〈2030과 7080의 세대통합형 동거… 네덜란드 후마니타스 요양원 가보니〉, 《동아일보》, 2019년 8월 17일 자. https://www.donga.com/news/Society/article/all/20190817/96996151/1

**7** 최유석, 오유진, 문유진 (2015), 〈대학생의 노인세대 인식: 세대갈등, 노인의 기여, 노인복지정책 인식을 중심으로〉, 《한국콘텐츠학회논문지》 15(5), 238.

**8** World Health Organization, 2021, Global Report on Ageism, 128.

**9** 최순화, 〈명품 구찌 회춘시킨 '리버스 멘토링'의 힘〉, 《매일경제》, 2020년 4월 20일 자. https://www.mk.co.kr/news/columnists/9302949

**10** 양정혜 (2011), 〈TV 광고가 재현하는 고령화 시대의 노인〉,《커뮤니케이션 이론》 7권 1호, 72-106.

**11** 김욱 (2002), 〈억압의 한 형태로서의 노인차별주의(Ageism): 사회복지적 대응과 함의〉,《사회복지정책》14, 105.

**12** Schiappa, E., Gregg, P. E., & Hewes, D. E, 2005, "The parasocial contact hypothesis", Communication Monographs 72(1), 92-115.; Nguyen, E., Chen, T. F., & O'Reilly, C. L., 2012, "Evaluating the impact of direct and indirect contact on the mental health stigma of pharmacy students", Social Psychiatry and Psychiatric Epidemiology 47(7), 1087-1098. ; Cernat, V., 2011, "Extended contact effects: Is exposure to positive outgroup exemplars sufficient or Is interaction with ingroup members necessary?", The Journal of Social Psychology 151(6), 737-753.

**13** Paluck, E. L., 2009, "Reducing intergroup prejudice and conflict using the media: a field experiment in Rwanda", Journal of Personality and Social Psychology 96(3), 574-587.

**14** Mazziotta, A., Mummendey A., & Wright, S. C., 2011, "Vicarious intergroup contact effects: Applying social-cognitive theory to intergroup contact research", Group Processes & Intergroup Relations 14(2), 255-274.

**15** 곽윤복, 이은희, 오미숙 (2024), 〈간호 대학생의 노인에 대한 지식, 휴머니즘, 연령주의가 노인 간호의도에 미치는 영향〉,《한국산학기술학회논문지》25(1), 446.

**16** 황미영 (2019), 〈매개 접촉을 활용한 청소년의 연령차별주의 개선 연구〉,《시민교육연구》51(3), 157.

**17** 정문성, 김경모, 박기범, 설규주, 전영은 (2019), 〈중학교 사회 교과서에 나타난 저출산·고령화 내용 분석〉,《시민교육연구》51(1), 239-273.

**18** 황미영 (2019), 〈매개 접촉을 활용한 청소년의 연령차별주의 개선 연구〉,《시민교육연구》51(3), 173.

**19** World Health Organization, 2021, Global Report on Ageism, 117-118.

**20** https://www.gov.uk/employer-preventing-discrimination/recruitment?utm_source=chatgpt.com

**21** 정진웅 (2014), 〈반연령주의적 문화 실천으로서의 노년 연구: 고령화시대의 노년 연구에 관한 제언〉,《보건사회연구》34(3), 452.